NO SE LO DIGAS A MAMÁ

Toni Maguire

NO SE LO DIGAS A MAMÁ

Historia verídica de una traición imperdonable

Traducción de
Martín Arias

Círculo de Lectores

A Caroline,
que abrió la puerta y me alentó a cruzarla

AGRADECIMIENTOS

Mi especial agradecimiento a Alison, Gerry y Gary, quienes tanto han enriquecido mi vida.

Un enorme agradecimiento a mi agente Barbara Levy por su paciencia y la mejor comida china.

Y gracias a ti, Mavis Cheeck, por escribir esos libros tan ingeniosos y divertidos con los que pasé tantas noches junto a mi madre.

CAPÍTULO PRIMERO

Nada de aquella casa de un tranquilo barrio periférico de Belfast la hacía singular. El imponente edificio de ladrillos rojos se alzaba ante la calle rodeado de cuidados jardines. En realidad, no se diferenciaba en nada de cualquier otra casa unifamiliar. El número en el portal confirmó que me encontraba en la dirección correcta y eché una nueva mirada al trozo de papel que tenía en la mano para acabar de confirmarlo.

Incapaz de soportar ninguna otra demora, cogí mi maleta, que el conductor del taxi había dejado en la acera, avancé por el sendero y abrí la puerta.

—Soy Toni Maguire —anuncié a la mujer informalmente vestida que estaba tras el mostrador de la recepción—, la hija de Ruth Maguire.

Me miró con curiosidad.

—Sí, su madre nos dijo esta mañana que usted venía. No teníamos idea de que tuviese una hija.

«No —pensé para mis adentros—, no esperaba que lo supieseis.»

—Pase, la llevaré con ella. Está esperándola.

Avanzó animada por el pasillo en dirección a la bonita sala con cuatro camas donde estaba mi madre. Seguí sus pasos ocultando mis emociones.

Cuatro ancianas estaban reclinadas en sus sillas, junto a las mesitas de noche. Tres de las mesitas estaban pobladas de fotografías de sus seres queridos, mientras que la cuarta, la de mi madre, estaba vacía. Sentí por dentro un dolor ya muy habitual. No había a la vista ni siquiera una sola foto de cuando yo era pequeña.

Se sentó en su silla, con una manta cubriéndole las rodillas y las piernas elevadas sobre un descanso para pies. No era ya la mujer robusta que, durante mi última visita a Irlanda más de un año atrás, todavía aparentaba ser una década más joven de lo que indicaba su acta de nacimiento. En lugar de esa mujer, había ahora una anciana frágil y encogida que daba señales de sufrir una enfermedad terminal.

De los ojos color verde oscuro, que con tanta frecuencia habían expresado su ira, manaban ahora lágrimas cuando extendió sus brazos en dirección a mí. Dejé las maletas en el suelo y fui a su encuentro. Por primera vez en muchos años mi madre y yo nos abrazamos, y pareció resurgir en mí el amor por ella, durante tanto tiempo latente.

–Has venido, Toni –murmuró.

–Nunca habría dudado en venir, si tú me lo hubieras pedido –respondí en un susurro, conmovida por los huesos de sus hombros casi a flor de piel que palpé a través de la bata.

Una enfermera entró a la sala y plegó la manta con mayor firmeza rodeando las piernas de mi madre. Volviéndose hacia mí, me preguntó con cortesía sobre mi viaje desde Londres.

–No estuvo mal –le dije–. Apenas tres horas de puerta a puerta.

Acepté agradecida una taza de té que me ofreció, al tiempo que mantenía los ojos fijos sobre la taza e intentaba recuperar la compostura. No deseaba que mi rostro reflejase la conmoción que me había provocado la fragilidad de mi madre. Sabía que la habían admitido previamente en esa residencia para controlar sus medicamentos, pero tomé conciencia de que aquélla sería la última visita.

Informado de mi llegada, el médico de mi madre fue a verme. Era un joven alegre y de aspecto agradable, que me hablaba con una amplia sonrisa.

–Ruth –le preguntó a mi madre–, ¿estás contenta ahora que tu hija ha venido a visitarte?

—Muy contenta –respondió ella con su tono habitual de dama de sociedad, tan inexpresivo que bien podría haber estado hablando del clima.

Cuando el médico se volvió hacia mí, noté en él la misma expresión de perplejidad que había cruzado por los ojos de la recepcionista.

–¿Puedo llamarla Toni? –me preguntó–. Así se refiere su madre a usted.

–Por supuesto.

–Desearía hablar unos instantes con usted, cuando haya terminado su té. La espero en mi despacho. La enfermera le enseñará cómo llegar.

Tras una nueva mirada tranquilizadora dirigida a mi madre, se marchó.

Tomándome unos pocos minutos para posponer la que, me pareció, sería una reunión complicada, bebí el té con lentitud antes de ir con desgana a ver qué deseaba el médico.

Entrando a su despacho me sorprendió encontrar a otro hombre sentado a su lado, vestido con ropa totalmente informal, de modo que sólo el cuello identificador de su rango revelaba el motivo de su presencia. Me senté en la única silla disponible, alcé la mirada hacia el doctor con la que intentó ser una expresión sosegada, y esperé a que él iniciase la conversación. Mientras empezaba en tono muy amable a explicar el caso, mi ánimo se derrumbó. Comprendí que se esperaban de mí ciertas respuestas; respuestas que yo era reticente a dar, pues proporcionarlas habría significado abrir esos cajones de la memoria habitados por los fantasmas de mi niñez.

–Tenemos algunos problemas con el tratamiento de su madre, y albergábamos la esperanza de que usted pudiese aclararnos algunas cosas. La medicación para los dolores crónicos no funciona tan bien como debería. Y, para ser franco, tiene prescrita la dosis máxima que podemos suministrarle.

Hizo una pausa para estudiar mi reacción. Como no hubo ninguna, prosiguió:

–En las horas diurnas responde bien a médicos y enfermeras, permite que la lleven a la cafetería, demuestra interés por su apariencia personal y tiene buen apetito. Los problemas comienzan por la noche.

Nuevamente hizo una pausa y yo, todavía incapaz de revelar ninguna emoción, mantuve en mi rostro la que juzgué una expresión neutral. Tras unos segundos, continuó, ahora con un tono menos seguro.

–Su madre padece numerosas perturbaciones por la noche. Se despierta en un estado de gran malestar y sufriendo dolores mucho más fuertes de lo que debería. Casi da la impresión de que estuviese luchando contra su medicación.

«¡La medianoche!», pensé. Me eran muy familiares esas horas en las que el control sobre nuestros pensamientos desaparece permitiendo que afloren los recuerdos más terribles, sacudiéndonos hasta mantenernos en vela inmersos en nuestra desesperación, nuestra ira, nuestros miedos e incluso nuestras culpas. En mi caso yo podía levantarme de la cama, servirme una taza de té, leer o escuchar música. Pero ¿qué podía hacer mi madre en aquellos momentos para despejar sus pensamientos más oscuros?

–En dos ocasiones su madre le ha pedido a la enfermera que llame al párroco, pero –se volvió hacia el hombre que estaba a su lado– mi amigo me dice que para el momento en que él llega ella ya ha cambiado de parecer y no siente necesidad de hablarle.

El religioso asintió confirmando lo antedicho y sentí el impacto de dos pares de ojos explorando mi rostro en busca de respuestas. Esta vez fue el párroco quien rompió el silencio y, reclinándose contra el escritorio, formuló la siguiente pregunta:

–Toni, ¿hay algo que pueda decirnos que nos ayude a atender a su madre?

Distinguí en su expresión una preocupación genuina y escogí las palabras con cuidado.

–Creo comprender los motivos por los que mi madre está perturbada durante las noches. Cree en Dios y sabe que le queda muy poco tiempo antes de encontrarse con Él. Creo que le asusta bastante la idea de morir. Me gustaría ayudar, pero no hay mucho que yo pueda hacer. Espero, por su propio bien, que encuentre la fortaleza para hablar con usted.

El médico parecía confundido.

−¿Quiere decir que su madre carga con algo en su conciencia?

Pensé en todo lo que había en el pasado de mi madre capaz de hacerla sentirse culpable, y me pregunté a mí misma cuáles serían los recuerdos que la atormentaban. Me esmeré por no revelar mis pensamientos, pero noté que un suspiro escapaba de mis labios mientras respondía:

−Debe de cargar con algo. Debería, al menos. Pero ignoro si alguna vez admitirá que se ha equivocado. No lo sé. Nunca lo ha hecho antes.

El doctor parecía agitado.

−Bien, pues sin duda, lo que sea está afectando el tratamiento con fármacos. Cuando la mente carece de reposo, como parece ser el caso de su madre, la medicación sencillamente no produce todo su efecto.

−En ese caso, usted debería controlar a mi madre y su medicación de un modo más estricto −afirmé en tono más seco de lo que hubiera deseado, pues una sensación de desamparo empezaba a apoderarse de mí, y dicho aquello regresé a la sala de mi madre.

Al entrar, sus ojos se fijaron en los míos.

−¿Qué quería el doctor? −inquirió.

Consciente de que ella ya lo sabía, enfrenté de lleno su mirada con la mía.

−Me dijeron que has llamado al párroco en dos ocasiones en medio de la noche y que se te veía muy perturbada −entonces mi coraje me abandonó, como era habitual, y añadí−: Pero no es necesario que nos preocupemos por ello, ¿no es cierto?

El hábito infantil de complacer sus deseos de «no hablar de algún tema» permanecía intacto.

Durante lo que restó de aquella primera mañana, mi madre fue un mar de lágrimas. Sabía que eso era común en los pacientes enfermos terminales, pero aun así me conmovía hasta serme insoportable. Con ternura, le sequé las mejillas recordando los días en que ella, siendo yo muy pequeña, había hecho lo mismo por mí. Ahora se mostraba más afectuosa que en muchos de los años precedentes: deseaba cogerme la mano, conversar, y me pedía que recordásemos tiempos felices. Yo la miraba en su estado actual: una anciana cuyos contadísimos días probablemente no concluyesen con tanta paz como me hubiera gustado, y me percataba de lo mucho que me necesitaba.

–¿Cuánto tiempo te quedarás aquí? –me preguntó.

–Tanto como me necesites –respondí animada, intentando ocultar el verdadero sentido de mis palabras.

Mi madre, que siempre podía leer mi interior, sonrió. Con un estremecimiento la recordé en la época en que ella era mucho más joven, cuando habíamos estado tan estrechamente unidas, y sentí resurgir mi antiguo amor.

–No sé por cuánto tiempo será –añadió con una sonrisa irónica–, pero no creo que por mucho.

Hizo una pausa, me miró, e inquirió:

–Dime la verdad, ¿sólo has venido porque sabes que me estoy muriendo?

Apreté su mano y se la acaricié delicadamente con un pulgar antes de responder:

–He venido porque me lo has pedido. Habría venido antes si me lo hubieses solicitado. Y sí, he venido a ayudarte para que puedas morir en paz. Creo que soy la única persona que puede hacerlo.

Deseé que mi madre hallase la fuerza de voluntad para hablar con honestidad y, durante un breve instante aquel primer día, creí que eso sería posible.

–Ya lo sabes, Toni –dijo apretando mi mano–, los días en que eras bebé fueron los más felices de toda mi vida. Lo recuerdo como si fuera ayer. Cuando naciste me senté en esa cama de hospital sintiéndome inmensamente orgullosa de haberte tenido a los veintinueve años de edad. Eras una personita tan pequeña y tan perfecta. Sentía tanto amor por ti. Ansiaba tenerte en mis brazos. Deseaba cuidarte, protegerte. Quería que tuvieses una buena vida. Sentía tanta ternura y tanto amor. Eso es lo que me pasaba por entonces.

Se me hizo un nudo en la garganta al recordar tiempos tan lejanos, cuando había estado rodeada de su amor. En esa época era una madre que me abrazaba y jugaba conmigo, me leía historias y me arropaba en la cama. Una madre cuyo aroma aspiraba cada vez que se agachaba para darme el beso de las buenas noches.

Una voz infantil se entrometió en mi memoria hasta que los sonidos se convirtieron en palabras que alguien me decía al oído:

–¿Adónde fue a parar todo ese amor, Toni? Hoy es tu cumpleaños. Dice que se acuerda de cuando naciste. Dice que en aquellos tiempos te amaba y, aun así, catorce años después intentó enviarte a la muerte. ¿Acaso ya no lo recuerda? ¿O piensa que lo has olvidado? ¿Realmente ha podido bloquear esos sucesos y borrarlos de su memoria? ¿Los has borrado tú?

Cerré los oídos a la voz y rogué que se callase. Quería dejar mis recuerdos en los cajones donde habían estado guardados durante treinta años, sin verlos jamás, sin pensar siquiera en ellos salvo cuando la medianoche les permitía escapar a hurtadillas y aferrarse a la cola de alguna borrosa pesadilla. Los helados tentáculos podían entonces agitar mi subconsciente, dejando tenues imágenes de otros tiempos hasta el momento en que me despertaba para desterrarlas.

Más tarde, aquel mismo día, la saqué de paseo con su silla de ruedas por los terrenos de la residencia. Siempre le había encantado sembrar hermosos jardines. Era como si todos sus instintos maternales, que había dejado de prodigarme mucho tiempo atrás, los hubiese desviado hacia ellos.

Me pidió que me detuviese en varias plantas y arbustos al tiempo que me decía sus nombres. Con tristeza murmuró, más para sí misma que para mí:

–Nunca volveré a ver nuevamente mi jardín.

Recordé haberla visitado al inicio de su enfermedad. Yo había viajado a Irlanda del Norte con una amiga. Aprovechando que mi padre estaba ausente durante el día jugando al golf, había visitado a mi madre. Ella me había mostrado orgullosa fotografías de su jardín antes de que empezase a trabajar en él: un área desolada con matas de pastos gruesos y ni una sola flor para alegrar la vista.

A medida que caminábamos, me señaló algo que provocó una sonrisa inmediata en mi rostro. Cada día de la Madre y cada cumpleaños yo le enviaba cestas con pequeñas plantas. Ella me mostró cómo, mezcladas con otras que había hecho crecer de brotes, las había replantado en una ecléctica colección de recipientes, que iban desde restos de chimeneas y viejos fregaderos de cocina hasta potes de terracota y un abrevadero, dando lugar a una explosión de color en todo el patio.

También ese día me dijo el nombre de todas las especies de arbustos.

–Éste es mi favorito, se llama Buddleia –me informó–, pero me gusta más el nombre común, «arbusto de las mariposas».

Como si deseara dar crédito a su denominación más popular, una nube de mariposas sobrevolaba el arbusto de un color púrpura profundo, todas ellas haciendo parpadear sus alas a la luz del crepúsculo. Otra zona del jardín despedía un embriagador aroma a rosas, con pétalos de un tono cremoso claro a un rosa intenso y fascinante. Otro espacio contenía sus adorados lirios y, en otro más, flores silvestres se combinaban con las que habían sido cultivadas.

–Si son bonitas, entonces no son mala hierba –afirmaba sonriente.

Había senderos de guijarros, cruzados por arcos hechos de alambre sobre los cuales jazmines y madreselvas habían sido guiados con delicadeza y desprendían su perfume al aire. Al pie de uno de los arcos había una colección de gnomos de jardín: «Mi pequeño rincón del absurdo», lo llamaba ella.

Parecía tan feliz y serena aquel día que almacené esa escena en mi álbum fotográfico mental. Una escena que podía extraer de mi memoria a voluntad cada vez que deseaba disfrutarla.

Al día siguiente fui con el coche a una tienda de jardinería, le compré una pequeña caseta de verano para protegerla de los elementos e hice que se la enviaran.

–Así, haga el tiempo que haga siempre podrás disfrutar de tu jardín –le dije, sabiendo que no le quedaba más que un único verano para gozarla.

Mi madre había creado un jardín de la campiña inglesa en Irlanda del Norte, un país que jamás había aceptado como suyo y en el que siempre se había sentido una extraña.

Recordé esa circunstancia durante la visita y sentí gran pena por ella, mi solitaria madre, que había creado su vida gracias a la imaginación y luego la había convertido en su realidad personal.

Pese a su progresiva fragilidad, había una parte de mí que disfrutaba estando junto a mi madre en la residencia para enfermos terminales. Al fin me era posible pasar algún tiempo a solas con ella; un tiempo que, era consciente de ello, se evaporaba minuto a minuto.

Esa tarde la ayudé a acostarse, le cepillé el cabello hacia atrás y le besé la frente.

–Estaré durmiendo en la silla junto a tu cama –le dije–. No me alejaré mucho en ningún momento.

Después de que la enfermera le diese sus píldoras para dormir, me senté sosteniéndole la mano, que se había vuelto pequeña y frágil. La piel, surcada por venas azules, parecía casi translúcida. Alguien le había hecho la manicura, dando forma y brillo a las uñas hasta transformarlas en óvalos pintados de un rosa pálido. No se parecían en nada a las uñas llenas de tierra que yo recordaba de mi última visita.

Una vez que se hubo dormido, cogí una de mis novelas de Mavis Cheeck y me dirigí a la sala de estar. Me invadió un insoportable pesar cuando comprendí que la madre que una vez había amado tanto se estaba muriendo; pesar porque, a causa de todo el daño, de todas las cosas que ella había hecho, su vida nunca había sido feliz. Me lamenté por la relación que yo siempre había deseado tener con ella pero que, salvo durante mi más tierna infancia, siempre se me había negado.

Dejé de prestar atención al libro aquella noche en cuanto perdí el control sobre mis recuerdos. Mi mente se extravió en aquellos primeros días que había pasado con mi madre; días en los que me había sentido protegida y amada, y que en mi memoria siempre eran luminosos… hasta que las tinieblas se apoderaron de ellos.

Antoinette, la niña, se aproximó a mí en ese ambiente que crea el crepúsculo, cuando los sueños ya nos han abandonado pero nuestra conciencia todavía flaquea. Entre sombras de gris, su rostro de un blanco marfil brilló ante mí bajo su flequillo de ébano.

–Toni –susurró–, ¿por qué nunca me permites crecer?

–Déjame en paz –lloré en silencio, concentrando toda mi energía mental en alejarla.

Se abrieron mis ojos y ahora sólo había motas de polvo danzando en el aire, pero cuando me llevé las manos al rostro se humedecieron con las lágrimas de una niña en las mejillas de una mujer adulta.

–Toni –me susurró–, permíteme que te cuente qué sucedió realmente. Ya es hora de que lo sepas.

Comprendí que Antoinette por fin había despertado y que no podría forzarla a reanudar el prolongado sueño en el que, durante tantos años, la había mantenido desterrada. Cerrando los ojos permití que sus susurros penetraran en mi mente y comenzó a narrar nuestra historia.

CAPÍTULO 2

En mis primeros recuerdos estamos mi madre y yo en una casa con jardín en Kent, donde la pequeña figura de mi abuela era una visita frecuente y bienvenida. No bien oía su voz preguntando «Antoinette, ¿dónde estás?», como si me buscase, yo interrumpía todo lo que estuviera haciendo y corría a recibirla, abrazándola con fuerza.

La acompañaba una fragancia muy especial, mezcla de maquillaje y lirios silvestres, un aroma que en el futuro siempre evocaría mis recuerdos de ella. Cuando lo respiraba sentía que surgía entre nosotras un destello de amor.

En los días soleados mi abuela proponía relajados paseos por la avenida principal de Tenterton, que solían concluir en alguna de las tradicionales casas de té. En aquellas ocasiones cambiaba mis ropas de juego por un vestido limpio, me lavaba las manos y la cara, y me cepillaba el cabello hasta estar lo bastante presentable para tales salidas.

Una vez que se había calzado sus tacones altos y cogido un bolso de mano que hiciera juego, mi madre se pintaba los labios con un rojo brillante, se echaba polvo de maquillaje en la nariz y las tres estábamos listas para partir.

Una camarera vestida con un uniforme blanco y negro nos conducía a nuestra mesa, donde mi abuela procedía a pedir el té de la tarde. Bollos con mermelada y nata, seguidos de tartas heladas individuales rosas y amarillas, eran acompañados en mi caso con zumo diluido. Las dos mujeres adultas tomaban el té.

Mi madre, con un vestido de cuello cuadrado y la cabeza descubierta, charlaba amigablemente con mi abuela, quien siempre, más allá del estado del tiempo, escondía sus cabellos todavía pelirrojos bajo un sombrero. Mujeres de su misma edad que lucían vestidos estampados rematados con sombreros de paja y pastilleros le dirigían una sonrisa, hacían comentarios sobre lo mucho que yo estaba creciendo y le hablaban del estado del tiempo, un tema por el cual, me parecía en mi absoluta ingenuidad infantil, los adultos siempre demostraban un notable interés.

Otra salida habitual era cuando visitábamos a la señorita Trivett, una vieja amiga de escuela de mi abuela quien, para mi regocijo, hacía dulces caseros en su pequeño chalet blanco y negro. Su diminuto jardín estaba repleto de hortensias de un intenso rosa frambuesa, cuyas diáfanas cabezas sobresalían por la pequeña tapia de ladrillos y mecidas por la brisa. Para mi fascinación, al pie de un arbusto había dos regordetes gnomos de jardín con cañas de pescar en las manos. Quizá fuese la señorita Trivett quien sembró la semilla de la afición de mi madre por estos adornos de jardín en los años venideros.

Mi abuela golpeaba la aldaba recién pulida contra la puerta negra y, entonces, la señorita Trivett aparecía envuelta en un voluminoso delantal, dejando escapar el cálido aroma del burbujeante mejunje que pronto se convertiría en los dulces que yo tanto adoraba.

Acompañándome a su cocina, me mostraba entonces cómo los hacía. Gruesas cintas de una mezcla blanca y negra con olor azucarado se colocaban en un gancho junto a la puerta, y luego se apretaban y estiraban hasta que triplicaban su tamaño. Sólo cuando habían crecido tanto como la señorita Trivett deseaba, se bajaban del gancho y se cortaban, algunas en pequeños cuadraditos, mientras que otras quedaban en trozos más grandes que acabarían siendo los tradicionales caramelos ingleses conocidos como *humbugs*.

Absorta, la miraba hacer mientras mis mejillas se llenaban con algunas muestras, y, al mismo tiempo «cataba» con mi lengua el jarabe recién hecho cada vez que ella me lo pedía.

Cuando la última gota dulcísima se había deslizado por mi garganta, la señorita Trivett y yo repetíamos nuestro juego habitual:

–Señorita Trivett, ¿de qué están hechas las niñas pequeñas? –preguntaba yo y nunca me aburría de su respuesta.

–¡Querida Antoinette! ¿Cuántas veces tendré que decírtelo? ¡De azúcar y condimentos, por supuesto, y de todos los ingredientes más deliciosos!

Yo lanzaba alegre una risita tonta y ella me recompensaba con una nueva golosina.

En otras ocasiones mi madre me enseñaba los juegos con los que ella había gozado siendo niña; el tipo de juegos que habían subsistido al paso de las décadas, transmitiéndose de generación en generación. Vestíamos muñecas y preparábamos tartas de barro con un pequeño balde y una palita. Pero mi juego favorito consistía en hacer como que invitaba a gente a tomar el té. Primero colocaba pequeñas tazas y platos de té sobre un mantel, junto a los cuales iban una tetera y una lechera en miniatura. Luego extendía con gran cuidado una hilera de platos de postre. Cuando la mesa estaba ya puesta a mi entera satisfacción, guijarros y flores ocupaban el lugar de los bocadillos y las tortas, que a continuación les ofrecía a mis compañeros de juego adultos o a mi colección de muñecas. Servía un té imaginario y lo pasaba de una a otra, y limpiaba el rostro de mis muñecas de pequeñas migajas invisibles.

Mi madre no sólo disponía de un tiempo ilimitado para mostrarme los juegos de su infancia, sino también para ponerme bonitos vestidos, muchos de ellos confeccionados por ella misma tras varias horas diseñando los adornos de frunces para la cintura que tan de moda estaban por entonces.

Mi madre hizo que un fotógrafo profesional me sacase una foto con uno de esos vestidos a la edad de tres años. Era de tela de algodón a cuadros con volantes blancos y yo aparecía cruzando mis piernas regordetas y sonriendo confiada hacia la cámara. Me sentía como la niña amada que era.

Mi madre me presentó al concurso de Miss Pears[1] y, para su satisfacción, fui una de las finalistas. Una pequeña fotografía enmarcada pasó a ocupar un sitio prominente y orgulloso en la repisa de la chimenea.

Pero aquellos días felices en los que éramos una familia de dos estaban contados. Durante muchos años deseé que regresaran, pero una década después, cuando volvió a repetirse la circunstancia de vivir a solas con mi madre, la felicidad brilló por su ausencia.

Mi padre había estado varios años prestando servicio en el ejército después de terminada la guerra, y sólo nos visitaba de forma esporádica, convirtiendo nuestro hogar en un alboroto durante el breve lapso que duraba su estancia. Días antes de su llegada se sucedía una ráfaga de tareas domésticas. Había que sacudir los cojines, pulir los muebles y fregar los suelos. Un grato aroma a masa de pan llenaba el aire a medida que se preparaban sus galletas y tartas favoritas. Y entonces, en el día tan largamente esperado, mi madre me vestía con mis mejores prendas mientras se ponía las suyas más bonitas. Mirando impacientes a través de la ventana, esperábamos a que la verja del jardín se abriese y estallaba entonces un estrepitoso recibimiento, en el que mi madre corría hacia la puerta y se echaba sobre los brazos abiertos de mi padre.

Mi impresión de él era la de un hombre guapo y corpulento que provocaba las risas y la alegría de mi madre, cuyo rostro adquiría un brillo rosado. Obsequios como medias de seda para mi madre y chocolates para mí acompañaban siempre su llegada. Mi madre solía desenvolver sus paquetes con paciencia, desplegando con cuidado el papel para reutilizarlo en alguna otra ocasión. Yo, en cambio, destrozaba los envoltorios chillando de felicidad. Mi padre, el benévolo visitante,

---

1. *Pears*, marca de jabón inglesa que durante muchos años realizó concursos de belleza premiando fotografías de niños enviadas por sus padres. *(N. del T.)*

solía ocupar la silla más confortable mientras sonreía ante nuestro placer.

En mi cuarto cumpleaños fue necesario abrir un voluminoso paquete para dejar al descubierto un enorme elefante rojo relleno de fieltro. Al cogerlo pensé que era mucho más hermoso que cualquier otro muñeco. Lo bauticé *Jumbo* y durante varios meses me negué a separarme de él. Sosteniendo a *Jumbo* de la trompa, lo llevaba de una punta a otra de la casa e insistía en compartir con él mi cama y llevármelo a todas partes durante los paseos.

Unos meses después de aquel cumpleaños mi padre anunció que la idea de la vida civil le resultaba apetecible. Anunció que quería pasar más tiempo con su esposa y su hija. Cuando mi madre oyó esas palabras su rostro se iluminó y así permaneció durante las semanas siguientes, en las que me era posible palpar su regocijo mientras esperaba el que sería, esta vez, un regreso definitivo.

Creí adivinar cuál era el día tan anhelado debido a los aromas del horneado y a las frenéticas tareas domésticas, pero pasaron aún tres días más antes de que mi padre llegase por fin. En esta ocasión no hubo obsequios después de la ruidosa bienvenida y con el correr de las horas la tranquila atmósfera de nuestro hogar cambió para siempre. La tensión había empezado a hacerse sentir.

Después de que me llevasen a la cama abrazada a mi tan adorado elefante, penetró en mis sueños la primera pelea entre mis padres que yo oyera en mi vida. Me inquieté. Hasta entonces apenas había escuchado una voz poseída por la ira. Abracé a *Jumbo* con algo de fuerza, deseando que mis padres se detuvieran, y al cabo de un rato conseguí a duras penas volver a dormirme.

Mucho tiempo después mi madre me confesó que la discusión se debía a la afición de mi padre por la bebida y el juego. Pero por entonces yo ignoraba las causas: tan sólo sabía que el resultado me hacía sentir muy incómoda. Tras dejar el ejército con su paga de indemnización, mi padre había regresado después de haber perdido al póquer hasta el último céntimo. Las esperanzas de mi madre de comprar una casa que se convirtiera en nuestro hogar quedaron así arruinadas. Sus palabras en uno de los raros momentos de cierta intimidad que compartimos me dejaron claro que aquélla había sido sólo la primera de numerosas desilusiones por venir.

Mi madre comprendió que, con una niña por criar y sin una suma fija de dinero que nos respaldase, la única manera de hacer realidad su ambición de poseer un hogar propio era ponerse a trabajar. Pero eso no iba a resultar sencillo. No sólo la paga de las mujeres era muy inferior a la de los hombres en la década posterior a la guerra, sino que había muy poca oferta de empleo. Los soldados victoriosos que habían permanecido en el ejército para ayudar a reconstruir la devastada Alemania encontraron a su regreso una altísima tasa de desempleo, malas condiciones de vivienda y racionamiento en los alimentos. Con esa adusta determinación, que era un rasgo propio de su carácter, mi madre se negó siempre a admitir una derrota y, a la larga, su tenacidad se vio recompensada. Encontró empleo como cajera del turno de noche en un garaje a varios kilómetros de distancia. Parte de su salario consistió en que se nos ofreciera, sin pagar alquiler, un oscuro y pequeño apartamento familiar cerca de allí.

También a mi padre le resultó arduo hallar empleo. Aunque era un diestro mecánico, el único puesto que pudo conseguir fue en una fábrica, también en horario nocturno. Sin ninguna otra alternativa a la vista, aceptó la oferta.

Nuestras vidas adquirieron entonces un patrón diferente, con él regresando a casa cada mañana refunfuñando acerca del cansancio y yéndose directo a la cama, mientras que mi madre, con un hogar para administrar y una criatura a la cual atender, apenas si dormía intermitentemente cada vez que encontraba un instante para hacerlo.

Aunque mi abuela en ocasiones pasaba a buscarme para ir

de paseo, rara vez nos visitaba. Los días en que yo estaba mucho tiempo a solas con mi madre también llegaron a su fin. Cuando me despertaba por las mañanas en el estrecho apartamento, abrazaba a *Jumbo* para sentirme protegida e iba en busca de mamá. Como el piso estaba vacío, solía bajar hasta el garaje aún en pijama, medio dormida, ansiando su compañía. En aquellos primeros días ella nunca se enfadaba conmigo. Sólo alzaba mi cuerpecillo somnoliento, reía y me llevaba escaleras arriba para volver a meterme en la cama.

Unos meses antes de mi quinto cumpleaños volvimos a mudarnos, en esta ocasión a una pequeña casa con balcón y un jardín. Mi padre acababa de ser ascendido, lo que implicaba un trabajo permanente con un salario mayor y horarios más convenientes. El empleo nocturno estaba agotando a mi madre y ahora, por primera vez desde el regreso de su marido, pudo volver a ser un ama de casa a tiempo completo.

La noche previa a mi cumpleaños permanecí en vela imaginándome qué obsequio recibiría. Durante toda la semana anterior no había dejado de darle la lata a mi madre para que me lo revelase. Inmune a mis súplicas ella reía mientras me decía que tendría que dominar mi curiosidad y esperar hasta que llegase el día para averiguarlo.

Me levanté bien temprano, corrí a toda prisa escaleras abajo recordando la llegada de *Jumbo* un año antes y exploré la sala de estar. No encontré nada en absoluto. Notando la desilusión en mi rostro, mi madre me dijo que iríamos a visitar a alguien y que allí me entregaría mi regalo.

Tan pronto como, presa de la excitación, conseguí engullir mi desayuno, me aboté la chaqueta y de un salto corrí a coger la mano de mi madre. Así caminamos hasta la parada de autobús. Uno rojo de dos pisos nos trasladó varios kilómetros en dirección al pueblo vecino. Tras apearnos, anduvimos una corta distancia hasta una casa que no había visto nunca antes. Me hallaba desconcertada y no tenía la menor idea de en qué podía consistir mi regalo. Los regalos, por cuanto yo sabía, sólo se compraban en las tiendas.

Una vez que mi madre hubo llamado a la puerta escuché el ladrido de varios perros. Mi excitación fue en aumento. *Jumbo*, por mucho que yo lo adorase, empezaba a perder parte de su atractivo. Lo que ahora ansiaba más que nada en el mundo era tener una mascota de verdad. ¿Sería aquél, me preguntaba, el día en que mis deseos se volverían realidad?

Abrió la puerta una mujer regordeta de cabellos grises. Jugueteando a sus pies había varios terrier Black and Tan de pelo duro que agitaban sus colas mientras nos saltaban encima para darnos la bienvenida. En un intento de aquietar su recibimiento, la mujer nos hizo pasar rápidamente a una amplia cocina. Mi entusiasmo fue en aumento cuando divisé frente al horno una cesta llena de cachorros dormidos. De pie sobre sus todavía temblorosas patitas, apenas fuera de la cesta, una suave criatura afelpada con los mismos rasgos de raza que los adultos y con traviesos ojos saltones olisqueaba el aire con su nariz negra, pequeña como un botón.

Antes de que tuviese tiempo de pedirle a mi madre que me mostrase los otros cachorros, me abalancé sobre la más aventurera de las criaturas y me arrodillé a su lado. Supe de inmediato que quería tenerme como dueña. La alcé, respirando ese cálido aroma de los cachorros, y sentí en mi rostro pequeños y veloces lametazos provenientes de su áspera lengua rosada. Una vez que se estiró sobre mis brazos, la relación quedó entablada. La perrita se convertiría en la mejor amiga de toda mi infancia.

−¿Ésa es la que más te gusta? −preguntó mi madre.

Mi radiante sonrisa fue toda la respuesta que necesitó.

−Entonces es tuya. Es tu regalo de cumpleaños.

Lancé un suspiro de puro placer, comprendiendo que mi mayor anhelo se había hecho realidad. Besé a la pequeña perrita en lo alto de su tersa cabeza color negro y canela, y con esa exhibición de amor maternal que poseen las niñas de cinco años le dejé bien claro a mi mascota que era mía.

–¿Qué nombre vas a ponerle? –consultó mi madre.

Vino entonces a mi mente el recuerdo de otra figura pequeña y valiente, una figura a la que había visto durante un día mágico en la playa unos meses antes. Mi abuela me había llevado en tren a la ciudad costera de Ramsgate, en el condado de Kent. Mientras sostenía un enorme cono de helado, vi un círculo de niños riendo, sentados inmóviles bajo el calor del sol y con los ojos fijos en algo que escapaba de mi ángulo de visión. Arrastré con impaciencia a mi abuela de la mano a fin de que nos acercáramos para mirar en la misma dirección que los demás niños. Entonces pude divisar las figuras de los títeres Punch y Judy[1]. Mi olvidado cono de helado se derritió inundándome la mano mientras permanecía anclada en mi sitio, fascinada con sus rutinas. Protestaba a viva voz cuando Punch atacaba a Judy y gritaba de alegría junto a los otros niños cuando Judy le devolvía la jugada. Incluso después de que el titiritero saliese a la luz con su caja de sorpresas, el misterio de las dos figuras diminutas permaneció inalterado para mí, y mi abuela fue sometida a una avalancha de preguntas sobre las figurillas en lidia.

–La llamaré *Judy* –respondí.

Ese cumpleaños sería el recuerdo más feliz de toda mi infancia.

Mi madre me había inscrito en una pequeña escuela privada. Cada mañana me llevaba y cada tarde me esperaba en la verja del colegio con una cálida sonrisa. Me sentía muy adulta vistiendo mi uniforme y provista de mis lápices, mi goma de borrar y los primeros libros de enseñanza, todo bien guardado en una cartera de lona que colgaba de mi hombro. Pese a que disfrutaba de esos primeros días de educación, pasaba la ma-

1. *Punch and Judy*, popular espectáculo de títeres derivado de la *commedia dell'arte* italiana del siglo XVI. El nombre de *Punch* proviene de *Punchinello*, la forma inglesa del original italiano *Pulcinella* (en español, Polichinela). *(N. del T.)*

yor parte del día expectante, imaginando a *Judy* y deseando que sonara por fin la campana. Una vez en casa, engullía a toda prisa la leche y los bocadillos que me daba mi madre después de que me quitase mi delantal azul marino. Sólo una vez hechas ambas cosas me permitía salir a jugar a la pelota con *Judy* durante una hora. Cuando mi madre pensaba que ya había quemado suficiente energía y creía conveniente que nos calmásemos, abría la puerta de la cocina, nos llamaba y luego sacaba de mi cartera un libro de lecturas con el que cada día aprendía nuevas palabras, o uno de cuentos con el que aprendía a decir la hora. Hacía mis tareas en la mesa mientras mi madre preparaba la cena, con *Judy* descansando exhausta a mis pies.

Para Navidad, cuando *Judy* ya estaba dejando de ser cachorro, usé el dinero que tenía ahorrado en mi alcancía para comprarle una preciosa correa roja con un collar haciendo juego. Ahora podía sacarla a pasear, vistiendo con orgullo mi chaqueta de invierno y con *Judy* haciendo cabriolas a mi lado, sin ser consciente del frío gracias a su pelaje natural. Cada vez que alguien se detenía a admirarla, yo saltaba de alegría. Mi felicidad fue completa cuando mi abuela volvió a visitarnos regularmente. No dio ninguna explicación sobre el motivo por el cual había dejado de hacerlo. Años más tarde admitió que no soportaba la idea de que los tres viviésemos sobre el garaje, que mi padre nunca le había caído bien y que jamás había creído que fuese lo bastante bueno para mi madre. Aunque para entonces yo estaba más que de acuerdo con ella, ya era demasiado tarde para comentárselo.

Al igual que yo, mi abuela adoraba a *Judy*, que siempre le daba la bienvenida efusivamente. Mi abuela la alzaba, le rascaba la panza y recibía como recompensa lametazos que le quitaban del rostro los polvos de maquillaje.

Con la reanudación de sus visitas llegaron también regalos, sobre todo libros que, si mi madre estaba atareada, mi abuela hallaba tiempo para leer conmigo.

Cuando mis padres me anunciaron en febrero que nos mudaríamos a Irlanda del Norte, el sitio de donde provenía mi padre, lo único que oscureció mi alegría fue el hecho de que no podría ver a mi abuela con tanta frecuencia. Su promesa de visitarme a menudo hizo que mis miedos se diluyeran.

En la práctica, pasarían seis años antes de que volviera a verla.

Nos enviábamos cartas a menudo, que escondían la verdad sobre nuestra vida familiar. Nunca olvidó escribirme para mi cumpleaños ni para Navidad, pero las visitas tantas veces anunciadas por carta nunca se hicieron realidad. Yo ignoraba en aquel momento todas las excusas que mi madre le brindaba para evitar sus visitas. A la larga, mi abuela acabó convirtiéndose en mi mente en una figura cada vez más borrosa que alguna vez me había amado.

CAPÍTULO 3

Tres cofres de madera poco voluminosos y una maleta yacían en el suelo de nuestra sala de estar con los bienes acumulados durante un matrimonio. A lo largo de los diez años siguientes vi empaquetarlos y desempaquetarlos incontables veces, hasta que se convirtieron para mí en un símbolo de frustrado optimismo. A los cinco años y medio de edad, sin embargo, me parecían el inicio de una excitante aventura. Mi madre había clavado triunfante la tapa del último cofre la noche previa y, una vez que llegase una furgoneta para recogerlo todo, comenzaría nuestro viaje.

Mi padre, que ya llevaba varias semanas en Irlanda del Norte buscando un sitio apropiado para alojarnos, finalmente nos había pedido que fuésemos. Su tan esperada carta había llegado una semana atrás y mi madre me había leído en voz alta algunos fragmentos. Según me contó entusiasmada, mi padre había encontrado para nosotros una casa en la campiña. Primero, sin embargo, debíamos visitar a su familia, que esperaba ansiosamente nuestra llegada. Nos quedaríamos con ellos durante quince días, hasta que llegasen nuestros baúles y nuestros muebles, momento en el cual nos trasladaríamos al nuevo hogar.

Mi madre me dijo una y otra vez que me encantaría Irlanda, que mi vida allí sería maravillosa y que adoraría conocer a todos mis nuevos parientes. Me hablaba emocionada de sus planes futuros: íbamos a vivir en la campiña, allí montaríamos una granja con aves de corral y sembraríamos nuestras propias verduras. Imaginando los típicos y suavísimos pollitos de las tarjetas de felicitación para Pascua, mi entusiasmo se equiparó al suyo. Escuché los párrafos de la carta de mi padre que ella me leía, en los que hablaba de mis primos, de la casa en la campiña y de cuánto nos echaba de menos. La felicidad de mi madre describiendo una idílica vida futura resultaba contagiosa.

Una vez que la furgoneta con nuestras pertenencias se hubo marchado, lancé una última mirada a nuestras habitaciones vacías con una mezcla de emociones: nerviosismo por dejar atrás todo cuanto me era conocido y excitación por conocer un nuevo país.

Mi madre cogió nuestro equipaje de mano y aferró con fuerza la correa de *Judy* cuando iniciamos nuestro viaje de veinticuatro horas. Lo que a mí me parecía más que nada una aventura, para mi madre debió de ser un auténtico calvario. No sólo tenía que estar atenta a mí y a nuestros bultos, sino también a *Judy*, que ya había crecido hasta convertirse en una joven terrier de ojos brillantes y traviesos.

Un autobús nos condujo a la estación del ferrocarril, con sus canteros de flores y sus amistosos porteros. Cogimos un tren hacia las Midlands y luego hicimos transbordo hasta Crewe. Me senté en el compartimiento del tren observando atenta las nubes de humo procedentes de la locomotora y escuchando el incesante sonido rítmico de las ruedas, que parecía significar para mí «estamos yendo a Irlanda del Norte, estamos yendo a Irlanda del Norte».

Apenas podía quedarme quieta, pero la excitación no moderó mi apetito. Atenta a nuestro limitado presupuesto, mi madre había preparado un picnic para nosotras. Al desenvolver el papel aislante marrón hallé varios bocadillos de carne en conserva y un huevo duro, que pelé y comí mientras miraba atónita por la ventanilla. Siguió una fresca manzana, al tiempo que mi madre se servía té de un termo. Había un paquete aparte con sobras de comida para *Judy*, una botella de agua y un pequeño cuenco de plástico. *Judy* comió hasta dejar el recipiente limpio y me lamió los dedos con gratitud. Luego se quedó dormida, acurrucada a mis pies. Cuando terminamos de comer, mi madre sacó una tela húmeda de otra pequeña bolsa y me limpió el rostro y las manos. Después cogió su polvera dorada y se echó algo de polvo en la nariz y en la barbilla. Frunciendo los labios, se los pintó con ese rojo oscuro que tanto le gustaba.

La estación de Crewe me recordó a una caverna: amplia, ruidosa, sucia y mal iluminada, completamente diferente a las bonitas y recién pintadas estaciones de Kent. Mi madre me hizo ponerme la chaqueta de lana, me colocó la correa de *Judy* en una mano y ordenó nuestros bultos.

El tren de enlace desde Crewe hasta Liverpool estaba repleto de felices pasajeros de humor vacacional, muchos de ellos soldados con permiso para visitar sus hogares. No faltaron voluntarios para ayudarnos a subir nuestras maletas al portaequipaje que teníamos encima. *Judy* recibió incontables cumplidos y palmaditas, para mi enorme satisfacción. Mi preciosa madre, con sus cabellos oscuros a la altura de los hombros y su esbelta figura, tuvo que explicarle a más de un soldado lleno de esperanzas que su marido nos esperaba a ambas en Belfast.

Provista de mis libros para colorear y mis ceras de colores, y sin intención de perderme nada, intenté a toda costa pero en vano mantener los ojos abiertos. Al cabo de una hora el sueño se apoderó de mí.

Cuando desperté ya habíamos llegado a Liverpool. A través de las espirales de vapor pude contemplar el barco por primera vez, una inmensa y amenazante masa gris que se alzaba sobre nuestras cabezas. Arrojaba una sombra sobre las decenas de personas que, cargando todo tipo de equipajes, se arremolinaban haciendo cola en la plataforma de acceso. Las débiles luces de las farolas de la calle apenas iluminaban el agua cubierta de aceite bajo el amable balanceo del barco. Puesto que hasta entonces yo sólo había visto las pequeñas flotas de pescadores en Ramsgate, me sentí sobrecogida ante la perspectiva de viajar en algo tan enorme. Aferrando firmemente la correa de *Judy*, avancé bien pegada a mi madre para sentirme segura mientras nos aproximábamos a la cola de pasajeros.

La tripulación nos ayudó a subir a bordo, donde un sobrecargo de uniforme blanco nos mostró nuestro pequeño camarote de segunda clase, amueblado con una silla de madera, un único camastro y un lavabo.

–¿Cómo? ¿Las dos vamos a dormir juntas ahí? –exclamé incrédula.

El sobrecargo me acarició el cabello y sonrió:

–Por supuesto, ¡no sois demasiado grandes!

Esa noche dormí abrazada a mi madre durante la mayor parte de las doce horas que duró la travesía, acunada por el movimiento de la embarcación. No me sentí mareada en ningún momento, pese a que según el camarero que nos sirvió el desayuno por la mañana muchos otros pasajeros no habían resistido tan bien el fuerte oleaje.

Llegamos a Belfast antes de que acabase de salir el sol y siguieron otras colas para descender del barco. Los pasajeros saludaban apoyados en la barandilla pero yo, siendo tan pequeña, debí reprimir mis deseos de imitarlos. Cuando la embarcación hizo su última maniobra y volvió a descender la plataforma, tuve mi primera visión de Belfast.

La luz del amanecer brillaba sobre los adoquines mojados, donde los ponis arrastraban pequeñas carretas hacia aquí y hacia allá. Varias personas se apiñaban junto a la plataforma, con el aliento congelado y anchas sonrisas de bienvenida en el rostro. Mis oídos fueron asediados por el áspero acento de Irlanda del Norte a medida que parientes y amigos se encontraban.

Todo se veía y oía muy distinto. Tras unos instantes buscando a mi padre, lo divisamos las dos a la vez; venía en nuestra dirección con una radiante sonrisa. Abrazó con fuerza a mi madre y la besó. Luego me alzó y balanceó en sus brazos, y me besó ruidosamente en ambas mejillas. *Judy* olisqueó sus pies desconfiada y, por primera vez, no agitó la cola.

Mi padre dijo que nos había echado muchísimo de menos, que estaba sumamente feliz de que ya estuviésemos allí y que todos ansiaban conocernos. Recogiendo nuestras maletas, nos guió hasta un coche.

Guiñando un ojo explicó que lo había tomado prestado para la última etapa de nuestro viaje. Mi madre se mostró complacida al escuchar que él no había querido hacerla viajar hasta Coleraine en tren, pues de ese modo habría desperdiciado momentos preciosos que podía aprovechar en nuestra compañía.

Conmigo en el asiento trasero, envuelta confortablemente en una manta de tartán, comenzamos la etapa final. Mi padre llevaba a mi madre de la mano y le oí decirle:

—Todo va a ser diferente, ya lo verás. Seremos felices allí. El aire de la campiña será bueno también para Antoinette.

Mi madre reclinó su oscura cabellera contra un hombro de papá y él descansó su cabeza color caoba sobre la de ella por un breve instante. Aquel día la felicidad parecía tangible. Joven como era yo, incluso podía sentirla.

Por primera vez me sentí excluida. Mi padre centraba toda su atención en mi madre. Observé cómo sonreía ella, y cómo esas sonrisas no iban dirigidas a mí, sino que eran completamente absorbidas por él. Una sensación de temor se apoderó de mí al mirar por la ventanilla el cambiante paisaje, como si intuyera que las cosas no seguirían igual.

Vi las montañas irlandesas color índigo, con sus picos aún envueltos en la niebla matinal. En medio de un áspero paisaje, cuadradas casas grises, en todo diferentes a las pequeñas casitas blancas y negras con techo de paja de Kent, interrumpían la inmensidad de los verdes pastos. Observé grupos de ovejas apiñadas para darse calor en campos separados por tapias de piedra de poca altura. Pasamos por reducidas aldeas en las que una única casa, convertida en tienda de ultramarinos, nutría a toda la comunidad local. Cerdos a cuyos pies picoteaban unos pollos esqueléticos resoplaban satisfechos en los lodazales de los minifundios de una sola planta. Los niños saludaban al paso de nuestro coche y yo alzaba a *Judy* junto a la ventanilla para que los viera.

Una vez que decidí que el aspecto de Irlanda me agradaba, mis pensamientos se volvieron hacia mi familia irlandesa. Aunque yo adoraba a la abuela materna que habíamos dejado en Inglaterra, ansiaba conocer a mis nuevos parientes. Mi madre había intentado describirme a mi familia de la rama paterna, pero no me era posible hacerme una idea concreta sobre ellos. Sabía que me habían visto de bebé, pero no los recordaba en absoluto.

Las campiñas dieron paso a anchos caminos con grandes casas situadas en terrenos con jardín, que a su vez dieron paso a caminos con compactos chalets de ventanas arqueadas y jardines oblongos cercados por setos podados. A continuación, hileras de casas con balcones, cuyos arbustos sin flor estaban protegidos por tapias de escasa altura.

Mi padre nos contó que pronto llegaríamos a la casa de su madre, donde nos esperarían con la comida lista. Eso me recordó lo hambrienta que estaba. El desayuno de apenas té y tostadas había tenido lugar varias horas atrás.

Unos minutos más tarde todo rastro de verde desapareció y las calles, se volvieron más estrechas. Los edificios eran cada vez más oscuros, hasta que cogimos una calle con pequeñas casas de ladrillo rojo. Las puertas de entrada daban directamente a la acera. Ésa, me dijo mi padre, era la zona donde él se había criado y donde vivían todos los miembros de mi familia irlandesa, incluyendo a mis abuelos. Estiré el cuello y vi una calle completamente distinta a todas las que había visto antes.

Mujeres con pañuelos atados a la cabeza sobre sus bigudíes se apoyaban en el marco de las puertas de sus casas, conversando a gritos con sus vecinos mientras vigilaban a pequeños mocosos que jugaban en las cunetas. Otras, de piernas desnudas y con pantuflas en los pies, fumaban cigarrillos apoyadas en los muros. Los niños, vestidos con prendas andrajosas, jugaban al críquet contra postigos dibujados en las paredes. Perros de dudoso linaje ladraban furiosos, saltando en el aire en un intento por atrapar las bolas. Hombres con tirantes sobre sus camisetas sin cuello deambulaban sin rumbo fijo con las manos en los bolsillos y gorras en las cabezas, mientras que unos pocos de ellos, de pie formando un grupo, parecían mantener una intensa conversación.

Más perros corrían persiguiendo el coche hasta que aparcamos y descendimos no sin cierto temor. Ignorando si eran o no amistosos, abracé a *Judy* de forma protectora y con tanta fuerza como pude. Ella recompensó mi preocupación sacudiendo su cola y retorciéndose para que le permitiese bajar. Esperando para recibirnos había una mujer regordeta, de baja estatura y cabellos canosos, de pie, inmóvil, con los brazos en la cintura y una amplia sonrisa en los labios.

Asió a mi padre en un feroz abrazo y luego abrió la puerta. Subimos por una empinada escalera desprovista de alfombra que comenzaba directamente donde acababa el pavimento de la calle y llegamos a la diminuta sala de estar del hogar de mis abuelos.

El ambiente estaba bien caldeado gracias a un fuego de leños que ardía brillante y a todos los parientes cercanos de mi padre que estaban allí apiñados. Mi abuelo parecía una versión más vieja y pequeña de mi padre. Era un hombre de baja estatura y, al igual que él, tenía unos gruesos cabellos ondulados que nacían de su frente. Pero donde los rizos de mi padre acababan en un destellante rojo oscuro, los de mi abuelo se habían decolorado hasta un pálido gris amarillento. Al igual que mi padre, sus ojos eran gris avellana con gruesas pestañas, pero cuando sonreía mi abuelo revelaba una dentadura manchada y amarillenta, no la brillante blancura de la boca de mi padre.

Mi abuela, una pequeña mujer redonda y animada, vestida toda de negro, tenía los cabellos blancos atados con un rodete y las mejillas rojas como una manzana, coronadas por unos centelleantes ojos azules. Se movía alborotada a nuestro alrededor intentando complacernos, y me cayó bien de inmediato.

—Antoinette —exclamó—. No te veía desde que eras un bebé y mírate ahora, eres toda una mujercita.

Atrajo a su lado a una joven, que según me dijo, era mi tía Nellie. Una mujer menuda de cabellos oscuros y ojos marrones que era la única hermana de mi padre.

A continuación me presentaron a otros dos hombres, que según me explicó mi padre eran sus hermanos menores: mis tíos Teddy y Sammy. De más está decir que se parecían a su hermano mayor. Teddy, un adolescente flaquísimo de cabellos rojos y sonrisa contagiosa, era un joven que a nadie podía desagradar, mientras que su hermano Sammy, de cabellos negros y varios años mayor, tenía un aspecto bastante más serio y, aunque parecía complacido de vernos, fue más comedido en su bienvenida.

Teddy se ofreció a sacar a *Judy* para un paseo que ésta necesitaba con urgencia y le tendí agradecida la correa. Intimidada por el nuevo ambiente que me rodeaba, no quería aventurarme tan pronto a salir de la casa.

Mi abuela y Nellie armaban bullicio a nuestro alrededor, poniendo comida en la mesa y echando agua hervida en una tetera de aluminio.

—Ahora tomad asiento —dijo mi abuela—. Seguro que tenéis hambre.

Acomodaron a toda prisa las sillas junto a una mesa repleta de alimentos y todos los parientes observaron cómo mi abuela me llenaba el plato. Hubo profusión de bocadillos, algunos rellenos de carne en conserva, otros de pasta de pescado. También pan irlandés (con bicarbonato, llamado «soda bread») y pequeños y gruesos crepes irlandeses untados generosamente con mantequilla y jalea de fresa. Siguió una tarta de frutas, que debió de agotar el presupuesto de toda la familia. No necesité que me alentasen para comer, pues me zampé con placer cuanto me servían, rodeada del grato zumbido de la conversación de los adultos, en la que mis padres eran sometidos por los demás a una interminable sesión de preguntas.

Cuando ya no pude comer más mis ojos empezaron a cerrarse. El calor del ambiente, el largo viaje y la comida pagaron su precio. Oí jocosas voces adultas exclamando que me había dormido, y entonces sentí los fuertes brazos de mi padre, que me alzaba y me conducía escaleras arriba hasta el dormitorio.

Eran las cuatro de la tarde y ya se había iniciado el crepúsculo cuando mi madre me despertó. Medio dormida, la dejé bañarme y vestirme para otra visita. Me pareció que toda la familia de mi padre deseaba vernos, y acostumbrada a la reducida familia de mi madre, consistente apenas en mi abuela y unos pocos primos a los que no veía apenas, me sentí agobiada por tener que recordar todos los nombres que oía. La cena se sirvió en casa de mi tío abuelo, que estaba situada en la misma calle. El tío Eddy y la tía Lilly (según me indicaron que los llamase) y sus dos hijas adolescentes, Mattie y Jean, habían preparado para nosotros un plato especial que, pronto aprendería, era típicamente irlandés: gruesos filetes de pollo, jamón dulce cubierto de una gruesa capa de miel y mostaza, huevos duros, brillantes tomates rojos y patatas hervidas con su piel. Postre casero y varias tazas de té vinieron a continuación y, otra vez, la calidez de la familia de mi padre acabó dejándome agotada.

Preguntaban por nuestra vida en Inglaterra, querían saber cómo había sido nuestro viaje y cuáles eran ahora los planes de mis padres. ¿Dónde pensábamos vivir? ¿Dónde iría a la escuela? Noté su sorpresa cuando mi madre les comentó que me enviarían a una escuela privada, como aquélla a la que yo estaba ya habituada. Años más tarde comprendí que en Park Street, una de las zonas más pobres de Coleraine, solamente los alumnos becados podrían haber asistido a la escuela que mi madre había escogido para mí.

Rara vez nos daban tiempo para responder a sus preguntas antes de transmitirnos todos los cotilleos familiares. Incluso en aquel momento pude ver que mi madre no estaba interesada en ellos en absoluto. Pronto me resultaría muy sencillo reconocer la sonrisa formal que ella solía mostrar cuando la compañía le aburría. En contraste, una alegre sonrisa casi nunca abandonaba el rostro de mi padre y él, el centro de atención, reía a carcajadas ante cada nuevo cotilleo familiar.

Cansada por la jornada plena de excitación, pero feliz de ser parte de una familia tan grande, me quedé confortablemente dormida en una cama plegable armada al pie de la de mis padres.

La luz del día filtrándose a través de las delgadas cortinas que cubrían la pequeña ventana me despertó a la mañana siguiente. Cuando fui a buscar a mi madre, me dijeron que mis padres habían salido aquel día y que me quedaría con mi abuela.

Mi madre nunca se había marchado hasta entonces sin antes avisarme, y una cierta sensación de pesar, temor y desconcierto se apoderó de mí. Mirando al rostro amable de mi nueva abuela, sin embargo, conseguí despejar mi mente.

Mientras me preparaba una «fritura del Ulster» (según la llamaba ella), consistente en crepe frita, pudín negro y huevo, me lavé sola en el fregadero de la cocina. Cuando fui al lavabo exterior, mi sorpresa fue enorme al hallar, en lugar de rollos de papel higiénico, trozos cuidadosamente recortados de periódico. Cuando se lo comenté a mi abuela ella pareció avergonzarse y me dijo que enseguida, después de desayunar, saldría a comprar papel higiénico. No fue hasta varios meses más tarde cuando comprendí que la pobreza le daba a los periódicos varios usos, y que el papel higiénico estaba considerado un lujo innecesario.

Una vez hubo lavado la vajilla del desayuno, mi abuela hirvió más cacerolas de agua y me dijo que podía ayudarla con la limpieza. Nos dirigimos a un minúsculo patio trasero, donde había una enorme palangana metálica con humeante agua enjabonada. Colocó dentro una tabla de madera y procedió a lavar toallas y camisetas frotándolas con destreza hacia arriba y abajo contra los surcos de la tabla. Sus manos estaban rojas y agrietadas, muy diferentes a las blancas manos de mi madre con su esmalte escarlata de uñas cuidadosamente aplicado.

La ayudé a escurrir las prendas empapadas en el escurridor sosteniendo un extremo mientras ella actuaba en el otro, un procedimiento que repetimos varias veces. Cuando hasta la última gota de agua hubo desaparecido, y con los dedos ya entumecidos por el frío, colgamos la ropa con pinzas en una soga suspendida entre la puerta trasera y el cuarto de baño. Por fin la alzamos tan alto como lo permitía el palo de madera que sostenía la soga en su sitio, dejando que las prendas flotasen sobre nuestras cabezas en el aire congelado.

Todas las tardes, excepto las de los domingos, las ropas todavía húmedas se colocaban sobre un caballete de madera frente al fuego del hogar, inundando el ambiente con el aroma de las prendas despidiendo vapor y obstaculizando el calor.

Mi abuelo regresaba a casa al mediodía. No de trabajar, como yo pensaba, sino de las carreras de caballos o, si había tenido suerte en sus apuestas, del pub. Me fue adjudicada la tarea de poner la mesa, que se cubría con un periódico limpio antes de servir la sopa y el pan irlandés.

Aquel primer fin de semana pasé la mayor parte del tiempo con mi abuela; mis padres permanecían todo el día fuera y no volvían sino hasta muy tarde, cuando yo ya estaba dormida. La mañana del domingo, mi madre notó mi expresión de disgusto cuando comprendí que ella y mi padre volvían a marcharse, y prometió que pasaríamos juntos el día siguiente.

–Primero te llevaré a tu nueva escuela para inscribirte –me dijo–. Luego, si eres buena y te quedas hoy a ayudar a tu abuela, te llevaré a comer fuera a algún sitio especial.

Aplacada mi ira, le dediqué una luminosa sonrisa y, nuevamente feliz, ella me respondió con un fuerte abrazo antes de marcharse, dejando el aroma de su perfume flotando en el aire.

El lunes comenzó con un débil sol invernal, que brillaba pero no alcanzaba a calentar la fría mañana. Sin embargo, la expectativa de pasar todo el día con mi madre me hizo olvidarme del frío.

—Es sólo media hora caminando —me aseguró ella.

Después de desayunar, salimos cogidas de la mano a las estrechas callecillas que se abren desde Park Street y nos adentramos por la plaza central de la ciudad hasta llegar a una serie de avenidas rodeadas de árboles a ambos lados, donde altas casas de ladrillos rojos se levantaban a bastante distancia de la calle. Llegamos a la escuela, que sólo se distinguía de las demás casas porque estaba rodeada de varios edificios anexos prefabricados y por sus campos de tenis cercados. Entramos a su amplio salón con suelo de madera y, sin que nadie nos guiase, fuimos a la secretaría de la institución.

Al cabo de pocos minutos nos condujeron al despacho de la directora. Era una mujer de imponente presencia, cuyos cabellos blancos estaban levemente teñidos de azul. Vestía un traje gris a medida que estaba casi totalmente cubierto por una toga negra.

—Hola, soy la doctora Johnston —dijo tocando mi hombro por un fugaz instante—. Tú debes de ser Antoinette.

Tras conversar con mi madre durante unos breves minutos, me sometió a una sencilla prueba de lectura. Pese a mis nervios, leí todo el texto de corrido sin equivocarme ni una vez. Cuando hube terminado la prueba, la directora me sonrió con calidez.

—Antoinette, lees muy bien pese a haber ido a la escuela apenas unos meses. ¿Ha sido tu madre quien te enseñó?

—No —respondí yo—. Fue la abuela. Solíamos leer las viñetas de Flook en el *Daily Mail*.

La mujer se echó a reír y me preguntó qué otras cosas me había enseñado mi abuela. Parecía sorprendida cuando le dije que había aprendido a contar y a jugar a las cartas.

–Bien, no cabe duda de que su hija supera la media –le aseguró a mi madre–. Creo que se adaptará bien aquí.

Mi madre pareció complacida y a mí me alegró su satisfacción. Tras varias formalidades, la doctora Johnston nos guió en un recorrido por la escuela. Al ver a los grupos de niños vestidos con uniformes verdes, jugando durante la pausa, pensé que allí sería muy feliz.

Armadas de una lista con todo lo que sería necesario, mi madre y yo recorrimos la corta distancia que nos separaba de la ciudad. Primero compró mi uniforme, una falda verde, tres camisas blancas y una corbata verde y negra. La última compra, que mi madre anunció como un regalo de mi abuela inglesa, era una elegante chaqueta verde con su distintiva insignia blanca en el bolsillo interior. La siguiente parada fue la librería.

Cargadas con nuestros paquetes, nos dirigimos a una casa de té cercana para la tan prometida invitación a almorzar.

–Creo que te gustará tu nueva escuela –dijo mi madre tan pronto como nos sirvieron la comida.

Con la boca llena de bollo tostado y mantecoso le respondí, feliz, asintiendo con la cabeza.

La mañana en que debía comenzar las clases salté ansiosa de la cama y me lancé escaleras abajo para bañarme y tomar el desayuno que mi abuela ya tenía listo para mí. Mi padre se había ido a trabajar y mi madre había extendido mis prendas sobre su cama. Me era posible oler lo nuevas que eran. Me vestí sola, poniéndome desde mis medias verdes del colegio hasta mi falda, y le pedí ayuda a mi madre con la corbata. Me cepilló los cabellos, sujetándolos con una horquilla para mantenerlos en su sitio, y entonces, con la cartera con todos mis libros nuevos colgada al hombro, eché una mirada al espejo para contemplar el conjunto. Una niña feliz con apenas un resto de gordura infantil me miró confiada desde el cristal. Me congratulé a mí misma por mi aspecto durante unos minutos y luego descendí las escaleras para recibir el abrazo de mi abuela antes de que mi madre y yo emprendiésemos la marcha hacia el colegio.

La maestra me presentó a mis compañeros y me sentó junto a una amigable niña rubia, que me dijo que se llamaba Jenny. La mañana pasó a toda prisa y gracias a las enseñanzas suplementarias de mi abuela inglesa, las lecturas y la aritmética me resultaron sencillas, por lo que recibí de mi maestra una sonrisa y palabras de elogio.

Cuando sonó la campana nuestra clase salió como un torrente del aula en dirección al patio de juegos, donde Jenny me acogió bajo su protección. Como mi nombre les resultaba difícil de pronunciar, los niños, entre carcajadas, me apodaron «Annie-net». Consciente de que su risa era amistosa, me sentí feliz de ser parte de su grupo y reí con ellos. Hacia el final del día Jenny y yo nos habíamos convertido en grandes amigas. Ella parecía orgullosa de que los demás la viesen protegiendo a una niña pequeña con un acento extraño y, satisfecha, me presentó a todos mis compañeros. Regodeándome en la atención que me prestaba, sentí ese calor que brinda una amistad repentina. Así, la necesidad de tener una gran amistad que se despierta en nosotros cuando dejamos de ser bebés y se inicia la infancia ya estaba cubierta.

Pasé dos semanas más en casa de mis abuelos, hasta el día en que llegó nuestra mudanza. En esa ocasión mis sentimientos eran encontrados. Me encantaba ser parte de una familia tan grande, en especial siendo la más pequeña y, por tanto, el centro de atención. Todos me mimaban y consentían constantemente. Incluso mi taciturno abuelo hallaba tiempo para conversar conmigo y me encargaba recados como ir al pequeño colmado cercano a comprar cigarrillos para él y dulces para mí. Cuando nadie miraba, le hacía mimos a *Judy*. No dudé ni un instante que los echaría a todos de menos, pero mi lado más aventurero sentía entusiasmo ante la idea de vivir en la campiña y ayudar a mi madre con su granja de aves de corral.

Se había llegado a un compromiso para apaciguarnos tanto a mí como a mis abuelos. Por entonces era habitual en las zonas rurales que los autobuses sólo pasasen una o dos veces al día, la primera por la mañana para llevar a los trabajadores a la ciudad, y la segunda por la tarde, para conducirlos de regreso a sus hogares. Se acordó que cada día de escuela iría a casa de mis abuelos a tomar el té, y que entonces ellos me acercarían al autobús, de modo que mi madre pasase a buscarme por la parada al otro extremo del recorrido. Sabiendo que no me vería hasta después de las festividades de Pascua, mi abuela me preparó un paquete de comida repleto de mis panes irlandeses y crepes favoritos, que colocamos en el coche junto con los paquetes del supermercado y el combustible.

Con lágrimas en los ojos le dije adiós a mi abuela y cargamos las maletas en el coche. Luego, *Judy* y yo nos apiñamos en el asiento trasero y comenzó el viaje hacia nuestro nuevo hogar. Detrás nos seguía una furgoneta que llevaba nuestros escasos muebles de Inglaterra, de todos los cuales mi madre parecía incapaz de prescindir.

Las avenidas se transformaron en caminos de campo. A continuación cogimos un carril donde los setos eran más silvestres y la gravilla reemplazaba al asfalto, y por fin un polvoriento camino que desembocaba en un doble portal de madera.

Mi padre saltó triunfante desde el coche para abrirlo en un gesto dramático y vimos por primera vez la casa con techo de paja. No era en absoluto lo que yo había esperado.

De vuelta en la residencia para enfermos terminales, los recuerdos que se agitaban en mi mente me erizaron la piel y me sentí incapaz de moverme. La dureza de la silla me mantenía despierta. Antoinette se había marchado y ahora Toni, la versión adulta de mí misma, volvía a asumir el mando.

Me serví un poco de vodka, encendí un cigarrillo y descansé la cabeza contra el respaldo de la silla para reflexionar sobre la felicidad de aquellos primeros tiempos. Me pregunté entonces por qué sentía el peso de una fatalidad inminente. En aquella residencia no parecía haber nada capaz de asustarme.

–Sí que lo hay, Toni –reapareció el susurro–. Me temes a mí.

–Eso no es cierto –repliqué–. Tú eres mi pasado, y un pasado que ya he asumido.

Pero toda negación era en vano. A medida que mis ojos se paseaban por los rincones de esa sala vacía a través de la nube de humo de mi cigarrillo, sentí el poder de Antoinette arrastrándome otra vez hacia los portales de la casa de campo.

CAPÍTULO 4

En una extensión de gravilla poblada de forma irregular por dientes de león se levantaba una pequeña casa cuadrada. La pintura blanca de los muros, algo desconchada, dejaba ver ya algunos trozos del color gris que había exhibido en otros días, y manchas de salobre recorrían como rayos los canalones. Tenía dos toneles de agua sostenidos por oxidados soportes de hierro, una puerta de establo cerrada con candado y cuatro mugrientas ventanas sin cortinas.

A un costado de la casa había dos barracas en ruinas con techos de hierro corrugado. Una maraña de zarzamoras y ortigas bloqueaba las puertas de dos hojas de la más grande y las tablillas faltantes dejaban huecos negros en los muros. La puerta de la barraca más pequeña estaba abierta, revelando hojas amarillentas de periódicos que colgaban de una cuerda y el desgastado asiento de madera de un retrete. Algunos tablones conformaban un sendero casi borrado por las zarzamoras y las malas hierbas, y la entrada de madera del frente de la casa estaba toda podrida a causa de la humedad.

Mi madre, lo sé, veía en todo aquello una hermosa casa rural de Kent. Seguía extasiada por la imagen de su apuesto marido y por el amor que le inspiraba un único recuerdo indeleble grabado en su mente: el del salón de baile donde ella, mayor que muchas de las mujeres allí reunidas, había sido invitada a bailar, para envidia de todas sus amigas, por un encantador príncipe con cabellos color caoba.

Con esa imagen en la cabeza y su optimismo todavía intacto, mi madre empezó a explicar sus planes. La barraca más grande se convertiría en un corral para pollos, mientras que alrededor de la casa habría un jardín y plantaría flores debajo de las ventanas. Cogiéndome la mano, me condujo dentro.

La corriente de la puerta al abrirse removió las bolas de polvo de todos los rincones. Los últimos estertores de cientos de moscas atrapadas, que habían acabado en gigantescas y polvorientas telarañas extendidas por las vigas sin pintar y en los marcos de las ventanas, así como el antiguo rastro de algún que otro ratón, nos condujeron hasta el único armario perteneciente a la estructura de la casa. Los muros habían sido pintados de blanco, pero desde el suelo hasta la altura de mi cintura había motas de humedad de un color verde oscuro.

En un extremo de la sala había un horno negro de carbón y bajo una ventana el otro único objeto: un estante de madera con un cuenco metálico encima y una bañera de hojalata debajo.

Dos puertas enfrentadas conducían a los dormitorios. Junto a la puerta principal había una escalera (en realidad no mucho más que una escalera de mano) que permitía el acceso al ático. Cuando subimos para explorar hallamos un espacio amplio y oscuro donde sólo la paja del techo nos protegía de los elementos. El potente olor a humedad y moho me forzaba a fruncir la nariz.

Mi madre se puso de inmediato a trabajar en su sueño, barriendo vigorosamente los suelos mientras los hombres descargaban las cosas de la furgoneta. Trajimos carbón y encendimos el fuego del horno. También extrajimos agua del pozo situado en la parte inferior del jardín. Mi primera misión fue quitar todas las ranas que se habían metido en el balde, depositándolas con sumo cuidado sobre la hierba cercana al pozo.

—Así podrán escoger si desean volver al fondo con sus familias o permanecer en la superficie, al sol —me explicó mi madre.

A medida que el horno empezó a irradiar calor, nuestros viejos muebles fueron dispuestos en la sala ya libre de telarañas, y la radio a pilas transmitió música que mi madre se puso a tararear. Así, una atmósfera distendida pobló el ambiente poco antes tan desolador.

Preparamos té y bocadillos, y yo tomé los míos fuera de la casa para sentarme con *Judy* en la hierba. Le di parte de mi bocadillo de carne enlatada mientras ella descubría todos los nuevos olores del lugar moviendo nerviosamente su hocico y, con la cabeza inclinada hacia un costado, me dirigía una mirada esperanzada.

Kent parecía un mundo aparte y, al igual que *Judy*, sentí deseos de explorarlo. Viendo a los adultos tan ocupados, coloqué a *Judy* su correa roja y nos escabullimos fuera cruzando el portal. Mientras paseábamos por el sendero más próximo, el sol de la primavera temprana comenzó a pegar fuerte, llevándose consigo toda sensación de frío. Los setos sin podar rebozaban de flores silvestres. Había matas de onagras y jóvenes rosas madreselvas silvestres. Violetas de tonos morados asomaban desde los blancos espinos. Agachándome, cogí algunas para hacerle un ramillete a mi madre. Con tantos sonidos y formas nuevos cautivando mi atención, el tiempo se pasó sin que me percatase de ello. Más y más flores de diversos colores me tentaban a seguir adentrándome en el camino.

Cuando me había detenido para observar a unos cerdos rozagantes en un campo cercano, con sus redondas crías correteando a su lado, oí la voz de mi padre gritando:

–Antoinette, ¿dónde estás?

Di media vuelta y corrí confiada en dirección hacia él, aferrando en mi mano el ramillete de flores silvestres. Pero el hombre a quien vi aproximarse hacia mí no era el apuesto padre sonriente que nos había recogido al pie del barco. En su lugar había un hombre con el ceño fruncido y el rostro enrojecido a quien apenas reconocí, un hombre que de pronto pareció enorme, con los ojos inyectados en sangre y una boca que temblaba de ira. Mi instinto me aconsejó huir, pero el miedo me impidió moverme de donde estaba.

Me cogió con fuerza por el cuello, pasó su brazo firmemente alrededor de mi cabeza y lo apretó contra su cuerpo. Me levantó el vestido de algodón hasta la cintura y tiró de las bragas hacia abajo, hasta la altura de los calcetines de algodón. Una mano cruel sostuvo mi cuerpo semidesnudo contra sus muslos mientras la otra me golpeaba las nalgas desnudas, apretando con fuerza una de ellas. Segundos después oí el ruido de algo que se desgarraba y sentí una punzada de dolor. Me retorcí y grité, en vano. Una mano acentuaba la presión alrededor de mi cuello, mientras que la otra subía y bajaba a intervalos regulares. *Judy* se encogió detrás de mí mientras el ramillete, ahora olvidado, yacía aplastado sobre la tierra.

Nadie me había lastimado antes de un modo tan deliberado. Si alguna vez mis rodillas regordetas habían chocado haciéndome caer, mi madre siempre estaba allí para alzarme y secar mis lágrimas. Lloré y grité de dolor, incredulidad y humillación. Las lágrimas y los mocos me resbalaban desde los ojos y la nariz mientras él me sacudía. Todo mi cuerpo se estremecía de terror.

–Nunca salgas otra vez a caminar sola de este modo, mi niña –me gritó–. Ahora regresa con tu madre.

Mientras yo volvía a subirme las bragas cubriéndome las doloridas nalgas, sin dejar de derramar lágrimas y entre hipidos, él me cogió del hombro con una mano y me arrastró hasta la casa. Estaba segura de que mi madre había escuchado los gritos, pero no dijo nada.

Aquel día aprendí a temer a mi padre, pero pasaría todavía un año antes de que la pesadilla comenzara.

La segunda Pascua llegó a la casa con techos de paja, y el frío glacial de nuestro primer invierno quedó casi por completo olvidado. El granero había sido reparado, habíamos instalado incubadoras en el que había sido mi dormitorio y, contra mis deseos, me habían trasladado al ático.

Nuestros pollos originales, que mi madre veía más como

mascotas que como fuente de ingresos, picoteaban felices en la hierba, fuera de la casa. El joven gallo se pavoneaba ante su harén exhibiendo orgulloso su brillante y colorido plumaje, y las incubadoras estaban llenas de huevos. Por desgracia, incontables conejos se habían dado varios festines merced a las flores plantadas con optimismo bajo las ventanas, de modo que las patatas y las zanahorias eran las únicas verduras supervivientes de nuestra pequeña parcela.

Las vacaciones, ahora que yo era doce meses mayor, me trajeron más tareas hogareñas, como utilizar un colador para quitar las ranas de los baldes de agua, recoger leña para el horno e ir a buscar huevos. Sin voluntad de utilizar los gallineros que habíamos dispuesto, los pollos de granja habían escondido sus nidos en rincones lejanos, algunos en nuestro patio, otros metidos bajo los arbustos de los campos contiguos. El amplio granero lleno de desperdicios albergaba a la mayoría de ellos y cada día había que llenar las cestas para las visitas del dueño de la tienda, quien venía dos veces por semana a comprar nuestros huevos y a dotarnos de provisiones.

Cada mañana me enviaban a ver al granjero local para recoger la leche, que entregaba en latas metálicas; en aquellos días la gente todavía no se preocupaba por la pasteurización. Cada jornada la esposa del granjero me invitaba a su cálida cocina y me daba té con leche y pan irlandés tibio antes de que regresase a casa.

Durante el día estaba demasiado ocupada para detenerme a pensar en la cambiante atmósfera de nuestro hogar. La aprensión que había sentido un año atrás se había vuelto realidad. La felicidad de mi madre dependía del cambiante humor de su marido. Sin posibilidad de transporte público o control sobre el dinero, y ni siquiera un teléfono público a una distancia razonable que le permitiera ir andando, la mujer feliz que alguna vez se sentaba riendo en las casas de té de Kent parecía ahora un recuerdo lejano. Sólo *Judy* y un *Jumbo* ya hecho jirones nos traían a la memoria aquellos días.

Cuando asomaba el crepúsculo yo solía sentarme a leer mis libros a la luz anaranjada de los faroles, mientras mi madre esperaba a que mi padre regresara. Me sentaba en silencio deseando que éste me volviera invisible.

A veces, a última hora de la tarde, antes de acostarme, oía llegar a mi padre en su coche, avanzando sobre la gravilla de nuestro patio. Entonces mi madre dejaba cuanto estuviera haciendo, echaba leña al horno, servía en un plato la cena ya preparada y vestía su rostro con una sonrisa de bienvenida. A mí se me revolvía el estómago mientras me preguntaba cuál de mis padres aparecería en la puerta. ¿Sería el tipo jovial y alegre que traía una caja de chocolate para mi madre y me hacía una caricia bajo la barbilla? ¿O el hombre desgarbado que había visto por primera vez en el sendero y que desde entonces se había vuelto cada vez más y más frecuente?

El primero podía transformarse en el segundo al menor instante. Mi mera presencia, yo era consciente de ello, lo fastidiaba. Me era posible percibir sus ojos acechándome mientras yo mantenía la mirada fija en mi libro y la tensión iba creciendo en silencio.

«¿No puedes ayudar un poco más a tu madre?», era una pregunta que él me formulaba una y otra vez. «¿Qué estás leyendo ahora?», era otra.

Mi madre, aún enamorada del apuesto hombre que nos había ido a buscar a los muelles, hacía caso omiso de mi apremiante situación. Si durante el día le formulaba alguna pregunta al respecto, como que por qué mi padre se enfurecía conmigo tan a menudo, sólo me decía que yo tenía que intentar complacerlo más.

Aquellas noches en que, antes de que yo me acostase, el coche todavía no había regresado, el rostro de mi madre se ensombrecía y yo permanecía despierta media noche debido a los gritos cada vez más fuertes que seguían a la llegada de mi padre. La discusión se prolongaba hasta que sus alaridos de borracho atenuaban por fin las resistencias de mi madre. Las mañanas posteriores a esas noches transcurrían en un clima tenso, con mi madre haciendo en silencio las tareas domésticas mientras yo buscaba cualquier excusa para marcharme de allí. Aquellas noches venían acompañadas a menudo por la aparición de la versión jovial de mi padre al día siguiente, trayéndome golosinas y preguntando cómo estaba su «pequeñita». A mi madre le traía chocolate o ramilletes de flores, la besaba en la mejilla y le proporcionaba una momentánea felicidad.

Llegué a sentir pavor a los fines de semana. Cada viernes mi madre esperaba a su esposo, que rara vez regresaba a tiempo, y yo me despertaba con las peleas entre ambos. Las indistinguibles palabras de ira invadían mi habitación y el miedo me ataba a mi lecho mientras me refugiaba bajo las mantas en un intento de escapar a los brutales sonidos.

Todos los sábados por la mañana, postrado en la cama con una jaqueca autoinfligida, mi padre le ordenaba a mi madre que me enviase a su cuarto con tazas de té. Ella obedecía, con los labios sellados, lo que me obligaba a permanecer cerca de la casa. Las visitas al granjero para recoger la leche estaban ahora sujetas a control; ya no había más té con leche ni pan irlandés tibio con la simpática esposa del granjero.

Yo parecía poseer un imán para los arrebatos de mi padre. Después de una de mis visitas a la granja regresé con una gallina enana.

—Ya puedes ir devolviendo eso, mi niña —fueron las primeras palabras que él pronunció al verla.

Por una vez mi madre se puso de mi parte.

—Permite que se la quede, Paddy —lo engatusó ella utilizando su apodo más cariñoso—. Puede tenerla afuera con las otras gallinas, y Antoinette puede recoger los huevos.

Él resopló, pero no dijo más y *June*, la pequeña gallina enana, se convirtió en mi mascota. Parecía tener conciencia de ser especial pues, cada mañana, entraba a la casa para depositar el huevo de mi desayuno.

Con la Pascua mi padre tenía más tiempo libre y mi madre

ansiaba salir con el coche y pasar el día fuera. El viernes de
Pascua mi madre y yo nos sentamos esperando su llegada, yo
con el estómago agitado por los nervios y ella con una mirada
de esperanza en el rostro. Al oír el crepitar de la gravilla sus
ojos se encendieron. El que entró a la casa fue el padre jovial,
que la besó en la mejilla. Yo recibí un paquete que contenía un
huevo de Pascua y ella, una caja de bombones.

–Prepararé una comida especial –le dijo ella–. Encerraré a
los pollos y luego la serviré.

Canturreando feliz, salió de la sala dejándonos a solas a mi
padre y a mí.

Puesto que sus repentinos cambios de humor me eran familiares, alcé la mirada hacia él con recelo, pero por una vez
había una sonrisa en sus labios.

–Ven aquí, Antoinette –me ordenó dando palmaditas en el
cojín que había a su lado.

Su brazo rodeó mi cintura, atrayéndome hacia el sofá. Entonces sentí su brazo alrededor de mi hombro, acercándome
cada vez más. Como yo anhelaba su cariño me arrimé a él.
¿Era posible, me pregunté esperanzada, que su enfado conmigo cesase para siempre?

La sensación de estar protegida y segura me invadió a medida que me acurrucaba contra su cuerpo, a la vez que me sentía inmensamente feliz de que su cariño por mí hubiese resur-
gido. Él me acarició el pelo.

–Eres mi preciosa niñita, Antoinette –murmuró mientras
su otra mano empezaba a acariciarme la espalda.

Como un cachorro de animal, me arrimé aún más a él.

–¿Quieres a tu papi? –indagó.

Todos los recuerdos de su mal humor se desvanecieron
cuando, por primera vez en varios meses, volví a sentir que me
amaba. Asentí feliz. Pero entonces la mano que me acariciaba
la espalda fue deslizándose hacia abajo, descansando luego
suavemente sobre mis piernas. Desde allí fue directa hacia el
dobladillo de mi falda y sentí que la misma palma cruel que

apenas un año antes me había golpeado de forma tan brutal ahora se deslizaba sobre mis rodillas. Mi cuerpo se puso tenso. Una mano presionó la parte superior de mi cabeza para que no me moviese mientras la otra recorría mi rostro y me apretaba la barbilla. En un instante, su boca descendió a la altura de la mía y su lengua se abrió camino a la fuerza a través de mis labios. Sentí su baba resbalando por mi barbilla y el olor a whisky rancio y a cigarrillo de su respiración inundó mi nariz. Toda sensación de seguridad me abandonó para siempre, reemplazada por la repugnancia y el miedo. Me soltó abruptamente, manteniéndome cogida de los hombros, y me miró fijo a los ojos.

–No se lo cuentes a mami –dijo y me propinó una ligera sacudida–. Éste es nuestro secreto, Antoinette, ¿me oyes?

–Sí, papi –susurré–. No le diré nada.

Pese a lo cual se lo dije. Estaba segura del amor de mi madre. Yo la amaba y ella me amaba a mí, no me cabía duda. Lo obligaría a detenerse.

Pero no lo hizo.

CAPÍTULO 5

Mis ojos parpadearon mientras forzaba a mi cerebro a regresar al presente y a la residencia para enfermos terminales. Volví a coger la botella, me serví lo que quedaba de vodka y encendí otro cigarrillo.

–¿Ahora recuerdas? –susurró Antoinette–. ¿Realmente crees que tu madre te amaba?

–Claro que sí –protesté sin convicción.

–Pero lo amaba más a él –fue su réplica.

Intentando mantener cerradas las compuertas por las que los recuerdos intentaban abrirse paso, bebí el vodka de un único trago e inhalé la sedante nicotina.

A través de la neblina, Antoinette sostenía una imagen indeseada, pero demasiado nítida como para que yo pudiese permitirme ignorarla empleando tan sólo mi fuerza de voluntad.

Como si hubiese sido ayer, vi la habitación dentro de la casa de campo y a las dos personas dentro. Había una mujer sentada en un sofá tapizado con zaraza y una niña pequeña de pie enfrentándola. Con los puños apretados y ojos suplicantes, la niña había vencido todo su temor a la confrontación y buscaba las palabras para describir un acto propio de los adultos.

Había sido durante la semana siguiente al beso. Antoinette había esperado a que su padre se marchase otra vez rumbo al trabajo, a que ella y su madre volviesen a estar solas. La vi confiando todavía en el amor de su madre pero buscando a tientas las palabras correctas para explicar un acto que le resultaba ajeno. La posición que adoptaba su cuerpo denotaba su nerviosismo y el enfado de la madre resultaba cada vez más evidente con cada nueva palabra que cruzaba los labios de la niña. La pequeña *Judy*, siempre fiel, percibía que algo no iba bien y permanecía junto a la niña con la cabeza apuntando hacia arriba y los ojos colmados de preocupación canina.

Una vez más sentí la llamarada del odio brotar de los ojos verde oscuro de la madre. Ahora, a través de mis propios ojos de adulta, pude notar otra emoción acechando detrás de ese odio. Volviendo atrás en el tiempo busqué en esa imagen una pista que me revelase la verdad. Y entonces pude verlo con claridad. Era miedo. A mi madre le aterrorizaba lo que estaba a punto de escuchar.

Antoinette, de seis años y medio, sólo vio la ira. Sus menudos hombros se hundieron, y expresiones de desconcierto y dolor sobrevolaron su rostro al tiempo que su última esperanza de seguridad se desvanecía. Su madre no tenía intenciones de protegerla de aquello.

Volví a oír la voz de la madre ordenándole:

—¡Nunca, nunca vuelvas a mencionarlo! ¿Me has oído?

Oí también la respuesta de la niña:

—Sí, mami.

Había comenzado su adiestramiento. Estaba asegurado su silencio y se había despejado con éxito el camino para todo lo que vendría a continuación.

—Ya ves que se lo contaste. Lo hiciste —susurró la voz que me atormentaba.

Durante años había bloqueado la imagen del momento en que le revelaba el secreto a mi madre. Me había forzado a borrarla de mi mente. Había obligado a desaparecer a Antoinette, la niña aterrorizada, y con ella se habían ido mis recuerdos. Comprendí con triste resignación que mi madre siempre había sabido lo que mi padre sentía por mí. ¿De qué otro modo podía una niña haber descrito semejante beso si no lo había experimentado realmente? Era imposible que lo inventase. Perdidos en medio del campo en aquellos días, la pequeña no estaba expuesta a la televisión, ni había libros o revistas que le hubiesen permitido obtener información sobre esas cosas. Mi madre había oído de su niña solamente la verdad.

—¿Recuerdas nuestro último año, Toni? —volvió a susurrar Antoinette—. ¿Recuerdas el año previo a que me dejaras? Mira esta imagen...

Deslizó entonces otro recuerdo en el receptáculo de mi mente. Mostraba a mi padre volviendo a casa desde la prisión once años después, cómo mi madre se había sentado a mirar por la ventana esperándolo. Sólo tras divisarlo en la distancia su rostro se había iluminado otra vez y había ido corriendo a su encuentro.

—Para entonces tú ya habías sido olvidada. Ella nunca te perdonó, pero lo perdonó a él.

Aun así me negaba a aceptar los recuerdos que, sin pedir permiso, se instalaban en mi cerebro. Sabía hacía mucho tiempo que la mente de mi madre se había detenido en la imagen del hombre apuesto y encantador de su juventud. Ella, que era cinco años mayor que él y había sido maldecida por tener una madre bellísima, seguía considerándose a sí misma una mujer poco atractiva. Que semejante hombre se fijase en ella sólo podía deberse a su buena fortuna.

—Y nada ni nadie debía arrebatarle a su hombre —subrayó Antoinette—. Piensa en los últimos meses en la casa de campo, y piensa en lo que ella hizo finalmente.

¿Era posible, me pregunté aquella noche, que mi madre lo amase tanto como para cometer la peor de las traiciones con el fin de retenerlo a su lado?

Encendí otro cigarrillo mientras reflexionaba sobre si alguna de mis preguntas llegaría a obtener una respuesta, si recibiría alguna explicación. ¿O acaso mi madre había vivido ya en un estado de negación durante tanto tiempo que también su verdad había quedado por completo sepultada?

Sintiendo que me invadía el cansancio, cerré los ojos un instante y, medio dormida, regresé a la casa de campo.

Multitud de variados y casi imperceptibles cambios a lo largo de los dos años siguientes habían ido destejiendo el hilo de mi vida. En busca de consuelo, rastreaba en mi memoria el rostro de mi abuela inglesa y el recuerdo de sentirme segura y amada cuando estaba a su lado. Rememoraba los tiempos en que mi madre y yo vivíamos solas, días en los que ella jugaba conmigo, en los que me leía mis historias preferidas antes de acostarme. Días en los que yo, sencillamente, era feliz.

En la cama, por las noches, cuando sentía que la desesperación me cerraba el estómago, intentaba aferrarme a esos esquivos recuerdos, retener la sensación de calidez que me brindaban. Pero cada día se volvían más y más escurridizos.

Mi madre y yo nos habíamos alejado; entre nosotras había nacido una distancia, un espacio helado que yo no podía franquear. Lejos estaban los días en que, a fin de sorprenderme, le pedía a un vecino que la llevase en coche hasta la ciudad para recogerme a la salida de la escuela. Lejos los días en que charlaba conmigo con una sonrisa en el rostro, y aquéllos en los que pasaba horas haciéndome hermosas prendas de vestir. En lugar de mi adorada madre sonriente había ahora una extraña que tenía poco tiempo para mí. Sin comprender qué había hecho de malo, me sentí cada vez más desconcertada, desdichada y sola.

Al comienzo de las vacaciones de verano, comprendí que mis visitas a casa de mis abuelos habían llegado a su fin cuando mi madre me informó de que no volvería a asistir a la escuela primaria en la ciudad. Me había inscrito en la escuela rural local, que estaba a más de seis kilómetros de distancia.

No pude evitar que las lágrimas me brotasen de los ojos, pero me las sequé sin dar tregua. Había aprendido a no exhibir ninguna debilidad. En lugar de llorar ante mi madre, saqué a *Judy* a pasear y, una vez que estuve fuera del alcance de cualquier mirada, permití que fluyese el llanto. No volvería a ver a mi mejor amiga, ni sería parte de la escuela a la que tenía pensado asistir durante años. Nunca volvería a estar sola con mis abuelos, ni a disfrutar de las divertidas conversaciones con mis parientes. El futuro parecía demasiado sombrío como para ser soportable.

Aquel verano aprendí el significado del aislamiento y también penetró en mi mente un sentimiento al que, dada mi corta edad, todavía no podía ponerle nombre: el sentimiento de haber sido traicionada.

Llegó septiembre y con él otro primer día de clases, poco antes de mi séptimo cumpleaños. En esta ocasión no sentí ningún entusiasmo especial mientras me ponía mi viejo uniforme escolar y me preparaba para la primera de numerosas y largas caminatas. No sólo el transporte público era muy escaso en aquellos tiempos, sino que tampoco existía ningún autobús escolar. Recordaba otros primeros días en los que mi madre me llevaba de la mano, aunque el sitio estuviese a corta distancia. Ahora debía caminar diariamente los seis kilómetros hasta la escuela, ida y vuelta, completamente sola.

La primera vez el camino pareció extenderse en la distancia hasta el infinito, con sólo unas pocas casas de campo interrumpiendo la monotonía de un paisaje que aquel día no me proporcionó placer alguno. Tras más de una hora de andar penosamente, me sentí sorprendida por el mero hecho de haber hallado la escuela. Otros alumnos llegaban aquel primer día en bicicleta o a pie y comprendí que esta escuela era mixta. Hasta entonces en mi clase sólo había niñas. Poniéndome en guardia para los desafíos que me esperaban, entré en busca de una maestra.

El edificio de la nueva escuela era completamente diferente a aquel de agradables ladrillos rojos al que solía asistir. Éste era un edificio bajo, gris y utilitario dividido en dos aulas, una para los niños de menos de ocho años, y otra para los niños de entre ocho y once. Allí, cuando llegaban las pausas, no había hierba para ir a jugar, sino un patio de cemento que se estimaba suficiente para cubrir las necesidades del centenar de alumnos de la institución.

En esta escuela, cuando llegó la pausa, no hubo ninguna Jenny que me presentase a los demás, ninguna risa amistosa que me hiciese sentirme parte de ellos; en cambio, grupos de niños vestidos con un uniforme diferente me miraban con abierta desconfianza.

Los alumnos, en general hijos de los trabajadores de las granjas locales, se reían de mi acento inglés y de mi viejo uniforme de escuela privada que, como todavía estaba en buenas condiciones, mis padres habían insistido en que vistiese. Los maestros, por su parte, me ignoraban.

Al llegar la hora del almuerzo, grupos dispares de niños ruidosos fueron corriendo hasta el pequeño comedor, todos empeñados en reservar sitio para sus amigos. Confundida, me quedé mirando atónita en busca de un sitio libre. Al divisar uno al final de la mesa, coloqué mi cartera en la silla antes de ponerme en la cola para recibir la comida. Nos sirvieron puré de patatas con carne enlatada y cocido de col, y mientras avanzaba en silencio hacia mi lugar, supe que había ingresado a un mundo diferente, uno en el que ya no era «Annie-net» sino una absoluta extraña para aquellos que me rodeaban. Mi orgullo impidió que reaccionase cuando los niños se burlaron de mí con una actitud cercana a la agresión, algo que se convertiría en una constante al cabo de unos años, pero que por entonces todavía me resultaba abrumador y desconocido.

Aquel año, a medida que cambiaban las estaciones de verano a otoño y las tardes se hacían más cortas, trayendo consigo una espeluznante luz crepuscular, los seis kilómetros de caminata parecieron volverse más largos cada jornada. Los setos y los árboles proyectaban sombras siniestras, transformando lo que había sido un agradable paseo en una travesía aterradora.

Poco a poco mi temor a la oscuridad fue aumentando y el crepúsculo, con sus sombras, se convirtió en un enemigo. Me esforzaba por caminar lo más rápido posible, pero mi cartera de colegial, repleta de lápices con finas puntas y libros de lectura y aritmética, parecía volverse más pesada a cada paso que daba. A mediados de octubre las tardes empezaban a ser oscuras como noches y soplaban vientos capaces de arrancar las hojas de los árboles. En noviembre me topé con un nuevo enemigo: la lluvia. Andando con la cabeza gacha, luchaba por superar el aguacero, sabiendo que a la mañana siguiente mi abrigo seguiría húmedo. El agua se filtraba empapando también mi falda y, al cabo de unas semanas, la niña segura y confiada que yo había sido apenas unos pocos meses atrás había desaparecido por completo. Cuando me miraba al espejo, veía en su lugar a una cría descuidada, cuya gordura infantil se había esfumado de sus huesos. Una pequeña con ropas arrugadas y cabellos lacios a la altura de los hombros que parecía abandonada y cuyo rostro exhibía una estoica resignación ante los cambios que se habían producido en su vida.

A medio camino entre la escuela y nuestra casa había una tienda que, al igual que muchos de los edificios dispersos por los alrededores, había sido construida para soportar el inhóspito clima irlandés, no para embellecer el paisaje. Era un edificio bajo de piedra con suelo de hormigón y un sencillo mostrador de madera, detrás del cual había numerosas estanterías. Abastecía de una amplia gama de bienes indispensables a los granjeros y a sus trabajadores: desde aceite para las lámparas hasta panes irlandeses caseros de delicioso aroma y jamones curados allí mismo.

Las mujeres acudían a dicha tienda no sólo para cubrir las necesidades de la vida, sino para tomarse un fugaz respiro de sus compañeros varones y para disfrutar unos pocos minutos de compañía femenina. Sin transporte público, con un suministro limitado de electricidad y, en muchos casos como el nuestro, sin agua corriente siquiera, las jornadas de las mujeres eran largas y duras. Rara vez salían de sus hogares, salvo los domingos, en los que los miembros de esta comunidad de incondicionales protestantes no solían faltar al servicio religioso.

La propietaria de la tienda, una simpática mujer, siempre me recibía con una cálida sonrisa. En cuanto divisaba la tienda, a lo lejos, aceleraba el paso, pues allí no sólo hallaba refugio del frío, sino también compañía agradable. Me hacían sentarme, me invitaban a zumo diluido de naranja y, en ocasiones, también a un bollo recién salido del horno que chorreaba mantequilla derretida. El cariño de la propietaria, después de la desolación que sentía en la escuela, me daba nuevos ánimos para encarar la segunda mitad de mi camino a casa.

Uno de esos raros días en que el sol invernal vencía a las sombras del crepúsculo, vi atada al mostrador una pequeña perra blanca y negra, que parecía una collie en miniatura. Con su pelo enmarañado y un trozo de soga alrededor del cuello, parecía tan descuidada y necesitada de cariño como yo misma. Cuando me agaché para acariciarla se encogió lanzando un temeroso quejido.

–Mi hijo la rescató de su anterior dueño –me explicó la propietaria de la tienda–. La pateaban, la golpeaban e incluso la arrojaron a un retrete, pobrecilla. Me gustaría darles de patadas a ellos por ser tan crueles con una perrita. ¿Qué tipo de persona haría eso? Necesito encontrarle un buen hogar. Estoy segura de que sólo necesita un poco de cariño.

Me dirigió entonces una mirada optimista.

Sentí un cálido lametazo en mi mano y, de rodillas, apoyé mi cabeza contra la sedosa cabecita blanca y negra de la perra. Yo sabía en carne propia lo que era necesitar cariño y una oleada de amor maternal me invadió mientras la acariciaba con suavidad. Cinco minutos más tarde, después del bollo y el zumo, ya recorría el camino rural sosteniendo en una mano la soga con la recién bautizada *Sally* en el otro extremo. Aquel día, el resto de mi trayecto hasta casa pareció mucho más alegre. Recibí como recompensa unos tibios lametazos cada vez que me detenía para asegurarle a *Sally* que ya nadie volvería a lastimarla, que yo la querría y que *Judy* sería a partir de entonces su amiga.

Con la confianza instintiva que poseen los perros, ella parecía consciente de haber hallado a su protectora, pues su cola no dejaba de moverse y su paso se hizo más veloz.

En el momento de llegar a nuestro vecindario, la luz anaranjada del farol ya estaba encendida y abrí la verja camino de la puerta de casa.

–¿Qué tenemos aquí? –exclamó mi madre mientras se agachaba para darle una palmadita a mi nueva amiga.

Le conté lo que me había dicho la mujer de la tienda.

–Puedo quedármela, ¿verdad? –supliqué.

–Es evidente que ya no podemos devolverla, ¿no es cierto? –fue su respuesta.

Supe que no era necesario añadir nada más, pues mi madre ya estaba acariciándola.

–¡Mira a la pobrecilla! –la arrulló. Para mi sorpresa, distinguí la promesa de unas lágrimas formándose en sus ojos, mientras exclamaba–: ¡Cómo puede ser la gente tan cruel!

Era demasiado pequeña para comprender la ironía de lo que mi madre acababa de decir, y lo único que supe con certeza en aquel momento fue que *Sally* había encontrado un nuevo hogar.

Llegó entonces *Judy*, agitando la cola y olisqueando intrigada a la recién llegada con una actitud que interpreté como una amistosa bienvenida. Era como si *Judy*, una criatura naturalmente territorial, entendiese que *Sally* no representaba para ella ninguna amenaza. De inmediato decidió adoptarla como compañera de juegos y nueva integrante de la familia.

A la mañana siguiente sentí alivio al ver que quien aparecía era el padre jovial, que para mi sorpresa pareció conmovido por la pequeña perrita, tan necesitada de afecto, y que a diferencia de *Judy* lo contemplaba con veneración.

Ahora, durante mis pausas en la tienda, siempre informaba a la propietaria sobre las travesuras de *Sally* o sobre la férrea amistad que la unía con *Judy*, e incluso le hablé de *June*. Al enterarse unas pocas semanas más tarde de que los pollos escondían sus huevos entre la maleza, sobre la base de los setos, me ofreció una pequeña cabra.

–Antoinette –me dijo–, llévasela a tu madre. No hay nada mejor para mantener corta la hierba.

Orgullosa, sujeté el pequeño animal a un trozo de cuerda, pensando que ahora no sólo tendríamos la hierba bajo control, sino también leche de cabra, y me la llevé a casa presentándola como un obsequio para mi madre.

–Ahora podremos tener leche –le sugerí mientras las dos perras contemplaban a mi nueva amiga con desdén, le ladraban un par de veces y luego se alejaban de allí.

–Es una cabra macho –respondió mi madre entre carcajadas–. No producen leche. Esta vez tendrás que devolverla.

A la mañana siguiente la pequeña cabra trotó a mi lado una vez más, haciéndome compañía a lo largo de los primeros tres kilómetros del trayecto, de camino a la tienda para devolverla. Para entonces ya sentía un cierto alivio al hacerlo, sobre todo después de que mi madre me explicase lo grandes que le crecerían los cuernos y los destrozos que podría causar con ellos.

Durante aquellos meses de invierno hubo momentos de auténtico cariño entre mi madre y yo, e intenté aprovecharlos, pues no me cabía duda de que su actitud general hacia mí había cambiado de forma inexplicable. Si en otros tiempos se sentía orgullosa de mi buena apariencia, vistiéndome con ropas bonitas, lavándome el pelo a menudo y atándomelo detrás con lazos, ahora su interés por mi aspecto había desaparecido casi por completo. Yo crecía con rapidez y el uniforme escolar me iba cada vez más estrecho. La falda ya me quedaba varios centímetros por encima de las rodillas y el jersey, que apenas me llegaba a la cintura, estaba raído en los codos. Los pliegues de mi uniforme habían desaparecido casi por completo dejando arrugas en su lugar y el color verde oscuro se había vuelto brillante, subrayando mi apariencia sucia y descuidada. Mis cabellos, que mi madre había cepillado con ternura cada día, colgaban ahora rectos y lacios. Los rizos de mi infancia se habían esfumado hacía mucho tiempo, reemplazados por un desordenado telón que me llegaba hasta los hombros y enmarcaba un rostro que rara vez sonreía.

En la actualidad, los maestros habrían hablado con mi madre, pero en la década de 1950 expresaban su disgusto a los propios niños.

Una joven maestra, apiadándose de mí, intentó mostrarse amable. Trajo un día a la clase un precioso lazo amarillo y, durante la pausa, me cepilló el pelo y me lo ató detrás sosteniendo un pequeño espejo para que pudiese admirar mi propio reflejo.

–Antoinette –me dijo–, pídele a tu madre que te haga esto en el pelo todos los días. Hace que te veas muy bonita.

Por primera vez en muchos meses sentí que era bonita, y muy entusiasmada le mostré mi nueva apariencia a mi madre. Su ira pareció surgir de la nada y de un manotazo me arrancó el lazo del pelo.

–Dile a tu maestra que yo puedo vestir a mi propia hija –me espetó con una furia inusual en ella.

Yo quedé anonadada. ¿Qué había hecho mal? Se lo pregunté, pero no recibí respuesta.

Al día siguiente mi pelo colgaba desaliñado del modo habitual y la maestra no tardó en notarlo.

–Antoinette, ¿dónde está el lazo que te di?

Sintiendo que, de algún modo, defraudaría a mi madre si repetía sus palabras, mantuve la mirada baja, clavada en mis pies. Se produjo un silencio mientras la maestra esperaba mi respuesta.

–Lo perdí –me oí murmurar a mí misma, sintiendo que mi rostro se sonrojaba por la mentira.

Sabía que mi actitud le resultaría ingrata y mohína, y percibí su disgusto.

–Pues al menos alíñate a ti misma, niña –dijo bruscamente, y perdí a mi única aliada en esa escuela, pues aquélla fue la última vez que se preocupó por ser amable conmigo.

Yo era consciente de mi impopularidad, tanto entre mis compañeros como entre los maestros. Sabía también, joven como era, que su desagrado era producido no sólo por el modo en que hablaba, sino también por mi apariencia. Notaba lo distintas a mí que se veían las otras niñas, con sus prolijos y brillantes peinados. Algunas llevaban pasadores para sostener el pelo, otras se lo ataban detrás con lazos. Sólo yo lo llevaba colgando revuelto y desaliñado. Sus uniformes escolares estaban pulcramente planchados, sus camisas nuevas y blancas, y sus jerséis libres de zurcidos. Otros niños que vivían a varios kilómetros de la escuela poseían bicicletas, de modo que sus calzados no estaban todos raspados por la continua humedad, que había hecho desaparecer de los míos toda sombra de lustre.

Decidí que haría algo acerca de mi apariencia. Quizás así, pensé, me volvería más popular.

Reuniendo todo el coraje que me era posible, esperé hasta estar a solas con mi madre para plantear la cuestión de cómo podía mejorar mi aspecto. Aquella tarde, cuando volví a casa desde la escuela, expuse el tema intentando disimular mis nervios:

—Mami, ¿puedo planchar la falda de mi uniforme? Necesita recuperar algunos pliegues. ¿Puedo coger un poco del betún de papi para mis zapatos? ¿Puedo lavarme el pelo esta noche? Quiero verme mejor cuando vaya a la escuela.

Una tras otra, mis demandas salieron despedidas de mi boca para estrellarse contra el silencio, que se volvía más tenso a cada sílaba que yo pronunciaba.

—¿Ya has terminado, Antoinette? —me preguntó mi madre con esa voz helada que yo ya le conocía tan bien.

Alcé la mirada hacia ella y, con el corazón destrozado, distinguí la ira en su rostro. La ira que había visto en sus ojos la primera vez que había intentado hablarle del beso que me había dado mi padre.

—¿Por qué siempre tienes que hacer tanto escándalo? —inquirió con una voz que era casi un siseo—. ¿Por qué siempre tienes que ocasionar problemas? ¡No hay nada malo en tu aspecto! ¡Siempre has sido una niña vanidosa!

Supe así que toda posibilidad de ser aceptada mejorando mi aspecto quedaba por completo descartada, y conocía a mi madre lo bastante bien como para no discutir con ella. Expresarle mi desacuerdo habría resultado en el único castigo que no estaba en condiciones de soportar: ser totalmente ignorada.

Cada jornada, cuando caminaba en dirección a la escuela con las manos y los pies fríos por igual, temía el día que me esperaba (la hostilidad de los niños, el apenas disimulado desdén de los maestros) y buscaba desesperada en mi mente un modo de lograr que me aceptasen.

Hacía mis deberes de forma meticulosa y mis notas eran altas, pero de algún modo sabía que eso sólo aumentaba mi impopularidad. Veía que durante las pausas los demás niños tenían caramelos, pasteles de fruta y otras suculentas golosinas. A veces las intercambiaban por canicas y siempre eran codiciadas como herramientas para forjar diversos pactos. Yo sabía que los niños adoraban las golosinas, pero ¿cómo conseguirlas si no tenía ni un céntimo para comprarlas? Entonces vislumbré mi oportunidad. Una vez a la semana la maestra recogía el dinero para pagar la comida de las dos clases en una caja de hojalata que dejaba sobre su escritorio. Tramé un plan.

Esperé a que los otros niños se marchasen y a toda prisa fui hasta el escritorio, abrí la caja y extraje tanto dinero como puede guardar en mis holgadas y elásticas medias. Durante el resto del día caminé con cautela por la escuela, sintiendo la presión de las monedas contra mi piel, que me recordaba mi culpa. Temí que su tintineo me delatase como la ladrona, pero me sentía llena de júbilo por el éxito de mi plan.

Naturalmente, una vez que se descubrió el robo toda nuestra clase fue interrogada y se registraron nuestras carteras. Nadie, sin embargo, pensó en buscar entre nuestras ropas.

Yo era una niña muy callada, pues estaba muy triste. A la vista de todos, mi conducta parecía buena, pero nadie se tomaba la menor molestia en ver lo que se escondía bajo la superficie. Como consecuencia de ello, yo parecía ser la menos sospechosa de todos. Cuando llegué a casa aquella noche enterré el dinero en el jardín. Días más tarde excavé para extraer una pequeña suma en calderilla, con la que compré, de camino a la escuela, una bolsa de golosinas en la tienda local.

Me acerqué furtivamente a los otros niños en el patio de juegos, exhibiendo una incierta sonrisa en el rostro, y extendí el brazo con la bolsa ofreciendo libremente su contenido. De inmediato fui rodeada. Decenas de manos extraían las golosinas, los niños se arremolinaban dándose empujones entre sí. Yo permanecía en el centro del remolino, oyéndolos reírse y sintiendo por primera vez que era una más del grupo. Una oleada de felicidad me invadió al sentirme por fin aceptada. Entonces mi bolsa quedó vacía. La última golosina había desaparecido. Comprendí que las risas que me acompañaban eran efímeras y cesaban en cuanto ya no había golosinas para recoger. Tan pronto como los últimos niños se alejaron con las manos llenas, dando gritos de regocijo, me quedé tan sola como al principio.

Supe en aquel instante que, si bien las golosinas les gustaban, yo nunca les agradaría. Después de aquella mañana se acercaron a mí incluso menos que antes, pues percibían el modo desesperado en que buscaba su aprobación y me despreciaban por ello.

Recordé entonces las visitas a la casa de la señora Trivett y la pregunta que yo siempre le formulaba: «¿De qué están hechas las niñas pequeñas?». Recordé su respuesta y medité que, en realidad, la niñas debían de estar hechas de alguna otra sustancia.

CAPÍTULO 6

Siempre estaba exhausta después de llegar a casa desde la escuela, pero aun así tenía que hacer los deberes. Me sentaba a la mesa en nuestra cocina, que también hacía las veces de sala de estar, intentando desesperadamente permanecer despierta. La única fuente de calor era el horno en un extremo del ambiente y la única luz, la proveniente de las lámparas de aceite, de las que manaba un tenue resplandor anaranjado.

Una vez que completaba mis deberes, intentaba sentarme cerca del calor del fuego para leer o para observar a mi madre poniendo al fuego una plancha donde había vertido una mezcla de pasta. Mágicamente, la mezcla se convertía en redondos bollos de pan irlandés. En aquellos días teníamos que ser tan autosuficientes como fuera posible. El pan y las tartas de panadería eran considerados un gran lujo, al igual que la carne roja y la fruta fresca. Directamente prescindíamos de todo aquello que no pudiésemos criar, cultivar o hacer de forma casera.

Teníamos nuestros pollos, que no sólo nos proveían de una cantidad regular de huevos para consumo interno, sino que con el excedente también pagaban en parte las provisiones que le comprábamos a la furgoneta que pasaba dos veces por semana. Nuestra pequeña parcela nos proporcionaba patatas y zanahorias, y cuando iba a la granja vecina a recoger leche, también adquiría mantequilla que mi madre empleaba para cocinar.

Ahora que ya había cumplido los siete años y medio me era posible leer con fluidez. Así, durante el tiempo que pasábamos en la casa de campo, mi amor por los libros no hizo más que aumentar. Durante los fines de semana pasaba una biblioteca ambulante, de modo que podía escoger los libros que me apetecieran. Además de mis mascotas, los libros eran mi otra vía de escape. Me sumergía en diversos mundos de fantasía, aventuras y diversión, y jugaba a ser detective con los «Los Cinco» de Enid Blyton, exploraba el mundo submarino con *Los niños del agua*[1] y se me erizaba la piel de miedo con los cuentos de hadas de los hermanos Grimm. *Mujercitas* me enseñó que las mujeres pueden ser independientes. Soñaba con ser como Jo cuando fuera mayor. Bajo la luz de las lámparas de aceite tuve aventuras secretas con amigos imaginarios y me retiré con ellos a una vida en la que yo estaba hermosamente vestida y todos me querían. A medida que aumentaba mi amor por la lectura, también creció el resentimiento de mi padre hacia esa afición.

Él nunca leía más que la sección deportiva del periódico y consideraba que mi interés y el de mi madre por los libros era una pérdida de tiempo. Aunque no se atrevía a criticarla a ella, de ningún modo se privaba de expresar su disgusto conmigo.

—¿Para qué estás haciendo eso? —refunfuñaba—. ¿No puedes pensar en nada mejor para hacer? ¿Tu madre no necesita tu ayuda? Fíjate si no queda vajilla por lavar.

Otras veces decía:

—¿Y qué pasa con tus deberes escolares?

Cuando yo respondía que ya los había terminado, él me dirigía un gruñido desdeñoso. Desconcertada, yo sentía crecer su resentimiento y rezaba por que llegase la hora de acostarme, a fin de escapar así de la situación.

Lleno de rencor hacia todo aquel que fuese feliz o tuviese estudios, la ira y el mal humor de mi padre eran impredecibles. Había ocasiones en que llegaba a casa bastante temprano, tra-

---

1. «Los Cinco» *(Famous Five):* conocida colección de cuentos infantiles de la escritora inglesa Enid Blyton (1897-1968). *Los niños del agua (Water Babies): The Water Babies, A Fairy Tale for a Land Baby*, célebre novela para niños del párroco inglés Charles Kingsley (1819-1875). *(N. del T.)*

yéndole a mi madre golosinas y chocolates. Aquéllas eran las tardes en que venía el padre jovial, con abrazos para mi madre y un saludo afectuoso para mí. En mi mente yo tenía dos padres: uno malo y otro bueno. El malo me asustaba muchísimo, mientras que el bueno, a quien recordaba recogiéndonos en el muelle, era el hombre sonriente y de buen humor al que mi madre amaba. Ahora, sin embargo, el padre bueno venía muy raras veces y yo siempre anhelaba pasar más tiempo con él.

En primavera, mi padre alquiló un granero de madera donde dijo que guardaría sus herramientas a fin de poder reparar el coche. Explicó que para albergar a los pollos había sido necesario emplear todos los cobertizos existentes en los alrededores de la casa. Con el nuevo granero ahorraríamos dinero, pues él era un mecánico cualificado. ¿No resultaba estúpido pagarles buenas sumas de dinero a otros hombres por un trabajo que él podía hacer mejor que ellos?

Mi madre estuvo de acuerdo, lo que puso a mi padre de buen humor y, de pronto, su actitud hacia mí cambió. Dejó de estar siempre malhumorado y de criticar todo lo que yo hacía. De alternar entre desear no verme, ignorarme y gritarme, pasó repentinamente a ser cariñoso todo el tiempo. Recordando el modo en que se había portado conmigo aquella vez, cuando mi madre no estaba en la sala, tomé con desconfianza este nuevo acercamiento, pero me forcé a dejar de lado mis dudas pues, por encima de todo, tenía una necesidad inmensa de ser amada por mis padres. Debí de haber confiado en mi instinto.

–La niña ya ha hecho demasiados esfuerzos esta semana, estudiando y yendo y viniendo a pie de la escuela –le dijo una tarde a mi madre–. La llevaré de paseo en el coche.

Mi madre sonrió radiante.

–Sí, Antoinette, vete con papi. Te llevará a dar un lindo paseo.

Salté al coche entusiasmada, y mi placer sólo se vio oscurecido por el hecho de que no se le permitiese a *Judy* venir con nosotros. Mientras me sentaba mirando por la ventanilla me preguntaba hacia dónde iríamos. No tardaría en saberlo. Al llegar al límite de nuestra parcela, mi padre giró en dirección al campo donde estaba el pequeño granero de madera que había alquilado. Ése sería el destino de todos mis paseos de fin de semana.

Entramos al oscuro e inhóspito edificio. La única luz natural provenía de una pequeña ventana con arpillera clavada a su alrededor. Sentí un profundo malestar en la boca del estómago, un temor desconocido, y supe de inmediato que no quería salir del coche.

–¡Papi! –supliqué–. Por favor, llévame a casa. No me gusta este sitio.

Él no hizo más que mirarme, con una sonrisa que no llegaba a sus ojos.

–Quédate aquí, Antoinette –me ordenó–. Tu papi tiene un regalo para ti. Te gustará, ya lo verás.

Mi temor hacia él se había convertido en un terror cuyo peso me inmovilizaba firmemente en el asiento. Mi padre salió del coche para ir a cerrar el granero y luego abrió la puerta del acompañante. Cuando me dio la vuelta hacia él para que lo mirase, vi que sus pantalones tenían la cremallera abierta. Su rostro estaba enrojecido, sus ojos vidriosos. Yo lo miraba, pero el parecía no verme a mí. Un temblor se desató en mi interior, sacudiendo mi cuerpo y abriéndose paso a través de mi garganta bajo la forma de un quejido.

–Ahora pórtate como una niña buena –dijo al tiempo que sujetaba mi pequeña mano regordeta e infantil con la suya.

Sosteniéndola con fuerza, obligó a mis dedos a rodear su pene y a moverse hacia arriba y hacia abajo. Mientras lo hacía, podía oír todo el tiempo unos tímidos quejidos animales que escapaban de mi garganta y se mezclaban con los gruñidos de mi padre. Cerré los ojos fuertemente, deseando que al no ver todo se detuviese, pero no fue así.

De pronto mi mano fue liberada y mi cuerpo, lanzado sobre el asiento. Sentí que una mano me sostenía con firmeza, apretándome el estómago, mientras que la otra me subía la falda y me arrancaba las bragas. Sentí pudor al tiempo que mi menudo cuerpo quedaba expuesto ante sus ojos y fui empujada con más fuerza sobre el frío cuero del asiento. Me colocó de forma lateral, dejando que mis piernas colgasen indefensas sobre el borde. Piernas que, en vano, yo intentaba cerrar. Sentí que él las forzaba a abrirse cada vez más, supe que espiaba esa parte de mí que yo consideraba íntima, sentí que un cojín se deslizaba debajo de mí y luego el dolor cuando él empezó a penetrarme, en aquellos primeros días no con la fuerza suficiente para desgarrarme o herirme, pero sí lo bastante para que me doliese.

Yacía inerte y tan muda como una muñeca de trapo, intentando centrar mi pensamiento en cualquier cosa que no fuera lo que estaba sucediendo. Entretanto, el aroma del cobertizo con su combinación de humedad, grasa y gasolina, sumado al olor masculino de mi padre a tabaco y sudor, parecía filtrarse por todos y cada uno de los poros de mi piel.

Tras lo que me pareció una eternidad, mi padre emitió un gemido y salió de adentro mío. Sentí que una sustancia caliente, húmeda y pegajosa goteaba sobre mi estómago. Entonces él me arrojó un trozo de arpillera.

–Límpiate con esto.

Sin decir nada seguí sus instrucciones.

Sus siguientes palabras estaban destinadas a convertirse en un estribillo repetido una y otra vez:

–No se lo digas a tu madre, mi niña. Éste es nuestro secreto. Si se lo cuentas, ella no te creerá y dejará de quererte.

Yo ya sabía que eso era verdad.

El único secreto que no le revelé a mi padre fue el que mantuve para mí misma. Mi madre ya lo sabía. Su único temor era que ella se enterase, de modo que ese día comenzamos con el juego; éste se llamaba «nuestro secreto», y jugaríamos a él durante los siete años siguientes.

CAPÍTULO 7

Llegó mi octavo cumpleaños, trayendo consigo un temprano otoño al que pronto siguió el frío invernal. Una provisión de turba color marrón oscuro alimentaba constantemente el horno produciendo un resplandor rojizo, pero por mucha turba que echásemos el calor nunca parecía extenderse más que a unos pocos metros. Me acurrucaba junto al fuego tanto como me era posible, mientras mi abrigo, mi calzado y mis medias de lana, siempre húmedos, despedían vapor colgados de un caballete de madera. Dado que tenía apenas un juego de cada prenda, era forzoso que estuviesen todas listas para el día siguiente.

La voz de mi madre se elevaba por las escaleras todavía carentes de alfombra para despertarme en la penumbra de cada madrugada, y un frío helado mordía la punta de mi nariz cuando la obligaba a asomarse de entre la capa de mantas. Automáticamente, mi brazo se estiraba hacia la silla de madera, que hacía las veces tanto de mesa como de armario, y buscaba a tientas las ropas, que ponía bajo las mantas. Primero mis bragas del uniforme escolar, seguidas de las medias de lana traídas desde la cocina la noche anterior. Entonces, con los dientes castañeteando, me desabotonaba la parte superior del pijama y me la quitaba para reemplazarla a toda prisa por una camiseta de lana. Sólo entonces sacaba las piernas de la cama, abandonando mi cálido nido y aventurándome en el frío de una casa carente de calefacción. Apresuradamente ponía agua a hervir en el horno que, a la larga, cobraba vida tras unos golpes con el atizador y el añadido de pequeños trozos de turba.

Me lavaba a toda prisa en el fregadero de la cocina mientras se cocinaba mi huevo del desayuno, y luego acababa de vestirme. Desayunaba tan aprisa como me era posible y luego, poniéndome mi abrigo todavía húmedo, cogía mi cartera y me marchaba rumbo a la escuela.

Durante los fines de semana, vestida con un viejo jersey, manoplas y botas de goma, ayudaba a mi madre a recoger los huevos, tanto de entre los desperdicios en los cobertizos adyacentes como de los variados escondites donde los colocaban los pollos de la granja. A fin de que éstos produjeran huevos marrones, mi madre les daba cacao cada mañana a las once en punto. No estábamos seguras de que eso incrementase la proporción de huevos marrones respecto a los blancos, pero los pollos venían corriendo cada vez que ella los llamaba. Codiciosos, sus picos se hundían una y otra vez en el líquido tibio y dulce. Sacando luego la cabeza de los cuencos, la sacudían y sus pequeños ojos brillaban al tiempo que el líquido descendía por sus gargantas.

Era preciso rescatar a las ranas del cubo del pozo y recoger ramillas para usarlas como leña. Pero cuando yo lo pasaba mejor era viendo cocinar a mi madre. Retiraba los bollos y el pan irlandés de la plancha para hornear y, una vez fríos, los ponía en recipientes de lata, pues era necesario resguardar la comida del ejército de ratones que buscaba refugio en nuestra casa durante los meses de invierno.

Las tartas y las galletas, con su delicioso aroma, eran colocadas en estantes y, si mi madre estaba de buen humor, recibía como recompensa el cuenco para lamer los restos. Mis dedos recorrían los contornos recogiendo hasta la última gota de la preciada mezcla y luego me los chupaba extasiada ante las miradas celosas de *Judy* y *Sally*.

En aquellos días, todavía brotaban ráfagas del viejo cariño, de vez en cuando, de la relación que había entre mi madre y yo. Pues si su mente estaba firmemente estancada en el recuerdo del apuesto irlandés con cabellos color caoba de la sala de baile, el hombre que la había esperado en el muelle, el hombre generoso con sus abrazos y sus promesas incumplidas, la mía estaba estancada para siempre en la madre sonriente y adorable de mi más tierna infancia.

Con el dinero que había robado me compré una linterna y pilas. Las escondía en mi habitación y por las noches leía algún libro a hurtadillas. Metida en la cama y tapada con las mantas, forzaba mi vista cada noche iluminando las páginas con la débil luz de la linterna. El susurro de los insectos y de los pequeños animales que habitaban entre la paja del techo se esfumaba de mis oídos en cuanto me sumergía en los textos. Entonces, durante breves instantes, conseguía olvidar los días en que mi padre me llevaba «de paseo».

Cada vez que él cogía las llaves del coche y anunciaba que era hora de obsequiarme con un paseo, yo imploraba en silencio a mi madre que se negase, que argumentase que me necesitaba para algún recado, para recoger los huevos, sacar las ranas del agua del pozo o, incluso, traer el agua para la limpieza desde los toneles de lluvia. Pero nunca abrió la boca para detenerlo.

—Vete con papi, querida, mientras yo hago el té —era la frase que repetía cada semana antes de que él me condujese al cobertizo de madera, y yo aprendí a separar los sentimientos de la realidad.

A nuestro regreso siempre había preparados bocadillos y una tarta casera, cortada en gruesas porciones dispuestas sobre servilletitas de encaje en una fuente plateada.

—Lávate las manos, Antoinette —me ordenaba mi madre antes de que nos sentásemos para el té de la tarde de los domingos.

Nunca me preguntó nada sobre los paseos. Nunca preguntó dónde habíamos ido ni qué habíamos visto.

Las visitas a Coleraine, que en otros tiempos habían sido una constante, ahora se volvieron sucesos anhelados. Echaba de menos a mis numerosos familiares que vivían allí, la hospitalidad que siempre sentía en casa de mis abuelos y la camaradería con mis primos.

En las raras ocasiones en que mi padre decidía que les haríamos una visita, la noche anterior llenábamos la bañera de hojalata en un sector de la cocina desprovisto de cortinas. Allí me sentaba en el agua poco profunda y enjabonada para lavarme el cuerpo y el pelo. Mi madre solía secarme con una toalla, envolvía luego mi delgada figura en un viejo vestido suyo y me situaba frente al horno encendido. Cogiendo su cepillo de mango plateado, recorría con él mis cabellos castaños hasta que quedaban brillantes y desenredados. A la mañana siguiente sacaba del armario mi mejor vestido y mi padre lustraba mi calzado mientras ella supervisaba cada una de las prendas. Me echaba el pelo hacia atrás, sosteniéndolo con una cinta de terciopelo negro. Al mirarme en el espejo veía el reflejo al que estaban acostumbrados mis compañeros de la escuela privada. No quedaba rastro de la niña desaliñada con sus ropas arrugadas. En su lugar había una niña de aspecto cuidado, pulcramente vestida, con unos padres que la amaban.

Ése fue el inicio del segundo juego, un juego en el que los tres tomábamos parte: el de la familia feliz. Era conducido por mi madre y consistía en representar su propio sueño, el de un matrimonio feliz con un marido apuesto, una confortable casa rural y una bonita hija.

En nuestras visitas «familiares» mi madre se sentaba con una expresión que yo ya había empezado a reconocer y que ponía en evidencia su tolerancia. Una sonrisa educada, ligeramente condescendiente se dibujaba en sus labios; una sonrisa que demostraba su consentimiento tácito a esas visitas pero jamás auténtico disfrute; una sonrisa que desaparecía de inmediato una vez que la visita concluía y nuestro coche abandonaba el barrio donde vivían mis abuelos.

Entonces flotaba en el aire una corriente constante de condescendencia que, poco a poco, llegaba a mis oídos. Cada pariente recibía una evaluación verbal por parte de mi madre, acompañada de una risa carente de humor. Yo observaba cómo la nuca de mi padre adquiría un color cada vez más rojo a medida que, kilómetro tras kilómetro, mi madre subrayaba los humildes orígenes de su marido al tiempo que, por oposición, ensalzaba los propios.

Si mi madre tenía grabada en su memoria la imagen del apuesto irlandés que la había sacado a bailar, a ojos de mi padre ella sería siempre la elegante inglesa demasiado buena para él.

A medida que mi madre regurgitaba sus opiniones sobre la jornada, mi placer se iba esfumando hasta que, a la hora de acostarme, ya no era más que un recuerdo lejano. El juego de la familia feliz había concluido y yo era consciente de que no volveríamos a jugarlo hasta la siguiente visita.

Poco antes de nuestra última Navidad en la casa de campo, volvimos a visitar a mis abuelos. Para mi enorme satisfacción, en el pequeño cuarto trasero donde alguna vez mi abuelo había arreglado calzados, había ahora un ave de aspecto extraño. Era más grande que un pollo, con plumas grises y garganta colorada. En una de las patas llevaba una cadena cuyo otro extremo estaba sujeto a un aro en la pared. Me miraba con lo que me pareció una expresión de esperanza. Esperanza de compañía. Esperanza de libertad. Al preguntarles a mis abuelos cómo se llamaba, ellos simplemente respondieron que era «un pavo».

No tardé en bautizarlo *Señor Pavo*. Al principio, temerosa de su pico, que era mucho más grande que el de los pollos, sólo me senté cerca de él y le hablé. Luego, al ver cuán dócil era, me armé de coraje y extendí una mano para acariciarlo. El ave, desorientada por cuanto la rodeaba, me permitió hacerlo sin oponer resistencia y yo creí haber hecho una nueva amistad emplumada. Nadie me dijo cuál sería el destino que le esperaba a mi nuevo amigo.

Mis abuelos nos habían invitado para el día de Navidad, y yo me puse obediente mi uniforme y representé el papel de niña con una familia feliz. Junto a una de las ventanas de la estrecha sala de estar había un árbol de Navidad repleto de adornos rojos y dorados. Mientras se servían, ofrecían y consumían diversas bebidas, mis parientes no cesaban de conversar ocupando todo espacio imaginable. Mi padre, sonrojado por efecto del alcohol, constituía el centro de atención. Para su familia él era el hijo favorito, el hermano adorado, jovial y bromista, y a mí me querían porque yo era suya.

Mis abuelos habían trasladado su pequeña mesa desde su sitio original junto a la ventana (donde ahora estaba el árbol) hasta el centro de la sala y se la había extendido para darle más tamaño y permitir que se sentasen a ella ocho personas. A juzgar por el color de los sectores extendidos (tan claros que parecía otra madera) era evidente que la mesa no se abría con demasiada frecuencia. Habían sacado brillo a los cubiertos y en cada sitio había dispuesta una silla (algunas se habían pedido prestadas a los vecinos) con un petardo. Yo estaba sentada frente a mi padre.

Bocanadas de deliciosos aromas fluían desde la pequeña cocina, de donde brotaba también el ruido de una intensa actividad. Carne, verduras hervidas, crujientes patatas asadas, todo ello nadando en la salsera, fue servido en nuestros platos y traído a la mesa por mi abuela y mi tía. Mi madre no se había ofrecido a ayudar, ni nadie se lo había solicitado.

Mientras contemplaba mi plato rebosante de comida se me hacía la boca agua. El desayuno había consistido en una apresurada taza de té poco cargado y una galleta integral. Con impaciencia, esperé a que el primer adulto probase bocado para poder seguirlo de inmediato. Entonces mi padre señaló la carne y me reveló lo que le había sucedido a mi amigo.

La náusea reemplazó al hambre y por unos instantes se hizo un profundo silencio mientras yo miraba la mesa con incredulidad. La expresión en los ojos de mi padre era a la vez burlona y desafiante. Noté la diversión en el rostro de los adultos a medida que intercambiaban miradas y yo me forcé a mí misma a no exhibir sentimiento alguno. Instintivamente supe que, si rehusaba comer, no sólo él se mostraría satisfecho, sino que de algún modo en aquel misterioso mundo de los adultos, en el que los sentimientos de los niños no parecen reales, cualquier lágrima derramada por el *Señor Pavo* sería motivo de burla.

Me lo comí, pese a que cada bocado parecía clavarse en mi garganta. Y mientras me obligaba a digerirlo, una cólera desesperada fue creciendo en mi interior. Aquella Navidad nació mi odio. Las risas que sobrevolaban la mesa se convirtieron en el sonido de los adultos conspirando, y mi infancia, aunque aún no había terminado por completo, quedó pendiente de un hilo.

Hicimos explotar los petardos, se pusieron sombreros en las cabezas y los rostros enrojecieron, tanto por el calor del hogar encendido como por el whisky diluido en agua que todos bebían en copiosas cantidades, con excepción de mi madre y de mí. Ella tenía su botella de jerez seco, mientras que yo bebía zumo concentrado de naranja.

Mi mente seguía fija en la imagen del ave enorme y amistosa que parecía tan triste por haber habitado aquel estrecho cuarto trasero los últimos días de su vida. Lamenté que las Navidades significasen su muerte y haber tenido que tragarme su carne para protegerme a mí misma del ridículo.

Se sirvió a continuación el pudín; mi porción contenía la moneda de plata[1]. Entonces fue el momento de abrir nuestros regalos. Mis abuelos me obsequiaron con un nuevo jersey y mi tía y mis tíos, con unos lazos y unos pasadores para el pelo, diversas baratijas y una muñeca. Mis padres me entregaron un gran paquete con matasellos de Inglaterra. Una vez abierto, dejó al descubierto varios libros de Enid Blyton con mi nombre escrito en sus primeras páginas, obsequio de mi abuela inglesa. A medida que fluían los recuerdos de mis primeros días

---

1. Es costumbre vigente aún en ciertas zonas del Reino Unido esconder una moneda de plata en el pudín de Navidad. Aquél cuyo trozo de bizcocho contiene la moneda puede quedársela. *(N. del T.)*

felices, me embargó la nostalgia y sentí inmensos deseos de estar con ella. Imaginé su figura pequeña y pulcramente vestida; oí su voz llamándome «Antoinette, ¿dónde estás?»; escuché mi propia risa mientras fingía esconderme, y aspiré su perfume, mezcla de azucenas y polvos de maquillaje, cuando se agachaba para besarme. De algún modo, pensé que si ella estuviera en nuestro hogar yo volvería otra vez a ser feliz.

Mis padres me regalaron una caja de lápices para la escuela y dos libros de segunda mano. Al poco tiempo ya era hora de marcharnos.

Esa noche, tras llegar a la casa de campo, me fui directa a la cama, demasiado agotada como para preocuparme por los ruidos en la paja del techo o incluso para encender la linterna.

El día de San Esteban salí de paseo yo sola y, por una vez, no llevé los perros, porque esperaba poder observar conejos y liebres jugando en la campiña. En lo alto de una colina no demasiado alta había un prado donde podía echarme a mirarlos. Pero esa mañana fue decepcionante. El clima era demasiado frío tanto para ellos como para mí.

No fue hasta la Pascua cuando mi paciencia se vio recompensada mientras yacía inmóvil en lo alto de un montículo plagado de margaritas. Contuve la respiración, temerosa de que el menor ruido pudiese alertar a las familias de conejos. Permanecí oculta, pero lo bastante cerca como para ver el blanco de sus rabos. Familias enteras dejaron sus madrigueras para brincar en el campo adyacente y recibir a la primavera. Aquel día encontré un bebé conejo que parecía haber sido abandonado por sus padres. Estaba sentado, quieto, con sus ojos brillantes parpadeando nerviosamente mientras yo me agachaba a recogerlo. Lo metí bajo mi jersey para que estuviese caliente y pude sentir su corazón latiendo a toda prisa mientras corría con él en dirección a casa.

–¿Qué tienes ahí? –exclamó mi madre viendo el bulto que formaba el conejo bajo mis ropas.

Abriendo mi jersey se lo mostré y ella lo alzó.

–Haremos un hogar para él hasta que sea lo bastante grande para regresar con su familia –me dijo.

Reuniendo periódicos viejos, me mostró cómo cortarlos y hacerlos un bollo para que conformasen una tibia madriguera. Luego halló una caja de madera y así armamos la primera jaula improvisada. Cuando los granjeros se enteraron de que habíamos rescatado a uno, nos trajeron varios conejos más. Nos explicaron que con frecuencia los perros y los zorros mataban a sus padres, dejando a los pequeños a su suerte, y no lograban sobrevivir. Mi madre y yo nos encargamos juntas del cuidado de estos conejitos huérfanos. Poníamos paja, agua y alimentos en sus jaulas, y comían de nuestras manos.

–Cuando sean grandes –me advirtió mi madre–, no podrás seguir conservándolos como mascotas. Son conejos salvajes y pertenecen a la campiña. Pero los mantendremos aquí hasta que sean lo bastante fuertes para ser liberados.

Mi padre observó en silencio cómo mi madre y yo colaborábamos en esto. Siempre sensible a sus cambios de humor, sentí en su mirada que su resentimiento se acentuaba. Por una vez no dijo nada, pues se trataba de un interés que mi madre compartía conmigo.

Semanas después de que hubiésemos rescatado el primer conejito, y cuando nos preparábamos para liberarlo en los campos, bajé a la sala y descubrí a mi madre clavándome la mirada, con el rostro blanco de furia.

Antes de que pudiese eludirla, me golpeó de lleno en el rostro. Sus manos, sorprendentemente fuertes para alguien de su estatura, cogieron mis hombros y los sacudieron. Mi padre nos miraba furtivamente mientras se preparaba a sí mismo para la acción con una sonrisa satisfecha en el rostro.

–¿Qué he hecho? –fueron las únicas palabras que conseguí tartamudear mientras el pelo se me metía en los ojos y mi cabeza rebotaba sobre mi cuello.

–Has ido a ver a los conejos. Has dejado la puerta de la jaula abierta. Los perros entraron y los destrozaron.

–Anoche cerré la puerta y nunca volví allí –intenté protestar. Nuevamente ella alzó la mano. Esta vez me dijo que la bofetada era por mi mentira. Entonces me arrastró hasta el cuarto trasero para mostrarme la matanza. El suelo ensangrentado estaba lleno de trozos de rabos, y había fragmentos de pelaje blanco dispersos por todas partes. Las únicas partes que quedaban reconocibles eran las patas. Quise gritar, pero mi garganta parecía cerrarse a medida que mi cuerpo se estremecía por cada sollozo contenido.

Siguiendo las órdenes de mi madre, llené un cubo con agua y empecé a fregar la sangre del suelo. Mientras lo hacía, el único pensamiento que ocupaba mi mente era la certeza de que había cerrado la puerta de la jaula.

CAPÍTULO 8

Lа vida prosiguió en la casa de campo. Cada día se parecía al siguiente: las caminatas hacia y desde la escuela, mis tareas de los fines de semana y los «paseos». Ocasionalmente una visita a casa de mis abuelos rompía la rutina, pero la alegría que yo solía sentir al visitarlos se había atenuado desde la Navidad.

Un sábado, mientras recogía la leche de la granja cercana, la mujer del granjero nos invitó a todos a cenar el domingo siguiente. Me dio una nota para que se la entregase a mi madre y, para mi satisfacción, mis padres accedieron a ir.

En el campo la cena se servía a las seis, pues la comunidad rural se levantaba de madrugada y se acostaba al caer el sol. El juego de la familia feliz comenzó tan pronto como yo, recién bañada y pulcramente peinada, me puse mis mejores ropas. Hacía tiempo que deseaba explorar la granja y no deseaba vestirme así, porque sabía que mi madre, temerosa de que ensuciase esas prendas, nunca quería que jugase con ellas.

A nuestra llegada, como si leyera mi mente, la esposa del granjero les dijo a sus dos hijos:

–Llevad fuera a Antoinette y mostradle la granja. Le encantan los animales.

Me apresuré a salir con los dos chicos antes de que mi madre pudiese advertirme nada sobre mantenerme limpia. Por más que los dos eran un par de años mayores que yo, siempre parecían tímidos. Sin embargo, una vez fuera y lejos de la mirada de los adultos, no tardaron en mostrarse amistosos. Primero me enseñaron una pocilga con una gorda cerda que yacía inmóvil sobre un costado. Todas sus tetillas estaban cubiertas por codiciosos y glotones cerditos a los que ella parecía ajena. Al oír nuestras voces abrió uno de sus ojos de blancas pestañas y, tras constatar que no representábamos ninguna amenaza para sus pequeños, volvió a cerrarlo somnolienta y se durmió de nuevo. Luego seguí a los chicos al lugar donde las vacas estaban siendo ordeñadas con unas máquinas. Las enormes criaturas bovinas no nos prestaron la menor atención mientras esperaban pacientes a que las máquinas vaciasen sus ubres. Cerca de allí había un sitio donde todavía se hacía mantequilla agitándola manualmente en un recipiente. Por fin entramos a un establo donde se había agrupado el heno en unos fardos que estaban apilados casi hasta llegar al techo. Una escalera descansaba contra la pila más alta y, chillando de alegría, jugamos a una especie de escondite hasta que la esposa del granjero nos llamó.

Los chicos tenían que ir a bañarse, pues aquel día habían ayudado a su padre en la granja pese a que era domingo. El granjero vino a arreglarse para el té, y mi madre se ofreció a ayudar a su mujer a poner la mesa.

–Antoinette, cuando estuviste fuera, ¿viste los gatitos? –me preguntó la esposa del granjero.

–No –respondí.

Mi padre era aquel día el padre bueno; se levantó y me tomó de la mano.

–Ven –me dijo–. Mientras se prepara el té te llevaré allí y los veremos juntos.

Aquélla fue la última ocasión en que creí que existía un padre bueno.

Sin dejar de cogerme la mano, me condujo al granero donde pocos minutos antes había estado jugando con los niños. En el fondo hallamos la cesta con gatitos de varios colores, que iban desde el negro azabache hasta el dorado mermelada. De tan pequeñitos que eran, tenían todavía los ojos de un azul lechoso. Mientras los miraba, uno de ellos bostezó exhibiendo sus delicados dientecitos blancos, entre los que sobresalía una diminuta lengua muy rosada. Arrullada por los intoxicantes aromas de la granja y encantada por los tiernos cachorritos, me arrodillé para acariciar su sedoso pelo. Alcé la mirada hacia mi padre, esperanzada, deseando que me permitiese quedarme con alguno. Pero cuando mis ojos se encontraron con los suyos, quedé paralizada por el pánico: el padre bueno había desaparecido; distinguí el brillo en sus ojos, vi su mirada burlona y sentí otra vez que el nudo de terror se apoderaba de mi garganta, dejándome sin habla.

Como si todo sucediese a cámara lenta, sentí sus manos levantándome el vestido, el tirón de mis bragas cuando me las bajaba hasta los tobillos, la aspereza de la paja sobre mi cuerpo desnudo. Sentí que me penetraba y sus sacudidas unos segundos después. Algo húmedo se deslizó por mi pierna, pero cuando miré hacia abajo lo único que pude ver fue mi calzado negro recién lustrado con mis bragas blancas arrugadas encima.

Mientras se abotonaba la bragueta, sacó un pañuelo limpio de su bolsillo y me lo arrojó. Como si proviniese del otro extremo de un túnel, escuché su voz, que me decía:

–Límpiate con eso, mi niña.

Toda la felicidad que había sentido aquel día se había evaporado. El sol había desaparecido y en su lugar el crepúsculo coloreaba el mundo, volviéndolo un sitio gris e inhóspito. Mientras me miraba, hice lo que me pedía.

–¿Estás lista, Antoinette? –preguntó al tiempo que supervisaba mis movimientos.

Entonces, volviendo a poner su «cara de padre bueno», me tomó de la mano y me condujo de regreso a la casa para tomar el té.

La esposa del granjero era un mar de sonrisas. Pensando que mi expresión abatida se debía a que mi padre no me permitía quedarme con un gatito, me explicó:

–No resultan buenas mascotas, Antoinette. Los gatos de granja sólo están interesados en cazar ratones.

La miré en silencio. Me era imposible hablar y, paralizada, me senté en mi sitio. Nos sirvieron una cena generosa, una comilona que incluía jamón curado en casa, pollo asado, huevos duros, ensalada, pastel de patatas, pan irlandés y mermelada casera. La mujer no cesaba de decirme:

–Antoinette, por favor, come. –Y luego le subrayaba a mi madre–: Hoy la veo demasiado silenciosa.

Los ojos de mi madre encontraron los míos y noté en su mirada una expresión de desdén que me dejó helada. Luego se volvió hacia la esposa del granjero, con su sonrisa educada firme en su sitio y respondió:

–Mi hija es una devoradora de libros, no es una gran conversadora.

Más allá de las visitas a mis abuelos, no recuerdo ninguna otra salida familiar durante ese período de mi vida.

Sentada en la sala de estar de la residencia para enfermos terminales, pensé en la niñita que yo alguna vez había sido. Pensé en ella cuando era una pequeña llena de confianza, segura del amor de su madre y sin motivos para dudar de los otros adultos. Volví a ver la imagen de su sonrisa tranquila ante la cámara cuando tenía tres años, en el entusiasmo que le provocó la posibilidad de viajar a Irlanda del Norte, la alegría de empezar las clases en una nueva escuela, su amor por su perrita. Me pregunté entonces cómo habría sido esa Antoinette si se le hubiese permitido crecer con normalidad.

Sentí su presencia mientras otra imagen se abría paso a la fuerza en mi mente. Vi una habitación oscura, en la que una niña pequeña y aterrorizada yacía tensa, aferrada a su cama, con un pulgar en la boca para calmarse. Sus rizos color marrón oscuro estaban húmedos y aplastados contra la parte posterior del cuello, mientras que sus ojos permanecían abiertos de par en par. Tenía demasiado miedo como para cerrarlos, pues la pesadilla podía regresar, la pesadilla de ser atrapada, de quedar indefensa y completamente vulnerable; la pesadilla que había comenzado para la niña en aquel entonces y que todavía perturbaba mi sueño.

Sabiendo que los días de pedirle ayuda a su madre habían terminado, la pequeña sólo podía yacer en la cama y temblar hasta que volvía a entrarle el sueño y sus ojos, involuntariamente, se cerraban.

Entonces recordé, por primera vez en muchos años, la traición definitiva a esa niñita, la traición que había sellado su destino. Sólo escondiéndola en lo más profundo de mi memoria y creando a Toni me sería posible sobrevivir.

De haber podido extender mis brazos hacia ella a lo largo de las décadas, la habría alzado para conducirla a algún lugar seguro, pero Antoinette ya no estaba allí para ser rescatada.

Volví una y otra vez a la misma pregunta: ¿por qué había entrado mi madre en un estado de negación tan extremo como para permitir semejante infancia?

Yo siempre había pensado que la vida de mi madre había sido un fracaso, que nunca había sido feliz, que su existencia había sido destruida por el egoísmo de mi padre. Siempre me había parecido que, proviniendo ella del cómodo ámbito de la clase media inglesa, nunca había hallado la dicha en Irlanda, y no me cabía duda de que, sencillamente, se había casado con el hombre equivocado. Pero entonces, por primera vez, sin distracciones que alejasen mi mente de aquellos recuerdos, caí en la cuenta de qué era exactamente lo que había hecho mi madre. Cuando le había contado lo de aquel beso, ella sabía con claridad qué era lo que seguiría de forma inevitable. Tenía treinta y seis años en el momento en que se lo conté, era una mujer que había vivido una guerra. Aun así, me alejó de la escuela donde yo era feliz. Una escuela donde enseñaban algunos de los profesores más capacitados de toda Irlanda del Norte y donde la directora, una mujer meticulosa e inteligente, habría notado el cambio en el aspecto y el comportamiento de una niña y se habría preguntado los motivos. Comprendí que había sido entonces cuando mi madre se convirtió en cómplice de mi padre.

–¿Lo comprendes ahora, Toni? –llegó el susurro–. ¿Comprendes ahora qué fue lo que hizo ella?

–No –respondí–, no entiendo lo que hizo. Quiero que ella me lo diga. Quiero que ella me explique por qué.

–Recuerda los juegos, Toni –llegó el susurro.

Primero, mi padre había presentado el juego de «nuestro secreto». Luego estaba el juego de la «familia feliz», y por último el juego de mi madre, el de «Ruth, la víctima».

Mi mente retrocedió hasta las ocasiones en que ella empleaba su acento inglés y su comportamiento refinado para evadirse de situaciones incómodas, convenciendo a la gente de que yo era una niña difícil y ella, una madre condenada a padecerme.

Sabía que con una caminata de seis kilómetros hasta el colegio no tendría posibilidad de hacerme amigos. Los niños que iban a la escuela rural vivían todos cerca de ésta, de modo que durante los fines de semana y las vacaciones estaría aislada. No había nadie a quien pudiese confiarle mis problemas.

Supongo, medité con tristeza, que siempre había sabido aquello. Con todo, nunca había dejado de querer a mi madre, pues eso es lo que hacen los niños. Nunca había podido dejar de quererla, nunca había tenido el deseo de hacerlo. Pero ahora, cuando a mi madre le quedaba tan poco tiempo por vivir, me cuestionaba si por fin me brindaría algún tipo de explicación. ¿Admitiría por fin que no había sido una víctima, que la culpa que ella intentaba hacerme sentir no era mía? ¿Escucharía yo alguna vez de sus labios una súplica de perdón?

Eso era lo que quería, lo que esperaba, cuando regresé junto al lecho de mi madre y me eché a dormir en el sillón reclinable.

CAPÍTULO 9

Una negra niebla de tristeza inundó la casa de campo. Se abrió paso rodeando nuestras cabezas, impregnando nuestras mentes. Envenenó la atmósfera y se transformó en palabras; palabras que actuaban como herramientas de amargura y continuos reproches. Las de mi madre eran siempre las mismas recriminaciones: él se jugaba el dinero a las apuestas, bebía y había perdido su indemnización. La voz de ella lo perseguía desde la casa, siguiéndolo hasta la verja. La fuerza de la ira de mi padre flotaba de regreso, persistiendo como una sombra negra en cada rincón de la casa.

Los baúles y las maletas ocupaban nuevamente la sala de estar y los perros, como si sintiesen que un signo de interrogación se cernía sobre su futuro, se escondían bajo la mesa.

Mi madre ya me había dicho que tendríamos que mudarnos. Arriba en mi habitación, cuando ya me había ido a la cama, me cubría la cabeza con las mantas a fin de contener la ansiedad alimentada por el constante sonido de la cólera de mis padres.

El aislamiento de nuestra granja, el frío y la carencia de dinero (que nunca alcanzaba por mucho que mi madre trabajase) eran el caldo de cultivo de su frustración. Pero bastaba una sonrisa de mi padre para que aquélla se disolviese.

La ambición de mi madre había sido siempre ser propietaria de una casa, del mismo modo que lo había sido su familia antes de que ella naciese. En aquel lugar, sin embargo, sus esperanzas de llevar adelante un negocio provechoso se habían visto defraudadas: era una lucha pagar la renta y, ciertamente, no sobraba ni lo más mínimo para ahorrar.

—Antoinette —me informó una mañana–, mañana te llevaré para que conozcas a una anciana. Si le caes bien, quizá vayamos a vivir con ella. Quiero que te comportes de la mejor manera y, si nos mudamos allí, podrás volver a tu antigua escuela. Eso te gustaría, ¿verdad?

Sentí que la ilusión me embargaba, pero intenté mantener la compostura y repliqué:

—Sí, mami, me gustaría mucho.

Esa noche me fui a la cama aferrándome a la dulce esperanza. ¿Era realmente posible que dejase la escuela rural donde me tenían tanta antipatía y regresase a la escuela donde había sido tan popular? Luego otros pensamientos pasaron por mi cabeza: ¿quién era esa anciana y por qué mi madre me llevaba a mí y no a mi padre? Preguntas para las cuales no pude hallar respuesta zumbaron en mis oídos hasta que me hundí en un sueño irregular.

Desperté temprano por la mañana y el recuerdo de la conversación con mi madre la noche previa fue lo primero que me vino a la cabeza. Un sentimiento de excitación me atravesaba el cuerpo, y yo intentaba contenerlo porque no quería que le siguiese una decepción.

¿Realmente estaría todo el día a solas con mi madre y podría volver a mi vieja escuela dejando atrás la escuela rural que tanto odiaba? La esperanza me quemaba por dentro al bajar las escaleras.

En el horno había cacerolas hirviendo agua y me tranquilicé cuando mi madre me dijo que eran para que me bañase. Al terminar mi desayuno, la bañera ya estaba llena. Me desvestí a toda prisa y me metí en el agua. Primero me enjaboné toda, disfrutando de la sensación del agua enjabonada escurriéndose por entre mis dedos. Luego me sequé con la toalla, me lavé el pelo con el agua de lluvia recién calentada y me lo enjuagué hasta que ya no parecía poder estar más limpio, antes de secarlo vivamente con la toalla. A continuación mi madre cogió su cepillo con mango de plata y empezó a peinarme con lentitud. Arrullada por el hipnótico ritmo del cepillo y relajada por el calor del horno, me apoyé sobre sus rodillas, gozando de la atención de que era objeto. Una sensación de seguridad me envolvió gracias a sus cuidados. Deseé que se repitieran todas las noches, como en otros tiempos.

Una vez me hubo atado el pelo detrás con un lazo, mi madre sacó mis mejores ropas, me dio un par de calcetines blancos limpios y me lustró el calzado. Cuando estuvimos listas, mi padre nos llevó en coche hasta Coleraine, donde mi madre y yo cogimos un autobús que nos llevó a unos pocos kilómetros de allí.

Tras descender del autobús, caminamos unos cuantos metros hasta llegar al camino de entrada de una casa, parcialmente oculto por unos setos demasiado crecidos. Sobre el tronco de un árbol había clavado un letrero que decía sencillamente «Cooldaragh».

No había ninguna verja, de modo que, de la mano de mi madre, avancé por el largo camino. Los árboles a uno y otro lado formaban una especie de celosía, y las ramas sin podar se extendían sobre nuestras cabezas casi hasta tocarlas, a modo de un diáfano techo verde. Junto a sus raíces, la alta hierba se enredaba con ortigas e invadía la gravilla. Justo cuando empezaba a preguntarme hacia dónde estábamos yendo cogimos una curva y pude ver Cooldaragh por primera vez. Quedé boquiabierta. Era la casa más grande y hermosa que jamás hubiera visto.

Mientras nos aproximábamos, dos perros corrieron hacia nosotros meneando sus colas, seguidos por una majestuosa anciana. Era alta y delgada, con sus cabellos blancos recogidos por encima de la frente. Su postura erguida disimulaba la necesidad de usar un bastón, que sostenía en su mano izquierda al tiempo que le tendía la derecha a mi madre. Me recordó a los personajes que había visto en fotografías de otra era teñidas de color sepia. Una vez que mi madre le estrechó la mano, nos presentó:

–Ella es mi hija, Antoinette –dijo con una mano en mi hombro y una sonrisa en el rostro–. Y ella, Antoinette, es la señora Giveen.

La señora Giveen nos hizo pasar a una sala donde ya había dispuesta una bandeja para el té. Por muy joven que fuera, no tardé en comprender que se trataba de una especie de entrevista, y que yo, al igual que mi madre, estaba siendo evaluada y juzgada. La mujer me formuló varias preguntas, como qué me gustaba hacer y cuáles eran mis aficiones favoritas. Luego empezó a preguntarme por la escuela y si me gustaba.

Antes de que tuviese tiempo de responder, mi madre se precipitó:

–A ella le iba muy bien cuando asistía a la escuela privada de la ciudad. Pero desafortunadamente tuvimos que mudarnos. Entonces se nos hizo demasiado lejos para seguir enviándola allí. Pero sin duda que le gustaba esa escuela, ¿verdad, Antoinette?

Asentí con la cabeza.

–Si nos mudásemos aquí –prosiguió mi madre–, podría coger todos los días el autobús para ir a la escuela. Uno de los motivos por los que me gustaría concretar esta mudanza es que mi hija pudiese regresar a la escuela donde era tan feliz.

La anciana me miró y preguntó:

–Antoinette, ¿es eso lo que te gustaría a ti?

Sentí que el corazón me salía por la boca.

–¡Sí, claro! ¡Me encantaría volver a mi antigua escuela!

Después del té, la señora Giveen extendió repentinamente su mano hacia mí.

–Ven, pequeña. Deja que te muestre el lugar.

Aunque no me recordaba a ninguna de mis abuelas, pues no parecía ni tan cordial ni tan cariñosa como ellas, la señora Giveen me cayó instintivamente bien. Siguió conversando conmigo mientras me acompañaba fuera de la casa, donde me presentó a sus perros, que sin duda la adoraban. Puso su mano sobre el terrier, cuyos colores me recordaron a *Judy*.

–Éste vive aquí desde que era un cachorro. Se llama *Scamp*[1] y ahora tiene trece años.

Le dio una palmadita al perro más grande, que la miró con devoción.

–Y éste es *Bruno*. Es un cruce de alsaciano y collie. Ahora tiene dos años.

Me preguntó entonces acerca de mis perros. Le hablé de *Judy*, que fue un regalo por mi quinto cumpleaños, de cómo había rescatado a *Sally* y la había llevado a casa. Incluso le conté sobre *June*, la gallina.

Ella me tranquilizó dándome una palmadita en el hombro.

–Si vienes aquí, puedes traer a tus perros. Hay espacio de sobra para ellos.

Suspiré de alivio. Era la única de todas las preguntas que yo tenía en la cabeza que me quedaba sin formular. Mientras miraba a sus perros jugando en el césped, divisé enormes arbustos cubiertos de flores, lo bastante grandes como para que un niño jugase entre ellos. La señora Giveen me explicó que se llamaban rododendros. Detrás de éstos había un bosque con altos árboles que proyectaban largas sombras.

–Tengo mi propia plantación de árboles de Navidad –me dijo la anciana–. De modo que siempre puedo escoger mi propio árbol.

Empecé a sentirme muy a gusto a su lado. Seguí charlando con ella mientras me conducía a otro de los terrenos que rodeaban su casa, donde ponis pequeños y achaparrados pastaban en una extensa campiña. Confiados, se arrimaron a la cerca y nos observaron con sus ojos oscuros y líquidos asomando detrás de su flequillo. Mientras se apoyaba en la cerca para acariciarlos con ternura, la señora Giveen me explicó que eran viejos ponis retirados que alguna vez habían sido empleados para transportar carretillas con turba desde las turberas. Ahora podían vagar libres y terminar sus vidas en paz. Enderezán-

---

1. *Scamp*, diablillo, travieso. *(N. del T.)*

dose, cogió algunos terrones de azúcar de su bolsillo y se los dio a los pequeños ponis. Yo contemplé maravillada cómo sus narices aterciopeladas se echaban sobre su mano retirando con sumo cuidado los terrones.

–Entonces, Antoinette –preguntó de la nada–, ¿te gustaría venir a vivir aquí?

A mí la casa y sus alrededores me parecían mágicos, semejantes a los sitios que describían los cuentos de hadas. Nunca había soñado siquiera que podría vivir en un sitio así. Sin creer todavía que me lo dijese en serio, alcé la mirada hacia ella y le dije tan sólo:

–Sí, me gustaría mucho.

La anciana volvió a sonreírme y me llevó otra vez con mi madre, mostrándonos a ambas el interior de la casa. Primero visitamos un enorme salón de caza, con mosquetes y una mezcla de cuchillos con rústicos mangos que decoraban el muro por encima de una gran chimenea de mármol. Luego supe que habían sido colgados allí por el abuelo de la señora Giveen, quien había luchado contra los aborígenes en Estados Unidos. Una gruesa puerta de roble comunicaba el salón con la sala de estar privada de la anciana, amueblada, según mi inexperta opinión, con sillas de patas largas y sofás de suma elegancia. Más tarde me contaron que eran valiosas antigüedades del período de Luis XV.

Mientras las dos mujeres conversaban, me percaté de que mi madre estaba siendo entrevistada para cubrir el cargo de ama de llaves y de compañía. Al parecer, la señora Giveen ya no tenía dinero suficiente para mantener un hogar de semejantes dimensiones tras la apertura de las fábricas en Irlanda del Norte, que habían acabado con la era de la mano de obra barata.

Mi padre, deduje, trabajaría como mecánico en la ciudad. Sin tener que pagar alquiler y con un ingreso proveniente de su nuevo empleo, mi madre esperaba poder ahorrar lo suficiente para comprar por fin una casa propia.

Tras enterarme de que nos mudaríamos allí, sentí haber aprobado una especie de prueba y mi madre pareció muy feliz y satisfecha de mí. No recuerdo realmente haberla visto empaquetar para marcharnos de la casa de campo, pero nuestras posesiones eran muy pocas y creo que dejamos allí buena parte de nuestros viejos muebles. Los pollos fueron vendidos a granjeros vecinos, incluyendo a mi gallina *June*, lo que me entristeció. Sólo quedaron algunas maletas y los ya viejos baúles. Al igual que en nuestras mudanzas previas, mi madre los llenó de prendas de vestir, ropa de cama y libros.

Al llegar a Cooldaragh la señora Giveen nos recibió en la puerta.

—Antoinette, querida —dijo—, ven conmigo, te mostraré tu habitación.

Me condujo a través del salón de caza, subimos la escalera principal y avanzamos por una galería con numerosas puertas a uno y otro lado. Entonces entramos a mi amplia habitación, amueblada con una cama de metal al viejo estilo, cubierta de un grueso edredón de plumas. A su lado había una mesa de noche cubierta con un mantel, que tenía encima una lámpara de aceite. Junto a la ventana había un pequeño escritorio y, muy cerca de éste, una estantería con libros. Me explicó a continuación, para mi alegría, que su habitación estaba al lado de la mía. Esa noticia me hizo sentir muy segura.

Había otras dos escaleras, que conducían a las alas de los criados, ahora en desuso. Una había sido para los criados varones y otra para las mujeres. Mis padres ocuparon la habitación del ama de llaves, que estaba cerca del único lavabo de toda la casa. En otros tiempos, cuando el lugar contaba con un cuerpo de criados completo, el agua del baño se calentaba en un horno a turba de la cocina y lo subía al lavabo un ejército de criadas. Ahora, transportar las múltiples cacerolas de agua necesarias para nuestros baños semanales resultaba una ardua tarea.

Al pie de esas escaleras había otras dos habitaciones, destinadas en otro tiempo a las despensas del mayordomo y de las criadas. Una puerta conducía a un pequeño patio, donde una bomba nos proveía de agua para beber. Los toneles de lluvia recogían más agua para el resto de nuestras necesidades, y cada mañana había que llenar cubos y colocarlos junto al horno. Un largo pasillo con suelo de baldosas rojas comunicaba la cocina y las despensas con el cuerpo principal de la casa, donde estaba la sala de estar de mis padres.

Luego, cuando me puse a explorar la casa por mi cuenta, llegué a contar veinticuatro habitaciones. Sólo cuatro estaban amuebladas, entre ellas la mía y la de mis padres. Los cuartos más pequeños y polvorientos, ahora despojados de todo mueble, habían sido para los criados.

En Cooldaragh no sólo no había electricidad ni agua corriente (toda la casa se iluminaba con lámparas de aceite y con velas), sino que el autobús únicamente hacía un recorrido entre Cooldaragh y la ciudad, partiendo por la mañana y regresando después de las seis de la tarde. Se acordó que sería una alumna semiinternada en la escuela, es decir, que cenaría junto a los alumnos internados mientras esperaba a que llegase el autobús.

Una vez nos hubimos instalado, mi madre tuvo que llevarme a comprar un uniforme nuevo con el cual regresar al instituto Coleraine. Aunque me alegraba la idea de volver, yo ya no era la niña feliz y confiada que habían conocido, sino que me había vuelto mucho más retraída. Como había pasado bastante tiempo y los maestros no habían visto el proceso gradual que se había operado en mí, no parecieron darle mayor importancia al cambio.

Para mi alivio, mi padre se ausentaba casi todos los fines de semana, «trabajando horas extra», según me informaba siempre mi madre. Esos días, mi madre y yo almorzábamos con la señora Giveen en su comedor. Al igual que su sala de recepción, el comedor estaba amueblado con antigüedades y su aparador de caoba estaba repleto de vajilla de plata. Nos sentábamos a la mesa brillantemente pulida, que era lo bastante grande como para acomodar a diez personas. Mi madre, que nunca había sido demasiado buena cocinando, se las componía para preparar carne asada los fines de semana. Pensándolo en la distancia, supongo que mi padre se alejaba de allí deliberadamente, pues la señora Giveen pertenecía a una clase en extinción, la aristocracia de Irlanda del Norte. Mi padre siempre se había sentido intimidado por este tipo de gente, mientras que mi madre se sentía cómoda en su compañía. Creo que en su interior se engañaba a sí misma pensando ser una amiga de la anciana, y no su ama de llaves.

La señora Giveen tenía más de ochenta años y emanaba de ella un aura de orgullo y dignidad. Intuitivamente supe que estaba sola. Compartíamos ese lazo que existe tan a menudo entre los muy jóvenes y los muy ancianos. Después de comer, ayudaba a mi madre a recoger la vajilla para luego lavarla en el profundo fregadero blanco de la despensa de las criadas. Luego iba a los terrenos que rodeaban la casa con todos los perros. Jugaba en los arbustos de rododendro, que eran lo bastante altos como para mantenerse derechos por sí solos, o visitaba a los peludos y diminutos ponis. Si les daba golosinas me permitían acariciar sus blandos hocicos y sus crines.

Me sentí a salvo aquellos días debido al sitio donde dormía. Mi padre no se atrevía a acercarse a mí con el dormitorio de la señora Giveen justo pared de por medio.

Los días lluviosos me dedicaba a explorar la casa. La señora Giveen tenía armarios llenos de objetos de las guerras americanas y siempre disfrutaba hablando de su abuelo y mostrándome sus recuerdos.

Otros días llevaba un libro a la amplia cocina, siempre impregnada del delicioso aroma de los diversos panes y pasteles que horneaba mi madre. Allí todo se cocinaba en el viejo horno de turba. Antes de sumergirme en aventuras con «Los

Cinco» o nadar con los célebres *Los niños del agua*, me encargaban varias tareas. Me enviaban fuera a traer de la bomba cubos con agua para beber, recogía turba para el horno y cestas de troncos para las chimeneas de nuestras habitaciones. Si hacía buen tiempo, lo que durante el invierno de Irlanda del Norte no era demasiado frecuente, me dirigía a los bosques, donde recogía ramas caídas grandes y pequeñas para alimentar los fuegos, que almacenábamos detrás del horno para que se secasen y luego empleábamos como leña. Mi madre había leído en alguna parte que el té hecho a partir de hojas de ortiga tenía propiedades medicinales, de modo que, armada de guantes de jardinería, llené varias cestas con la mala hierba verde, que luego mi madre hirvió a fuego lento en el horno, inundando la cocina de un olor acre.

Las mañanas invernales en que iba a la escuela, mientras me abría paso a la luz de las velas por los pasillos en busca de agua para bañarme, podía oír el paso de los ratones huyendo de mí a toda prisa. No me asustaban, aunque su presencia me fastidiaba un poco porque por su culpa era necesario poner todas las sobras de comida en latas o tarros. Una mañana vi que mi padre había dejado un paquete de azúcar fuera tras regresar tarde a casa. Sentado junto al paquete había un ratón gordo con ojos pequeños y brillantes, moviendo nerviosamente sus bigotes. Lo perseguí y, en el proceso, cayó al suelo el resto del azúcar. Por más que Cooldaragh poseía un ejército de gatos, cada mañana aparecían nuevos excrementos de ratón y mi tarea era limpiarlos.

Pasó la Pascua y mejoró el clima. Entonces pude volver a pasar buena parte del tiempo explorando los bosques con los perros. Caminaba por el suelo alfombrado de hojas, recibiendo el calor de los rayos del sol que brillaban por encima del nuevo follaje verde y me deleitaba con el alegre canto de las aves que custodiaban, a la espera de ser padres, sus nidos repletos de huevos. *Scamp,* que se había quedado ciego, era demasiado viejo para estos paseos, pero los otros tres perros me acompañaban felices, corriendo carreras a mi lado y excavando en la tierra. *Judy* a menudo me abandonaba, partiendo entusiasmada a la caza de conejos. *Bruno*, cuando yo le ordenaba «Tráela», iba por ella y la traía de regreso.

Entre la plantación de árboles de Navidad y el bosque corría un arroyo. Allí me detenía para buscar huevas de rana, agitando el agua con una ramita para ver si existía alguna forma de vida oculta en el barro. Mi paciencia se veía a menudo recompensada con la presencia de pequeñas ranas que acababan de dejar su etapa de renacuajos, o con la de sapos que se escondían entre las matas de hierba salpicadas de onagras.

Temprano, por la tarde, solía salir de paseo con la señora Giveen para darles golosinas a los ponis. Ellos siempre sabían a qué hora iríamos y nos esperaban pacientes junto a la cerca. De regreso a casa, ayudaba a mi madre a preparar la cena, que debía estar lista antes de que mi padre llegara del trabajo. Yo llevaba la bandeja de la señora Giveen a su comedor y luego regresaba a la cocina para comer con mis padres.

Durante aquellos meses mi padre casi no me dirigió la palabra. Con todo, me era posible sentir su mirada siguiéndome atenta, aunque por lo general él me ignoró y yo lo ignoré a él.

Aquél fue un interludio pacífico en mi vida; un interludio que, a medida que pasaba el tiempo, supuse que duraría para siempre. Pero ¿era eso posible?

El día en que comenzaron las vacaciones escolares de verano, descubrí al despertar que en la casa flotaba un silencio espectral. Sentí que algo no iba bien en el preciso instante en que descendí por las escaleras de servicio hasta la cocina. Mientras preparaba el desayuno, mi madre me explicó que la señora Giveen había muerto tranquilamente durante la noche. Me habló con gran delicadeza, consciente del cariño que yo le tenía a la anciana. Un sentimiento de desolación me recorrió, pues yo sabía que había sido mi amiga y, aunque ella lo ignorase, mi protectora. Quise decirle adiós, de modo que bajé hasta su dormitorio, donde ella yacía en su cama con los ojos cerrados y una venda que iba desde su barbilla hasta lo alto de su cabeza. No me asustó ver por primera vez a una persona muerta, pero sabía perfectamente que la señora Giveen ya no estaba allí. Los perros guardaron silencio ese día. Parecían sentir, como yo, que habían perdido a una amiga. Aquella tarde les di sus golosinas a los ponis, acaricié sus crines y hallé algo de consuelo en su solemne mirada.

No recuerdo el funeral ni la visita de sus parientes, pero sin duda ambas cosas debieron de suceder. A la única que recuerdo es a su nuera, quien permaneció en la casa unas pocas semanas, sobre todo a fin de hacer un inventario de la casa y de todas sus antigüedades. Era una mujer simpática y encantadora, que siempre olía a perfume. A menudo me invitaba a su habitación, que estaba enfrente de la mía, y me obsequiaba con pasadores y cintas para el pelo. En una ocasión me fascinó trayéndome desde Londres un vestido de tartán. Mi madre, que tenía amplia experiencia como modista, me confeccionó además mi primera chaqueta de franela gris. Al mirarme al espejo me sentí muy orgullosa de mi nuevo aspecto, mucho más adulto. Deseé entonces vestir esas prendas cuando la joven señora Giveen me llevase a la iglesia.

Fue durante su visita cuando el servicio religioso dominical fue interrumpido por la aparición de un pequeño murciélago, que se presentó de pronto batiendo sus alas y descendió en picado sobre nuestras cabezas. Para mí era sólo un ratón volador. Para la congregación, era una criatura que inspiraba terror. El servicio dominical se interrumpió y yo no dejé de sorprenderme de las cosas que podían asustar a los adultos.

Aquélla era la primera vez que veía a mi madre disfrutando de la compañía de otra mujer de edad similar a la suya. Instintivamente, yo siempre había sabido que a ella no le agradaba estar ni con mi abuela paterna ni con mi tía. Mi madre, la joven señora Giveen y yo nos sentábamos a menudo en el jardín junto a la casa para tomar el té de la tarde al estilo inglés. Mi madre sacaba el carrito del té cargado con bocadillos de huevo y berro delicadamente cortados, o jamón cocido en casa a finas tajadas. También llevaba bollos recién horneados con mermelada y nata, seguidos de pastel de frutas, todo ello acompañado de té, que traía en una tetera de plata y servía en tazas de porcelana. Mi madre y la joven señora Giveen conversaban mucho aquellos días, y yo me sentía muy adulta porque me incluían en sus charlas.

Pero el día que yo más temía llegó. El día en que la joven señora Giveen me dijo que debía regresar a su casa en Londres. Antes de marcharse me dio un regalo.

–Antoinette –me dijo–. Sé que pronto será tu cumpleaños. Disculpa que no pueda estar aquí, pero te he traído un pequeño obsequio.

Me entregó un pequeño medallón de oro con una cadena, que me colgó al cuello.

Ahora que la propiedad estaba vacía, supongo que mi madre sintió que pasaba a ser la señora a cargo de aquella casa. Y durante el siguiente año, sin duda, lo fue.

CAPÍTULO 10

El brillo dorado de los rayos del sol acariciaba mis párpados, forzándolos a abrirse. Medio dormida, parpadeé recorriendo la habitación con la mirada. El sol iluminaba mi nuevo vestido de tartán, colgado detrás de la puerta, y acentuaba los rojos y azules de los cuadros escoceses dándoles el aspecto de auténticas joyas.

Una punzada de nerviosismo me indicó que era mi décimo cumpleaños. Aquel día debía de ser mi primera fiesta, y esperaba que viniesen las catorce niñas de mi clase. Al enterarse de que mi madre había estado de acuerdo con ello, mi padre nos informó de que se pasaría el día jugando al golf, brindándome así un regalo muy especial: su ausencia. Se trataba de mi día y pasé la mitad de éste a solas con mi madre. Mi padre no podía quedarse allí y nublar la alegría de un día que yo consideraba mío.

Mis ojos se detuvieron en el medallón y la cadena de oro que la joven señora Giveen me había regalado y, apesadumbrada, deseé que tanto la señora Giveen como su nuera vinieran a visitarme. Mi madre me había dicho durante las vacaciones de verano que aquel año podría hacer una fiesta. Repasé en mi memoria el momento en que había entregado las invitaciones en la escuela. Todas las niñas de la clase habían aceptado y me entusiasmaba la perspectiva de mostrarles mi hogar. Pues en mi mente, al igual que en la de mi madre, Cooldaragh era mi hogar.

Los perros y yo siempre terminábamos nuestros paseos en la plantación de árboles de Navidad, donde yo creía que los jóvenes Giveen escogían cada año su propio árbol para luego trasladarlo al enorme salón. Me los imaginé subidos a una escalera para adornarlo, vestidos con ropas de lo más formales, similares a las que yo había visto en tantas fotos antiguas teñidas de sepia que decoraban el vestíbulo. Me los imaginaba en las mañanas navideñas frente al fuego de la chimenea abriendo sus regalos mientras los criados permanecían en un segundo plano esperando que continuase el gran día.

Recostada en mi cama, me estiré deseando quedarme allí unos instantes más. Eso era Cooldaragh y yo quería compartirlo con mis compañeras. Deseaba que ellas sintiesen la misma magia que yo.

La voz de mi madre llamándome en las escaleras interrumpió mis fantasías. Me puse mis ropas viejas, que estaban dobladas sobre la silla de mi dormitorio, y bajé en su busca. El aroma delicioso del horneado inundaba el pasillo, lo que me indicó que ella ya había empezado a trabajar.

Yo sabía que la tarta, glaseada en rosa y con diez velitas blancas que formaban las palabras «Feliz Cumpleaños», había sido preparada por mi madre el día anterior. Cuando entré a la cocina vi varias hileras de pequeñas tartitas enfriándose en los estantes. A su lado estaba el codiciado cuenco, que sin duda podría lamer después del desayuno una vez que el glaseado frío, salpicado de increíbles colores, fuese derramado sobre las tartas.

La mesa estaba puesta para dos. En el centro había una tetera cubierta de un tejido para que conservase el calor, huevos marrones en hueveras blancas, un plato a cada lado y, junto al mío, una pequeña pila de paquetes.

–¡Feliz cumpleaños, cariño! –me dijo mi madre y me saludó con un beso.

Pensé que aquél sería un día perfecto. Al desenvolver los regalos hallé un par de zapatos nuevos que me obsequiaban mis padres, negros, brillantes y con un pequeño cordón que cruzaba el empeine. Mis abuelos irlandeses me habían regalado un jersey de punto tradicional escocés[1]. Mi abuela inglesa me envió tres libros de Louise M. Alcott: *Mujercitas, Hombrecitos* y *Los muchachos de Jo*, que deseaba tener hacía bastante tiempo.

Devorando con placer mi desayuno mientras le pasaba subrepticiamente las sobras a los perros, me alegró que fuese un día soleado, tener a mi madre para mí sola y estar rodeada de regalos. Había esperado la fiesta durante toda la semana. Me imaginaba enseñándoles mi casa a las niñas de la escuela. Las imaginaba impresionadas pensando que yo era afortunada por vivir en un sitio así. La idea misma de invitar a mis compañeras me había dado más ganas de reiniciar las clases tras las extensas vacaciones de verano. Pues si bien las vacaciones eran divertidas, también eran solitarias. Una vez que la joven señora Giveen se marchó, sentí una sensación de aislamiento que la compañía de los perros nunca llegaba a disipar. Vestida con pantalones cortos, una camiseta y calzado de lona, pasaba los días explorando la propiedad junto a *Judy* y los demás perros. Portando una pequeña botella de zumo concentrado y algunos bocadillos, a menudo me ausentaba durante casi todo el día, regresando con pequeñas ramas secas que utilizaba para encender el horno de la cavernosa cocina. Las tareas diarias que me habían sido encargadas me agradaban, y ahora que ya era un poco mayor, incluían serrar las ramas de los bosques para obtener leños. Pero lo cierto es que rara vez veía a otras personas y casi no salía de la propiedad de Cooldaragh, por lo que había perdido el contacto con los demás niños. No había ninguna granja vecina y las tiendas más cercanas estaban en Coleraine, accesibles sólo cogiendo el servicio de autobús que pa-

1. En el original inglés, *Fair Isle Jumper*: «Fair Isle» se refiere a una técnica de tejido. Originada en la isla de ese nombre en el norte de Escocia, la técnica tradicional de punto «Fair Isle» crea patrones con múltiples colores. Ganó popularidad cuando empezó a ser utilizada por el príncipe de Gales, luego Eduardo VIII. *(N. del T.)*

saba dos veces al día, de modo que era inusual que saliésemos de allí. En su lugar, dependíamos de la leche de nuestra vaca y de la furgoneta con provisiones que pasaba dos veces por semana.

Con todo, las vacaciones de verano habían producido un acercamiento entre mi madre y yo, pues sólo contábamos la una con la otra para hacernos compañía. En los días lluviosos nos sentábamos tranquilas en la cocina, abríamos la puerta del horno y nos dábamos festines con bollos y tartas caseras. Yo me perdía entre las páginas de un libro, ella se sumergía en su tejido de punto. El constante chasquido de sus agujas producía un sonido de fondo sedante mientras ella, con la cabeza inclinada hacia delante, se concentraba en la creación de cada prenda.

Para mi regreso a la escuela ya me había hecho un jersey color verde oscuro de cuello en V con borde blanco y negro. En otras ocasiones colocaba alguno de mis calcetines de lana sobre una madera con forma de seta para remendar los agujeros que aparecían cada tanto, o trabajaba sobre una falda que había que rebajar hasta que ya no quedaba dobladillo libre. Yo, por mi parte, siempre debía hacer tareas escolares suplementarias, pues en mi colegio solían encargar proyectos especiales para las vacaciones.

Tras desayunar y ayudar a mi madre con el glaseado de las tartas, salí con los perros. Mi madre me advirtió que no me alejara demasiado, pues tenía que estar a tiempo para prepararme para la fiesta. Por eso no me dirigí a los bosques, sino que fui a saludar a los ponis. Después de abrazarlos y darles las golosinas que guardaba en un bolsillo, emprendí el regreso.

El sol dotaba a los ladrillos rojos de la casa de un brillo tenue y cálido cuando entré al patio por la puerta trasera en dirección a la cocina. Ya había palanganas de agua calentándose en el horno, esperando a que las subiera para bañarme. Tuve que hacer tres viajes hasta que la bañera tuvo la profundidad suficiente.

Me vestí con los regalos de la joven señora Giveen. Primero mi madre me puso por la cabeza el vestido largo a cuadros escoceses y abrochó las hileras de botones en la espalda. Luego me puse los nuevos zapatos negros, coronados con los calcetines blancos. Por último, mi madre me colocó al cuello el medallón de oro. Me cepilló los cabellos recién lavados y luego me los recogió detrás de la cabeza y los sujetó con un pasador. Espiando al espejo, me observé por unos segundos, satisfecha con mi imagen.

Media hora antes del momento en que esperaba a las niñas, me detuve en los escalones de entrada de la casa con los ojos fijos en el camino, esperando a que llegase el primer coche. Los perros descansaban cerca, intentando hacerme compañía y presintiendo que algo sucedía. Al igual que yo, tenían la mirada clavada en la entrada. Unos minutos después de la hora escrita en las invitaciones, una caravana de coches negros se abrió paso por el camino de tierra, levantando polvo a medida que se detenían frente a los escalones donde yo esperaba, sintiéndome tan dueña de la casa como mi madre. Se abrieron las puertas, dejando salir a varias preadolescentes pulcramente vestidas, todas sujetando paquetes hermosamente envueltos. Tras comunicarle a mi madre que las recogerían a todas a las seis y media, sus padres se marcharon.

Mi madre nos trajo jarras de zumo concentrado mientras nos sentábamos en la hierba con mi montón de regalos. Las niñas me miraban con ojos ansiosos mientras yo abría los paquetes. Algunos contenían cajas de golosinas que nos íbamos pasando entre risillas hasta que mi madre, que no deseaba que estropeásemos nuestro apetito, las llevó dentro. En otros paquetes había pasadores y lazos para el pelo. Una caja con una nueva pluma estilográfica me produjo un suspiro de placer, al igual que otra que contenía un diario personal encuadernado en rosa, diario en el que jamás escribiría nada pues, después de aquel día, me pareció que no tenía nada acerca de lo cual escribir. Pero al comienzo de aquella tarde, rodeada de mis compañeras, con el sol arrullándonos con su calor, yo ignoraba lo que iba a suceder.

Mi madre me ayudó a recoger los regalos y me dijo que les mostrara la casa a mis amigas. No tuvo que convencerme para ello. Las conduje al salón donde, al señalarles todos los recuerdos de Estados Unidos, noté un cambio en el ambiente. Se produjo un susurro, un extraño murmullo, una risa de sorpresa y, de pronto, vi a mi amado Cooldaragh a través de sus ojos. En lugar de la majestuosidad que yo les había descrito tan a menudo, observé las chimeneas clausuradas con periódicos amontonados en su interior para evitar las corrientes de aire, las telarañas colgando en los rincones, las polvorientas alfombras sobre las escaleras que conducían a las habitaciones sin amueblar del piso superior. En el comedor sentí que sus ojos se detenían en la ahora sucia platería, que no había vuelto a ser pulida desde la muerte de la señora Giveen. Vi las cortinas raídas que llevaban tantos años en su sitio y presté atención a las lámparas de aceite que había sobre el aparador, y les conté que toda esa inmensa reliquia de una era pasada carecía de electricidad.

—¿De dónde sacarán entonces el agua caliente? —oí que susurraba una de las niñas.

Mis compañeras vivían en casas individuales con jardines ornamentados, muebles modernos y platería reluciente. Provenían de hogares donde sus asistentas eliminaban a toda prisa todo rastro de polvo y donde un baño diario era algo que se daba por sentado. Eran incapaces de descubrir la misma magia que yo. Sólo podían ver un edificio abandonado. Con el infalible instinto que poseen los niños, sumaron esa imagen a la información que ya habían deducido de las palabras de sus padres. Sabían que mi madre era una portera. Sabían que yo no era hija de una familia de profesionales de clase media y eso hizo que me separasen de ellas.

Sentí otra vez aquella distancia entre nosotras y tomé conciencia de ser una extraña. La emoción que las había conducido allí ese día no era la amistad, sino la curiosidad. La amistad en la que yo tanto había deseado creer insistía en esquivarme. Sentí como si una lámina de cristal se hubiese interpuesto entre ellas y yo. Mirando a través de una ventana cómo mis compañeras se reían y conversaban, lo único que pude hacer fue imitar su charla y copiar sus risitas. Yo estaba del otro lado, observando la fiesta de alguien más y contemplándome a mí misma.

Aquella tarde jugamos a diversos juegos. Con tantas habitaciones, el escondite fue el juego preferido, pero cuando fue mi turno de esconderme, supe que no se esforzarían tanto por hallarme como cuando buscaban a alguna de sus amigas. Pude sentir su unión mientras esperaban apiñadas a los coches que las sacarían de allí para llevarlas de regreso a sus impolutos hogares.

La profusión de bocadillos, gelatinas de fruta y pequeñas tartas glaseadas de mi madre fue recibida con entusiasmo y digerida con zumo. La tarta de cumpleaños se colocó en la mesa antes de ser cortada. Se me dijo que soplara todas las velitas, y que si conseguía apagarlas todas de una vez podría pedir un deseo. Reuniendo tanto aire en mis pulmones como me fue posible, soplé manteniendo los ojos fuertemente cerrados. Oí un aplauso y los abrí. Todas las velitas estaban apagadas, de modo que, volviendo a cerrar con fuerza los ojos, formulé mi deseo.

«Quiero agradarles, quiero que sean mis amigas», pedí y cuando abrí los ojos, por un instante, pensé que mi deseo se había hecho realidad.

Ahora, pensé, sería un buen momento para invitarlas con las golosinas que me habían regalado. Pero cuando fui al sitio donde estaban mis regalos descubrí, para mi inmensa decepción, que ya no quedaba ninguna. Sin duda se las habían comido cuando jugábamos al escondite, mientras yo, de cuclillas en una de las polvorientas habitaciones vacías, había pasado tanto tiempo esperando a que me hallasen. Sin saber qué decir, miré a mi madre.

–Cariño –dijo ella riendo–, debes aprender a compartir.

La vi intercambiar miradas conspirativas con las niñas y supe que tanto ella como mis compañeras se reían de mí. Observé los rostros sonrientes que me rodeaban y la sensación de aislamiento volvió a acecharme.

Cuando la fiesta llegó a su fin, permanecí en los escalones de entrada de Cooldaragh mirando a mis «amigas» marcharse en una caravana de coches, tras agradecerme educadamente la invitación y brindarme vagas promesas de invitarme a sus hogares. Como quería creerles, me permití hacerlo y saludé feliz a los coches que se marchaban hasta que el último se perdió de vista.

A las siete en punto apareció mi padre. Un padre cuyo rostro sonrojado me indicaba que había estado bebiendo. Tenía la mirada fija en mí y quise irme, escapar, pero al igual que siempre sus ojos me mantuvieron firmes en mi sitio.

Mi madre, con un tono de voz más agudo que el habitual, señal que delataba su nerviosismo, me pidió que le mostrase a él mis regalos.

–Mira lo que le han regalado, cariño.

Se los mostré uno a uno.

–¿Qué? ¿No hay golosinas? –inquirió viendo la respuesta en mi expresión–. ¿No has guardado ninguna para tu papi?

Estudié su rostro. ¿Era acaso quien lo preguntaba el padre jovial que podía ser engatusado, o acaso el otro?, me pregunté con un nudo de temor formándose en mi estómago.

El último regalo que le mostré fue la pluma, negra con una pinza plateada. A medida que la sostenía para que la inspeccionase, sentí el miedo en mi mano y supe por su sonrisa que también él lo había notado.

–¿Dónde está la otra pluma, la que te dimos tu madre y yo? –preguntó y con el corazón hundido comprendí que aquella noche no era el padre jovial.

–En mi cartera de la escuela –fue todo cuanto pude tartamudear.

Él emitió una risa incómoda.

–Bien, pues entonces ve a buscarla. No necesitarás de ningún modo tener dos.

–Sí que la necesito –protesté–. Necesito una de recambio, es por eso que Marie me regaló ésta.

Ante mis ojos, mi padre pareció inflarse como los sapos que yo había visto en el bosque. Tuve la sensación de que se le hinchaba el pecho y sus ojos se inyectaban de sangre. Distinguí el revelador temblequeo en su boca y, demasiado tarde, me arrepentí de haberle llevado la contraria.

–No deberías discutir conmigo, mi niña –rugió mientras su mano asía el cuello de mi vestido y me arrancaba de la silla.

Me lanzó contra el suelo y quedé sin aire. Sus manos rodeaban mi garganta y apenas podía escuchar los gritos de mi madre.

–¡Cariño, detente, vas a matarla!

Mis manos forcejeaban con las suyas intentando aflojar los dedos que me apretaban el cuello mientras luchaba por respirar y mis piernas se sacudían inútilmente en el suelo.

–Tú haz lo que yo te digo, mi niña –lo escuché rugir.

Entonces, en medio de las súplicas de mi madre, sentí que apretaba con menos fuerza.

Me incorporé, mareada y desorientada.

–¡Aléjala de mi vista! –le gritó a mi madre–. ¡Llévala a su habitación!

Sin pronunciar ni una palabra, ella me cogió de un brazo, me empujó por el pasillo y luego escaleras arriba. Entonces, por fin, me soltó ordenándome que permaneciese allí.

–¿Por qué siempre tienes que fastidiarlo? Ya sabes que tiene mal carácter –me dijo. Parecía agotada–. ¿No puedes intentar mantener la paz, aunque sólo sea por mí?

Distinguí una especie de súplica en su voz y comprendí que ella estaba tan asustada como yo.

Más tarde mi madre regresó a mi habitación donde, todavía confundida, yo intentaba calmarme sumergiéndome en *Mujercitas*.

Nuestros ojos se encontraron y supe que la protección que había sentido cuando las dos señoras Giveen estaban presentes se había esfumado. No me cabía duda de que mi madre había escogido seguirle la corriente a mi padre, y que yo había quedado relegada a ser la niña problemática.

–Intenta no volver a enfurecer a tu padre, Antoinette –fueron sus únicas palabras antes de retirar de mi cuarto la lámpara de aceite y marcharse.

Cerré los ojos. Como ya no podía leer, mi mente inventó una historia. Una historia en la que yo volvía a ser amada, me rodeaban muchos amigos y me invitaban a montones de fiestas.

Otra vez en la residencia para enfermos terminales, me preparé un café y encendí un cigarrillo mientras intentaba detener el flujo de recuerdos, pero Antoinette, el fantasma de mi infancia, todavía estaba allí. Volví a escucharla:

–Toni, recuerda por ti misma, recuerda la verdad.

Creía haber saldado todas las deudas con el pasado, pero el rostro de Antoinette no cesaba de regresar y atormentarme. Hacía ya varios años que había destruido todas las fotografías, imágenes que mostraban la vida de la niña que fuera alguna vez, pero ahora todas ellas volvían a aparecerse ante mí.

La vi como la pequeña niña rechoncha con el pelo rizado y mirada brillante, sonriendo confiada a la cámara, sentada con las piernas cruzadas, con sus regordetas y pequeñas manos apoyadas sobre una rodilla. En esa fotografía vestía su vestido favorito, fruncido por su madre.

Pocos años más tarde, llevaba un vestido a cuadros, demasiado corto para su delgada figura, carecía de calcetines y sus sandalias eran de segunda mano. Sus ojos vacíos dejaban ver oscuras ojeras cuando me miraba. Permanecía en el césped de Cooldaragh sosteniendo a *Judy*, con sus otros amigos, los perros, a sus pies.

En otra fotografía ella estaba junto a los rododendros de Cooldaragh con la madre a la que tanto quería. No había fotos de ella con otros niños o amigos.

Forcé las imágenes mentales a alejarse y volví junto al lecho de mi madre. Mientras cerraba los ojos, me descubrí volviendo atrás en el tiempo y recordando a la niña desgraciada y solitaria que había vivido en Cooldaragh. Una niña cuyo cumpleaños se había visto estropeado, no sólo por la brutalidad de su padre y la indiferencia de su madre ante su apremiante situación, sino también por su incapacidad de interactuar y relacionarse con sus semejantes. Recordó el modo en que las había visto como si fuese a través de una ventana, jugando, riendo y charlando. La niña sólo las imitaba en un intento de sumarse a ellas.

Era demasiado tarde para que ella pudiera sentirse su igual. Su infancia ya había concluido. En su décimo cumpleaños, ella sabía que toda felicidad que pudiese sentir sería apenas una ilusión momentánea.

Sentada ante el lecho de mi madre, recordé un acto de sigilosa rebelión que llevó una agria sonrisa a mi rostro. Había ocurrido apenas después de mi cumpleaños y dejaba en claro que la niñita podía sentir ira y que no era del todo una marioneta.

En Cooldaragh todas las chimeneas que no se utilizaban estaban bloqueadas con papel de periódico, no sólo para impedir que penetrase el frío, sino también para que no se colasen aves ni murciélagos. Cuando iba a por agua al atardecer, a menudo había visto a los murciélagos descender en picado por los alrededores de la casa, explorando su mundo invisible a medida que oscurecía.

Observándolos, recordé aquel día en la iglesia en que el sonido de la campana había perturbado a uno de los murciélagos. Había sido testigo del terror que su vuelo a ciegas provocó en la sección femenina de la congregación.

Elegí la noche con sumo cuidado, sabiendo que cuando mi padre cogía su coche en dirección a Coleraine un viernes por la mañana, siempre regresaba a casa tarde y borracho. Yo conocía bien la rutina de mi madre en tales ocasiones. Cuando por fin desistía de esperarlo, avanzaba por el largo pasillo que iba desde nuestra sala de estar hasta la cocina, sosteniendo una vela para iluminar sus pasos. Allí llenaba una tetera antes de subir por la escalera de servicio hasta su dormitorio.

Aquella noche, sabiendo que mi madre pensaría que yo estaba dormida, me levanté de mi cama furtivamente, decidida a que los murciélagos tuviesen el máximo acceso posible a la casa. Hice agujeros en los periódicos que llenaban las chimeneas y, después de hacerlo, abrí la puerta trasera de modo que sólo el pequeño patio separase a la casa de los establos abandonados donde estaban los murciélagos.

Con paciencia me puse de cuclillas en lo alto de las escaleras de servicio, esperando a mis visitantes nocturnos, los instrumentos de mi pequeña venganza. Fui recompensada. Un valiente ratón volador entró volando bajo por la puerta trasera. Una vez que estuve segura de que había entrado lo suficiente dentro de la casa, descendí la escalera a gatas con los pies descalzos y cerré la puerta sigilosamente.

A medida que la puerta de la sala de estar de mis padres se abría divisé un brillo anaranjado. Entonces llegó el parpadeo de la vela encendida que le alumbraba el camino a mi madre. Oí su grito cuando el murciélago, con su sentido de radar, sobrevoló su cabeza.

Supe que mi madre estaba paralizada del miedo en aquella semipenumbra. A toda prisa bajé las escaleras y puse mis brazos alrededor de su cintura, cogí la vela de sus dedos temblorosos y la conduje de regreso a la sala de estar, donde la ayudé a sentarse en una silla. Le dije que me encontraba en el lavabo cuando la había oído gritar.

Al sentarse, con lágrimas recorriendo su rostro, cogió su vela, bajó a la cocina donde los perros dormidos casi no se inmutaron y se preparó un té. Tras poner una taza, una jarra de leche y azúcar en una bandeja en la que a duras penas pude mantener la vela en equilibrio, subí con ella a su habitación, esquivando de ese modo al murciélago. Coloqué la bandeja a su lado, en la cama, y la abracé, pues todavía amaba a mi madre.

A través de mi mirada de adulta, intenté comprender cómo había sido la vida de mi madre durante aquellos años. Entendía por qué le apetecía sumergirse en su mundo de fantasía con la «familia feliz», donde nada malo nos sucedía. Después de todo, ¿qué otra cosa tenía ella? Tras la muerte de la señora Giveen mi madre prácticamente no había tenido contacto con otra gente. Carecía de amigos o de parientes en Irlanda del Norte y también, por cierto, de independencia económica. Sin medios de transporte, su aislamiento debió de ser mayor, pues yo percibía la depresión que la agobiaba.

Una mujer actual contaría con opciones que se le negaban a mi madre. Pero de haber tenido acceso a ellas, ¿habría aceptado cambiar de rumbo? Lo que sucedió en los años siguientes me hizo ponerlo en duda.

Seguí sentada junto a su lecho, con la luz nocturna dibujando sobre su silueta un leve resplandor. Observé su cuerpo enjuto e indefenso y vi que el sueño había alisado algunas de las arrugas provocadas por el dolor. Sentí las mismas emociones contradictorias que había sentido la niñita mientras abrazaba a su madre aquella otra noche tan lejana: aturdimiento, ira y un intenso deseo de consolarla y protegerla.

CAPÍTULO 11

Ahora que todas las Giveen se habían marchado mi padre volvió a ir a mi dormitorio. Aquellos días en que él sabía que volvería a casa tarde, iba en coche hasta la ciudad. Al regresar, mi madre y yo estaríamos dormidas en sectores opuestos de la casa. Mi habitación era oscura. La única luz era la proveniente de la luna que parecía, en las noches claras, flotar fuera de mi ventana. A menudo conciliaba el sueño intentando ver el rostro amistoso y tranquilizador del hombre en la luna. Hacía ya tiempo que había perdido mi linterna de modo que, ahora que mi madre se había llevado mi lámpara de aceite, sólo me quedaba la vela que empleaba para alumbrar el camino hasta mi dormitorio. Yaciendo allí en la oscuridad, con los puños apretados, cerraba los ojos con fuerza deseando que mi padre desapareciese de allí si no los abría. Pero él siempre estaba. Yo intentaba hundirme todo lo posible bajo las sábanas y las mantas, pero entonces sentía el frío en mi cuerpo mientras él me las quitaba de encima y me subía el camisón de franela.

—Esto te gusta, ¿no es cierto, Antoinette? —me susurraba al oído.

Yo no decía nada.

—Quieres que tu papi te dé un poco de calderilla, ¿verdad? —me preguntaba.

Entonces sacaba una moneda y me la ponía en un puño. Luego se quitaba los pantalones. Siempre recordaré su olor. El whisky en su aliento, la combinación de cigarrillos rancios y sudor de su cuerpo (no usaba ningún tipo de desodorante). Se me ponía encima. Ahora que yo era un poco mayor, aunque él seguía siendo cuidadoso, podía permitirse un poco más de violencia y podía penetrarme. Sentía sus ojos perforando mis párpados cerrados. Solía decirme que abriera los ojos, pero yo nunca quería hacerlo. A esa edad, me lastimaba. Lo oía jadear antes de separarse de mí. A continuación se levantaba, se vestía a toda prisa y se iba a la cama con mi madre.

Yo me quedaba con media corona en la mano.

A medida que las visitas a mi habitación se hicieron más frecuentes, también se acentuó la violencia física. Una noche yo estaba jugando en la que había sido la sala de estar de la señora Giveen. Había ido allí sola, para estar lejos de mis padres. Entonces llegó él con un periódico y se sentó. Yo tenía un pequeño juguete sorpresa con forma de rana que había venido dentro de una galleta. Estaba sentada, sin más, jugando. Entonces sentí que mi padre me clavaba la mirada.

–Antoinette –me dijo–. Deja de hacer eso. Detente ya.

Me estremecí del pánico. El juguete voló de mi mano haciéndose pedazos al caer. Ésa era la única excusa que él necesitaba. Me alzó bruscamente y luego me lanzó de espaldas contra el suelo mientras me gritaba:

–¡Has de detenerte cuando te diga que te detengas, mi niña!

Con frecuencia, por las noches, despertaba aterrada por mi pesadilla habitual. Soñaba que caía a toda velocidad hacia las tinieblas. Entonces la presencia real de mi padre se entremezclaba con esa pesadilla. Una vez que él se marchaba, no me era fácil volver a conciliar el sueño. Al amanecer me sentía agotada y bajaba a la cocina en busca de agua caliente para bañarme. Después de noches como ésas, siempre me aseguraba de lavarme bien entre las piernas. Me resulta muy difícil acordarme de qué era lo que sentía en esas ocasiones, pero me parece recordar que sentía muy poco.

Ahora que mi padre venía a mi cuarto tan a menudo, obtenía «calderilla» con regularidad y podía volver a comprar golosinas con las cuales ganar amigos. Los niños, como los animales, perciben si alguien es débil, diferente o vulnerable.

Pese a que eran niñas criadas con amor, en ambientes donde la crueldad no era un componente habitual, mis compañeras sentían una aversión instintiva hacia mí. De este modo, durante las tardes, cuando comía con las internas de la escuela, me alejaba lo más posible de las que tenían mi misma edad. Intentaba sentarme, bien con niñas más pequeñas, con las que podía jugar, o con las mayores, que eran amables conmigo. Fuera del momento de las comidas, yo pasaba el tiempo en la biblioteca haciendo mis tareas. Sabía que no era popular, y no dudaba que los profesores también lo intuían. El personal de la escuela me trataba bien aparentemente; sin embargo yo podía percibir cierta indiferencia. A la edad de diez años, yo había abandonado las esperanzas de que la gente me quisiese.

El trayecto en autobús desde la escuela hasta mi casa duraba una media hora y yo intentaba terminar allí mis tareas, leyendo párrafos de los libros sobre los que nos preguntarían al día siguiente. Una noche, mi padre se subió en la parada siguiente a la mía. No se sentó a mi lado. Se sentó casi enfrente, de modo que podía mirarme. Me dirigió su sonrisa de papi bueno. Pero yo ya no creía que existiese algo así. Aquella tarde no pude hallar el billete del bus. Podía sentir sus ojos fijos en mí y me descompuse del pánico mientras buscaba en la cartera y en los bolsillos.

—No encuentro el billete. Por favor no se lo diga a mi padre —intenté susurrarle al chófer.

Pero éste se limitó a reír. Sabía que yo tenía un billete semanal, pues él trabajaba en el bus todos los días.

—No importa —me dijo—. Estoy seguro de que tu padre no se enfadará. Míralo, te está sonriendo. No seas tonta.

Y así era, ahí estaba mi padre sentado frente a mí, mirándome de pronto con aquellos ojos inyectados de sangre. Entonces me guiñó un ojo. Reconocí el guiño. El viaje me pareció eterno, pese a que apenas eran unos pocos kilómetros. La noche era oscura y cuando bajé del autobús hacía frío. Una vez que el vehículo desapareció en la distancia, mi padre me agarró, como yo sabía que lo haría. Me golpeó en las nalgas con una mano y con la otra me sostuvo bruscamente por detrás del cuello. Luego me sacudió con fuerza, haciéndome temblar. No lloré. No en ese momento. No grité. Hacía ya mucho tiempo que había dejado de gritar. Pero mientras me empujaba brutalmente hacia la casa, sentí que las lágrimas se deslizaban por mis mejillas. Mi madre debió de ver los surcos que habían dejado. Pero no dijo nada. Yo apenas toqué la cena, pues me hallaba demasiado afligida para comer y demasiado asustada para rehusar sentarme a la mesa. Terminé las pocas tareas escolares que me quedaban por hacer y me metí en la cama. Sabía que yo no era una niña problemática que quisiese enojar a sus padres, pero que uno de ellos buscaba cualquier excusa que le permitiese golpearme.

Aquella noche vino a mi habitación cuando aún estaba despierta. Me arrancó de encima mantas y sábanas. Noté que estaba más violento de lo habitual. Sentí terror y empecé a gritar presa del pánico:

–¡No quiero que me des dinero! ¡No quiero que me hagas nada!

Sintiendo que la histeria iba en aumento, yo seguí suplicándole:

–¡Por favor, no me lo hagas! ¡Me haces daño!

Fue la primera y la última vez que grité cuando él fue a mi habitación. Mi madre estaba en la sala de estar y me escuchó.

–¿Qué sucede? –preguntó.

–Nada –le respondió mi padre–. Estaba teniendo una pesadilla. He venido a ver qué pasaba. Ahora ya está bien.

Antes de marcharse, me susurró al oído:

–No vayas a decirle nada a tu madre, mi niña.

Unos minutos después ella vino a mi habitación, donde yo estaba acurrucada debajo de las mantas.

–Antoinette, ¿qué ha sucedido? –me preguntó.

–Nada –respondí–. Estaba teniendo una pesadilla.

Entonces mi madre se marchó. Nunca más volvió a preguntarme nada.

Otras noches oía el crujir de la gravilla cuando mi padre aparcaba su coche. Temblando de miedo, yacía inmóvil en la cama, sintiendo el chirrido de los tablones a medida que él se acercaba con paso furtivo hacia mi dormitorio. Entonces fingía estar dormida, deseando que no me despertase. Pero siempre lo hacía.

No todas las noches me dejaba una moneda, pero sí por lo menos dos veces a la semana. Después de la primera noche, cuando me había abierto el puño para depositar la media corona, empezó a colocar las monedas con gesto burlón en la jarra de porcelana de mi tocador, donde estaba colgado mi medallón de oro.

–Aquí tienes tu calderilla, mi niña –me decía.

Aquellas tardes en que él llegaba a casa temprano, yo me acurrucaba en el sofá con los perros a mis pies y abría un libro. A menudo, cuando leía acerca de niños con padres cariñosos y protectores, brotaban lágrimas de mis ojos y caían por mis mejillas, brindándole a mi padre la oportunidad que estaba esperando. Entonces me clavaba la mirada.

–¿Por qué estás llorando, mi niña? –inquiría.

Yo intentaba evitar mirarlo a los ojos, y murmuraba:

–Por nada.

A continuación, se levantaba de su silla, me asía con fuerza por el pescuezo, me sacudía y luego me golpeaba, por lo general en la zona de los hombros.

–Pues bien –añadía en voz baja–. Ahora ya tienes motivo para llorar, ¿verdad?

Mi madre no decía nada.

Después de aquello dejé de leer libros infantiles sobre familias felices. Empecé a leer los libros de mi madre. No le especifiqué las razones. Ella nunca las preguntó. Los primeros libros para adultos que leí eran de la «Saga familiar de los

Whiteoak». No eran libros alegres, pero al menos no había niños en ninguna de las historias.

Un día apareció un hombre esperándome a la salida de la escuela. Se presentó como un amigo de mi padre. Había conseguido permiso de la maestra que supervisaba a las internas para ir a tomar el té conmigo. Fui con él a la casa de té, donde me invitó a bollos, tarta y, a continuación, helado. ¡Los platos favoritos de las niñas! Me habló de la escuela. Poco a poco hizo que la conversación versase en torno a mis perros. Luego me preguntó qué me gustaba leer. Le dije que iba por la mitad de un libro de la colección «White oak» titulado *Jalna*.

–Eres muy madura para ser una niña tan pequeña si estás leyendo cosas como ésas –comentó.

Me iluminé de alegría ante su amabilidad, su evidente interés y los elogios que me prodigaba. Una vez que terminamos de comer y charlar, me acompañó de regreso a la escuela y me dijo que había disfrutado mucho de mi compañía. Me preguntó si me gustaría que pasase a buscarme en otra ocasión. Le contesté que sí.

Después de aquello me visitó varias veces. Les expliqué a mis maestras que él era un amigo de mi padre y que siempre tenía su permiso para pasarme a buscar. Llegué a esperar con ansiedad sus visitas. Sentía que le interesaba escucharme, lo que me hacía sentir madura e importante. Con él, siempre podía pedir lo que quería para comer, y parecía fascinado por mi conversación infantil. Siendo una niña a la que le prestaban tan poca atención, creí tener en él un amigo adulto, hasta el último día que lo vi.

Ese día, cuando volvíamos de la escuela, me condujo a una zona verde. Me repitió lo mucho que le agradaba mi compañía. Me explicó que le gustaban las niñas jóvenes, especialmente las que eran tan maduras como yo. Luego me clavó la mirada con los que, de pronto, parecieron ser los ojos de mi padre. Cogió unas briznas de hierba y empezó a subir y bajar sus dedos, arriba y abajo, provocativamente.

–Antoinette –me dijo–, ¿sabes qué me gustaría hacer ahora? –Yo lo sabía–. Sé que a ti también te gustaría, ¿verdad, Antoinette?

Como un conejo sorprendido por el repentino destello de los faros de un coche, me quedé inmóvil.

–Sé que lo haces con tu padre –añadió–. Dile a tu maestra, la próxima vez que yo pase a por ti, que voy a llevarte a casa. Entonces podremos pasar la tarde juntos antes de que cojas el autobús. Te gustaría hacerlo, ¿verdad?

Sólo pude asentir. Para eso era para lo que había sido entrenada.

Aquella misma noche, le hablé a mi padre acerca de su amigo. Con la cara roja de furia, me sacudió con sus brazos.

–¡No harás esto con nadie más que conmigo, mi niña! –susurró alzando los puños.

Pero en dicha ocasión los bajó sin golpearme y se marchó de mi habitación. Nunca volví a ver al amigo de mi padre y nunca llegué a saber cómo se había enterado de lo que me hacía mi padre. Sólo mi padre pudo habérselo dicho. Al parecer, incluso los monstruos sienten el peso de vivir en la mentira; incluso ellos deben contar con alguien que conozca y acepte a la persona real.

Mi vida en Cooldaragh prosiguió durante un par de meses más. Entonces mi madre irrumpió una mañana con la noticia de que la casa había sido vendida y, una vez más, deberíamos mudarnos, ahora al otro lado del mar de Irlanda, a Kent. Tanto ella como mi padre necesitaban trabajar, me explicó, pues ahora que ya no podríamos vivir sin pagar alquiler los ingresos de mi padre no alcanzarían por sí solos para mantenernos. Mi madre creía que a ella le sería más sencillo conseguir un empleo en Inglaterra.

Entonces mi madre me dijo que en los dos años que habíamos pasado en Cooldaragh había logrado ahorrar el dinero suficiente para pagar el depósito de una casa. Las severas arrugas que habían aparecido en su boca durante los últimos años parecieron suavizarse cuando me lo contaba, pues por fin veía que su sueño de poseer una casa propia podía volverse realidad.

Vi el entusiasmo en su rostro, pero no pude compartirlo porque a esas alturas ya me había encariñado con Cooldaragh.

CAPÍTULO 12

A la ansiedad que me causaba el hecho de marcharme de Cooldaragh, se sumaba que mi madre me había dicho que no viviría con ella ni con mi padre cuando nos mudásemos. En su lugar, sería enviada con mi abuela a Tenterden. Ya se habían hecho planes para que yo asistiese a la escuela local de esa ciudad. Si bien me aseguraron que aquél sería un arreglo temporal hasta que mi madre y mi padre diesen con una casa para todos nosotros, sentí que estaba siendo abandonada. La vida familiar podía ser terrible, pero ser dejada al cuidado de extraños me parecía todavía más aterrador.

Lejos de afligirle la perspectiva de alejarse de mí, mi madre sólo parecía preocupada por tener que encontrar un nuevo hogar para *Bruno*, su perro favorito. Iba a trasladarlo al sur de Irlanda, donde vivía la hija de la señora Giveen.

Para acentuar mi pena, mis padres decidieron que *Sally*, aunque parecía muy feliz con nosotros, fuera sacrificada. Con paciencia, mi madre me explicó que la perrita nunca se había recuperado de sus tempranos sufrimientos. Su salud se había resentido y mi madre dijo que sería injusto buscarle un nuevo hogar.

Con lágrimas en los ojos le pregunté por *Judy* y los gatos. Los gatos permanecerían en Cooldaragh, mientras que *Judy* se quedaría con un granjero vecino hasta que estuviésemos todos instalados.

Me sentí devastada por tener que marcharme de Cooldaragh y de la única escuela en la que había sido feliz. Sentí que toda mi vida quedaba atrás al despedirme de mis mascotas en medio del llanto. El primero fue *Bruno*, quien se marchó alegre en el coche de su nueva ama. Permanecí al final del camino observando cómo el coche desaparecía a lo lejos, deseando que ellos lo quisiesen tanto como lo había querido yo.

La segunda despedida, mucho más terrible, fue la de *Sally*. Sentí que me embargaba una pena casi intolerable cuando ella, creyendo que iba de paseo, saltó confiada dentro del coche de mi padre. Me acerqué a la ventana para acariciarla por última vez, intentando que *Sally* no viese las lágrimas que me hacían un nudo en la garganta. Sabía que aquélla sería su última visita al veterinario, pues así me lo había explicado mi padre aquel mismo día.

Recuerdo el dolor que sentí y me pregunto por qué un hombre que era un mentiroso tan experto tuvo que decirme la verdad aquel día. Debí asumir que la verdad también provenía de mi madre. ¿Qué importancia hubiera tenido una pequeña mentirijilla para protegerme, si en aquel entonces toda nuestra vida familiar estaba basada en mentiras? Aunque mi madre intentó consolarme, no pudo hacerme sentir nada mejor. Yo estaba convencida de haber enviado a la muerte a una de mis amigas.

Durante las pocas semanas siguientes ayudé a mi madre a llenar nuevamente los baúles y preparé la maleta que llevaría conmigo a casa de mi abuela, a la que no recordaba en absoluto. Como sólo podía llevar una maleta pequeña, algunas de mis posesiones más preciadas debieron quedar fuera. *Jumbo* fue la primera baja.

Unos días antes de la fecha en que teníamos que marcharnos, todas nuestras pertenencias fueron recogidas para conducirlas a un depósito. Al día siguiente mi padre llevó a *Judy* con el granjero. Yo quería ir con ella, pero el temor de estar a solas con mi padre superó mis deseos de acompañarla. Le di unas palmaditas, la abracé cuando subía al coche y ella, percibiendo mi pesar, sencillamente me lamió la mano.

Mientras permanecía de pie, observando cómo el coche se alejaba, me sentí completamente sola. Todos mis amigos se habían marchado. Sabía que también mi madre estaba triste, pero esta vez sentí poco cariño por ella, sólo un embotado resentimiento.

Llegó el día en que cargamos nuestras escasas posesiones personales en el coche y mis padres y yo, apretujada en el asiento trasero, iniciamos el camino hacia el ferry de Belfast, que nos conduciría a Liverpool. Desde allí, tras doce horas de travesía, proseguiríamos nuestro recorrido hasta Kent. En esta ocasión, después del viaje, al llegar a Liverpool, no sentí el menor entusiasmo, sólo una sorda tristeza.

Intenté leer durante la siguiente etapa, el largo trayecto en coche hasta Kent, pero imágenes demasiado vívidas me venían a la mente. *Sally* mirándome con sus confiados ojos marrones mientras emprendía su último viaje. Todavía me era posible sentir lo suave que era el pelo de su cabeza al acariciarlo. Vi a los ponis esperándome en la cerca cuando me había acercado a decirles adiós y darles sus golosinas. Todavía me impregnaba el aroma y notaba la sensación de mis brazos rodeando sus cuellos por última vez. Vi al leal *Bruno* mirando por las ventanillas hasta perderse de vista. Y echaba de menos a *Judy* más allá de lo imaginable.

Miré las nucas de mis padres en los asientos delanteros. A menudo mi madre se volvía hacia mi padre hablando en voz baja. Cada tanto se volvía hacia mí, pero yo mantenía el libro ante mi rostro para ocultar los sentimientos que, sin duda, eran más que evidentes. Sentimientos de ira por haberme alejado de mis amigos y de resentimiento por el futuro abandono que me esperaba.

Cada unas pocas horas nos deteníamos junto a la ruta para comer unos bocadillos y tomar el té. Tenía claro que no podía negarme a comer, pero cada bocado se atravesaba en mi garganta. Sólo el líquido del termo parecía permitirme tragar.

Al anochecer llegamos por fin a una amplia casa gris. El césped del pequeño jardín de la entrada carecía de flores. En su lugar había un enorme letrero que anunciaba que había alojamiento libre con desayuno incluido. Allí, me explicaron mis padres, pasaríamos la noche antes de que mi madre me llevase a casa de mi abuela. Después de la cena, que la dueña de la pensión nos sirvió en un reducido y sombrío comedor, me fui con desgana a dormir. Mi cama era un catre añadido al dormitorio de mis padres. Me dormí casi de inmediato.

A la mañana siguiente, tras bañarme y vestirme, desayuné en el mismo comedor desprovisto de todo atractivo y luego, con mi madre sosteniendo mi maleta, nos marchamos ambas rumbo a la parada del autobús. Yo iba detrás de ella, siguiendo sus pasos con desánimo.

Durante el trayecto de una hora en bus, mi madre mantuvo una conversación unilateral. Como yo la conocía bien, me resultó evidente que su tono enérgico ocultaba un gran nerviosismo. Me dijo que mi abuela esperaba mi llegada. Me pidió que fuese buena. Me aseguró que la separación no duraría mucho y que sería muy feliz allí.

Incrédula, permanecí sentada escuchándola, casi sin responder, hasta que poco a poco su vivaz monólogo se calmó hasta concluir. Sentí que mi destino se asemejaba al de los perros. Me habían hallado un nuevo hogar. No podía ni quería comprender el motivo por el cual, teniendo en cuenta que mis padres vivirían a tan corta distancia, no podía estar con ellos. Sentada en aquel autobús no dudé que mi abuela me desagradaría, y cuando llegamos a su casa supe que no me equivocaba.

Después de los acogedores ladrillos rojos de Cooldaragh aquella casa gris adosada a otras similares me pareció completamente desprovista de gracia. Observé con repugnancia el pequeño jardín delantero con sus arbustos de hortensias rosa oscuro plantados en la pequeña parcela de tierra negra.

Mientras mi madre levantaba el llamador de hierro para anunciar nuestra llegada, miré a través de los visillos de las ventanas, que ocultaban cualquier indicio de lo que había dentro. Distinguí que alguien se movía en la ventana superior, pero no llegué a ver quién era. Oí unos pasos que descendían por las escaleras y entonces mi abuela abrió la puerta y con una tenue sonrisa nos hizo pasar.

Yo ya había aprendido a reconocer la lástima y la compasión. Quizás ahora habría visto a una mujer solitaria de mediana edad dotada de poca elegancia y no muy habituada a los niños. Pero a mis ojos infantiles, su figura alta y huesuda me recordó la de una bruja. Mi opinión ya estaba formada.

Mi madre y yo tomamos asiento en las funcionales sillas verticales de su austera sala de estar, con sus apoyabrazos al estilo antiguo. Minutos más tarde llegó la inevitable bandeja del té, sin la cual no podía tener lugar ninguna conversación entre adultos.

Mientras mantenía en equilibrio sobre mis rodillas un pequeño plato con un bollo seco y sostenía con torpeza mi taza de porcelana, mi abuela y yo nos evaluamos mutuamente. En tanto que yo veía a una bruja, no dudo que ella veía a una niña hosca y adusta, alta para su edad pero demasiado delgada. Sentí que mi antipatía se veía reflejada en sus ojos.

Escuché a las dos mujeres conversar sobre mí como si fuese un objeto inanimado. Por primera vez, sentada en mi silla, hundida en una muda tristeza, sentí verdadero resentimiento hacia mi madre.

¿Cómo podía abandonarme allí?, pensé.

Su conversación concluyó y noté una incómoda pausa, que rompió la voz de mi abuela:

—Os dejo un momento a las dos solas, para que os despidáis.

Luego salió de la sala abruptamente, llevándose la bandeja del té.

Mi madre y yo nos miramos con recelo, y esperé a que ella fuese la primera en hacer algo. Por fin abrió su bolso, sacó un sobre y me lo dio.

—Antoinette —anunció en voz baja—. Ahora debo irme. He puesto aquí algo de dinero para ti. Debe durar hasta que venga a buscarte.

Me quedé allí, paralizada, mientras ella me daba un fugaz abrazo antes de marcharse a toda prisa. Cuando oí que la puerta de enfrente se cerraba, corrí hacia la ventana. Alzando el visillo la observé con desolación hasta que se perdió de vista. En ningún momento volvió la vista atrás. La rabia y el resentimiento se apoderaron de mí. Echaba de menos a *Judy* de un modo insoportable. De noche las lágrimas fluían por mis mejillas cuando pensaba en el destino de mis mascotas. Estaba siendo castigada, pero no sabía el motivo. En la casa, oculté mi profunda desdicha tras un rostro serio y mi abuela, debido a su falta de experiencia con niños, no comprendió que la niña que tenía delante estaba perturbada. Sólo vio a una rebelde.

En casa de mis padres, mi progresiva inestabilidad todavía no había salido a la luz, pues ellos actuaban como un tapón, manteniendo la presión encorchada. Allí estaba controlada, ahogaba mis emociones y tenía programado mi comportamiento. Ahora, sin esos límites, todo control había desaparecido. Un animal que ha sido entrenado mediante el miedo se inclina naturalmente hacia un mal comportamiento cuando ve esfumarse el temor. Mi personalidad no había sido modelada en absoluto con alabanzas o cariño, ni se me había alentado a desarrollar ninguna autoestima. Era una niña a quien por las noches acosaban las pesadillas y que durante el día vivía en un estado de confusión. Una niña que no sólo echaba de menos todo lo que le era conocido, sino que temía haber sido abandonada para siempre. Nunca se me había brindado la independencia de controlar mis propias emociones, y ahora me sentía todavía más insegura. Por eso, cualquier norma que intentase imponer mi abuela me resultaba ofensiva.

Mis padres habían sido mis amos. Mi padre me dominaba mediante amenazas y mi madre manipulaba mis sentimientos mediante la culpa. Ahora, la ira pasaba a ser mi emoción predominante y me recorría el cuerpo. Era mi defensa contra la desdicha y mi abuela pasó a ser su blanco. Ella contemplaba en vano cómo yo, decidida a no ceder ni un milímetro, me rebelaba contra cada una de sus órdenes.

«No corras, Antoinette», me decía cuando salíamos de la iglesia, y como consecuencia yo corría. «Ven a casa directo de la escuela», y yo me entretenía por cualquier parte. «Come las verduras», y yo las apartaba a un costado del plato hasta que ella me permitía levantarme de la mesa y podía ir a leer a mi habitación. Mi abuela le escribió a mi madre diciéndole que yo era desdichada y que, en su opinión, sería mejor que pasase a buscarme. Mi madre, quien creo que guardaba esperanzas de que mi abuela se encariñase conmigo y quisiese mantenerme a su lado, hizo arreglos para venir a por mí.

Luego supe que mi abuela se había echado a sí misma la culpa por mi comportamiento y que había sentido gran pesar por su fracaso en mi crianza. La consecuencia fue que nunca le reveló a mi madre mi mala conducta, ahorrándome así cualquier castigo.

Me sentía feliz de marcharme de esa casa, que me parecía tan lúgubre. No veía la hora de decirle adiós a esa mujer mayor a la cual estaba segura que nunca le había caído bien. Quizá, de haber podido echar una mirada al futuro y enterarme de lo que me esperaba en los años por venir, me lo habría pensado dos veces. Pero a los once años yo no sabía nada.

CAPÍTULO 13

En el trayecto desde Tenterden hasta Old Woking, que hicimos en autobús y en tren, mi madre me habló de la casa que habían comprado ella y mi padre, y de cómo la habían decorado. En la década de 1950, antes de que los patios se pusiesen de moda, las casas tenían patios traseros con un váter exterior, una cuerda para colgar la ropa y, en general, la bicicleta del marido apoyada contra el muro de ladrillos sin pintar. Sin embargo, mi madre, que había quedado fascinada con las flores de Cooldaragh, había visto una foto de una casa de campo en Francia y había intentado copiar la fachada en la medida de lo posible.

Había pintado los muros de blanco, y los marcos de las puertas y ventanas de azul. No sólo había maceteros bajo las ventanas del frente, sino también en los muros que rodeaban el patio trasero, donde mi madre había colocado montones de mastuerzos. Me explicó de qué modo sus flores anaranjadas contrastaban vivazmente con los muros recién pintados de blanco.

Me dijo que faltaba por decorar el interior de la casa. Su idea era quitar todo el papel pintado de las paredes, pintar la cocina de amarillo y el resto de la casa de un color crema, mientras que el suelo de parquet de linóleo daría nueva vida a los pisos de la planta inferior.

Mientras mi madre me explicaba todo con sumo detalle, noté que le provocaba enorme satisfacción la planificación de nuestro nuevo hogar, el primero que conseguía comprar tras casi doce años de matrimonio.

Al final de nuestro recorrido, caminamos una corta distancia hacia una calle donde había pequeñas casas adosadas unas a otras en hilera, llegando directamente a la calle, sin un simple seto de arbustos que rompiera la monotonía. Nuestra casa sobresalía valientemente con sus muros recién pintados, los coloridos maceteros bajo las ventanas y la puerta azul, con su reluciente llamador.

Aquella tarde, cuando mi padre llegó del trabajo, cenamos todos juntos. Tanto él como mi madre parecían muy felices de tenerme nuevamente a su lado, de modo que me armé de coraje y les conté la novedad:

–A partir de ahora me llamo Toni.

Mi abuela me había dicho que Toni era la abreviatura correcta de Antoinette. Me parecía que Toni debía ser mi nombre; el nombre de una niña que podría gozar de la simpatía de los demás. Antoinette era alguna otra persona.

Mi madre me sonrió.

–Bien, así será más sencillo escribir tu nombre en las etiquetas cuando comiences las clases en la nueva escuela.

Ésa era su manera de manifestar aceptación.

Mi padre no hizo el menor comentario y se negó tercamente a llamarme Toni hasta el día de su muerte.

Durante los fines de semana mi padre trabajaba, de modo que ayudé a mi madre a quitar el empapelado de las paredes. Primero lo remojaba utilizando un paño húmedo. Luego cogía el raspador y despegaba largas tiras. Aquel sábado conseguimos dejar todas las paredes completamente limpias. Volví a sentirme cerca de mi madre. Ella no cesaba de decirme lo útil que yo estaba siendo. Tomamos juntas el té de la tarde en nuestro patio lleno de flores y respondió a varias de mis preguntas sin que yo las formulase.

–Tu padre visitará a tus abuelos dentro de dos semanas, y entonces traerá otra vez a *Judy* –me aseguró–. El lunes te llevaré a tu nueva escuela, donde conocerás al director.

Supe que esta vez no iría a una escuela sólo para niñas, como solía, sino que sería mixta.

–¿Cómo iré vestida? –pregunté.

–¡Ah! –respondió–, el director me ha concedido permiso para que lleves tu viejo uniforme escolar hasta que ya no te vaya bien.

Mi alegría por la noticia de que *Judy* volvería empezó a desvanecerse. Mi alma se hundió, pues, una vez más, yo iría vestida de un modo diferente a los otros niños.

Llegó el domingo, que se me pasó a toda velocidad. El lunes mi madre me llevó a la nueva escuela. Esa mañana me puse con cuidado mi uniforme verde, con la camisa blanca y la corbata verde y negra, calcetines grises a la altura de las rodillas, los viejos zapatos con cordones y, por fin, la chaqueta verde. Cuando llegué sentí que mi corazón se encogía por dentro. En el patio de juegos había niñas con faldas grises, blusas blancas y calcetines cortos del mismo color. Sus zapatos no llevaban cordones. Observé a varios grupos de niños de mi edad jugando junto a otros de adolescentes conversando, y mi confianza cayó en picado. Armada sólo con mi nuevo nombre, seguí a mi madre hasta el edificio donde conocería a mi nuevo director.

Mirando mis boletines escolares, me preguntó sobre las últimas dos escuelas a las que había ido y quiso saber qué era lo que más me gustaba allí. Luego me consultó acerca de mis aficiones favoritas, pero ¿cómo podía explicarle a él, un ciudadano de Inglaterra, en qué consistía la vida en el norte de Irlanda? Me llevó a mi aula y me presentó a la profesora. No encontré la habitual figura con una larga túnica negra, sino a una ancha mujer rubia de rostro amable. Me dijo que ella llevaba la clase de inglés aquel día. Me dio para leer un libro que ya había leído en Irlanda del Norte. Comprendí que incluso mi materia favorita resultaría aburrida.

A medida que una clase sucedía a la otra aquella tarde, me sentí cada vez más abatida, pues en su mayor parte desconocía el plan de estudios. Las pausas se siguieron. Los confiados preadolescentes con sus trajes informales parecían ignorar mi presencia. Debí de parecerles muy extraña con el mío: las largas medias sostenidas con ligas, el cabello pulcramente peinado con la raya al medio y sostenido con coletas. Permanecí en el patio sosteniendo mis libros, deseando que al menos una sola de las niñas se acercase a hablarme.

Ninguna lo hizo.

Aquella tarde volví a casa caminando mientras observaba a los demás chicos charlando en grupos. A ellos, sin duda, yo les parecía fría y distante. Al carecer casi de dotes sociales, era una intrusa.

En casa mi madre anunció feliz que había hallado empleo y, dos semanas después de empezar la escuela, mi padre fue a Irlanda del Norte para visitar a su familia e ir a buscar a *Judy*. A lo largo de las semanas siguientes me enteré de que debía realizar un examen llamado «11+», algo que ignoraba por completo. Los maestros me dieron tareas suplementarias para casa a fin de que me pusiese al día con el plan de estudios de inglés, pero con apenas unas semanas por delante casi no tuve tiempo para dormir.

Aunque a mi padre le resultaba indiferente mi educación, mi madre sin duda quería que aprobase. Los maestros tenían confianza en mí, pero yo no estaba nada segura. Tenía sentimientos ambivalentes sobre las dos o tres semanas que se avecinaban, fluctuando entre la excitación que me producía el pronto regreso de *Judy* y el miedo que me inspiraba el examen cada vez más cercano.

Ambos llegaron. Primero fue *Judy*, que estalló de alegría al verme. Aunque ya no tenía bosques ni campiña para salir a la caza de conejos, pronto se adaptó a la vida en la ciudad y a sus paseos con correa, que le daba tres veces al día.

Con todo, me embargaba una gran nostalgia por mi vieja escuela y por mi vida en Cooldaragh. Al parecer, *Judy* estaba adaptándose mejor que yo.

Entonces llegó el temido examen. En silencio, nos entregaron las hojas a los jóvenes alumnos, todos conscientes de la importancia de aquel día. Me pareció que me había ido bastante bien en dos de las pruebas, pero la de aritmética resultó muy diferente a lo que yo estaba acostumbrada. Alcé la mirada con desánimo hacia la maestra, que observaba mis respuestas por encima de mi hombro, pero no dijo nada.

Después de que sonase la campana, y una vez que se entregaron todos los exámenes, salí del aula desanimada, pues sabía que si fallaba no podría entrar en el instituto de enseñanza secundaria y tendría que permanecer en la clase más avanzada de aquella escuela para siempre.

Durante las semanas siguientes, mientras esperaba los resultados del examen, casi no vi a mi padre, que pareció trabajar a todas horas, o al menos eso me explicó mi madre. Yo iba directa de la escuela a la casa, ayudaba a mi madre con las tareas hogareñas y luego me ponía a hacer los deberes escolares.

Entonces mi padre cambió sus turnos diurnos por los nocturnos. Al mismo tiempo, mi madre empezó a trabajar. Como la oficina donde trabajaba estaba bastante más lejos de casa que mi escuela y le era necesario coger el autobús, mi madre se marchaba antes que yo. La primera mañana de nuestra nueva rutina desayuné a toda prisa mientras calentaba en la cocina una cacerola con agua para llevar a mi habitación y darme mi baño matinal.

Como apenas un minúsculo rellano separaba mi habitación de la de mis padres, intenté subir las escaleras tan silenciosamente como pude para no despertar a mi padre, que al regresar de su turno nocturno se había ido directo a la cama.

Eché el agua en un viejo cuenco de porcelana, me quité el camisón, cogí una toallita y empecé a enjabonarme. Allí noté por primera vez, mirándome al espejo, que mi cuerpo empezaba a cambiar. Se estaban formando unos pequeños bultos en mi pecho, antes completamente plano. Sin separar los ojos del espejo, recorrí los nacientes pechos con mis manos, sin saber muy bien si me gustaban los cambios. Entonces vi otra figura reflejada en el cristal.

Mi padre, vestido únicamente con una camiseta manchada de sudor y unos calzoncillos, había salido de su dormitorio y se había sentado en cuclillas ante la puerta de mi habitación, que sin duda había abierto con sumo cuidado. Sonriéndome, se limitaba a mirarme. Sentí entonces por todo mi cuerpo los temblores provocados por el miedo e intenté coger la toalla para cubrirme.

–No, Antoinette –me dijo–. Quiero verte. Vuélvete.

Hice lo que se me pedía.

–Ahora lávate –ordenó.

Mientras obedecía, sentí que una ola de rubor me inundaba el rostro. Entonces él se puso de pie, se acercó a mí y me giró para que me mirase al espejo.

–Mira el espejo, Antoinette –susurró.

Mientras golpeaba con una mano mis pequeños pechos en ciernes, sentí su respiración taladrándome el oído y su otra mano deslizándose hacia abajo. Entonces me dejó marcharme.

–Hoy ven a casa directamente desde la escuela. Tráeme una buena taza de té cuando llegues. ¿Me oyes, Antoinette? –preguntó mientras yo seguía de pie en silencio, con los ojos clavados en el suelo.

–Sí, papi –murmuré.

Entonces se fue abruptamente de mi cuarto, guiñándome un ojo al partir. Me vestí a toda prisa, me cepillé el pelo y bajé para darle a *Judy* su paseo matinal antes de irme a la escuela.

Aquel día en clase estuve más silenciosa de lo habitual. Ya no era la primera en alzar la mano para responder a las preguntas de la maestra, pues sabía lo que sucedería cuando llegase a casa y le preparase el té a mi padre. Cuando la campana sonó a las cuatro de la tarde, guardé mis cosas en la cartera con lentitud y caminé rumbo a casa sola, ignorando a mis compañeros, que hacían el mismo recorrido en pequeños grupos. Sabía que luego serían recibidos en casa por sus cariñosas madres, pues el hecho de que las madres trabajasen fuera de casa no fue algo habitual hasta muchos años después.

Entré en casa con mi propia llave y fui recibida por *Judy*, que me esperaba exultante, igual que cada día, para que la sacase a pasear. Pero esa tarde pude sentir la presencia de mi padre en su habitación incluso antes de que él hablase.

–Antoinette, ¿eres tú? –gritó desde arriba.

Respondí que sí.

–Bien, pues prepárame una taza de té y súbemela aquí. Y deja a esa perra tuya en el patio trasero.

Repetí la rutina de poner el hervidor de agua en la cocina. Calenté la tetera durante unos pocos minutos y puse las hojas dentro, permitiendo que la infusión se diluyese poco a poco. Luego añadí leche y azúcar a la taza, sintiendo cómo crecía la impaciencia de mi padre y que mi miedo se volvía intolerable. Por fin, ya no pude demorarme más. Coloqué la tetera en una bandeja con dos galletas integrales y la subí a su cuarto. Mientras entraba en la oscura habitación, que tenía las cortinas bajadas, lo vi acostado en la cama que compartía con mi madre. Una vez más, sentí su olor corporal y percibí su excitación. Deposité la bandeja a un lado de la cama.

–Quítate el uniforme y vuelve aquí –dijo mientras cogía su taza de té.

Regresé sólo con camiseta, bragas, calcetines y zapatos.

–Ahora quítatelos –me ordenó, señalando la camiseta y los calcetines del uniforme.

Encendió un cigarrillo y me dirigió esa sonrisa que conocía tan bien. Junto a la cama había un tarro con vaselina que solía ver en el tocador junto al cepillo del pelo de mi padre. Hundió los dedos de una mano en el tarro mientras daba una calada a su cigarrillo. Sentí que el pánico se instalaba en mi interior, pues sabía que mi madre no volvería a casa hasta dos horas después y estaba segura de que lo que me había ocurrido en Irlanda del Norte sería ahora mucho peor. Sabía que mi cuerpo actual lo excitaba todavía más que el anterior.

Me empujó hacia la cama con violencia y me senté sobre sus rodillas. Sacó los dedos del tarro y los introdujo bruscamente dentro de mi cuerpo. Entonces salió de la cama y me colocó en la misma posición en la que solía hacerlo en el coche años atrás, con mis piernas colgando indefensas en el borde de la cama. Me penetró con mucha más violencia que nunca antes.

–Esto te gusta, ¿verdad Antoinette? –me susurró.

Como yo no respondí, me penetró con más fuerza y todo mi cuerpo se tensó de dolor.

–Ahora dile a tu papi que te gusta –dijo mientras le daba una última calada a su cigarrillo–. Di: «Sí, papi, me gusta».

Obedecí con un murmullo. Entonces sentí cómo me resbalaba por los muslos esa sustancia pegajosa mientras él, la colilla de su cigarrillo entre los labios, se corría.

–Ahora ve a limpiarte y arregla todo abajo antes de que venga tu madre de trabajar –me dijo, mientras me empujaba rudamente fuera de la cama.

Me puse mi vieja falda y mi jersey, y bajé al cuarto de baño en el patio trasero, donde me froté con papel higiénico húmedo en un intento de eliminar la sustancia pegajosa y el olor de mi padre. Entonces volví a entrar para limpiar las cenizas que habían quedado del fuego de la noche anterior. Luego encendí otro nuevo con rollos de papel de periódico y pequeños trozos de leña. Traje carbón de afuera, limpié todo y, pocos minutos antes de que llegase mi madre, puse el hervidor de agua sobre la cocina a fin de que hubiese té recién hecho esperándola.

CAPÍTULO 14

Apenas oí la voz de mi madre llamándome desde abajo, atravesando las oleadas de dolor que me acechaban detrás de los ojos, un dolor que me torturaba la frente mientras sus garras invisibles me apretaban detrás del cuello. Era hora de levantarme e ir a buscar el agua para mi baño matinal. Abrí la boca para responderle a mi madre, pero de mis labios sólo salió un sonido áspero y ronco. Mis ojos parecían encolados, como para protegerme del brillo de la luz del día, que me quemaba al atravesar los párpados. Alzando una mano que, de la noche a la mañana, se había vuelto muy pesada, con los dedos tiesos e hinchados, intenté frotarme los ojos, pero sólo sentí un tremendo ardor que me quemaba la frente.

Forcé mi cuerpo a sentarse, pero el mareo hizo que la habitación se tambalease, y unos puntos negros danzaron ante mí mientras el sudor me caía por las mejillas. Helada, con el cuerpo presa de escalofríos y los dientes castañeteando, el pánico hizo que mi corazón latiese aún más rápido, hasta que pude sentir la sangre fluyendo por todo mi cuerpo.

Me levanté de la cama y clavé la mirada en el espejo. Me enfrentó el rostro de una extraña con la piel amarillenta y los rasgos hinchados. Unas negras ojeras me habían aparecido de la noche a la mañana alrededor de los ojos, al tiempo que el pelo lacio y húmedo parecía adherido a la cabeza. De nuevo alcé una mano hacia la cabeza para echarme el pelo hacia atrás y noté que los dedos estaban tan amarillos como el rostro e hinchados hasta alcanzar el doble de su tamaño normal. Temblando, bajé las escaleras, con las piernas demasiado débiles para sostenerme, y me desplomé en una silla. Las lágrimas me corrían por las mejillas y vi que mi madre me observaba sorprendida.

–¿Qué te pasa, Antoinette? –le oí preguntar, y luego percibí una cierta preocupación en su voz–. Antoinette, mírame.

Su mano tocó fugazmente mi frente.

–¡Dios mío, Antoinette, estás ardiendo de fiebre!

Me dijo de inmediato que no me moviese, por más que yo no veía de qué modo hubiera podido hacerlo. Oí que cruzaba la sala en dirección al pequeño vestíbulo donde estaba el teléfono.

Minutos más tarde volvió con una manta, que puso cuidadosamente sobre mis hombros y me explicó que el doctor ya estaba en camino. Cuánto tiempo transcurrió no puedo asegurarlo, pues la fiebre me produjo un estado de aturdimiento. Permanecí sentada, temblando un instante y ardiendo al siguiente. Me di cuenta de que llamaban a la puerta y sentí la voz de nuestro médico local, que me produjo cierto alivio porque estaba segura de que me ayudaría.

Me pusieron un frío termómetro en la boca, me tomaron el pulso y, en todo momento, ví cómo se movían unas figuras borrosas frente a mí. El doctor le dijo a mi madre que estaba a treinta y nueve de fiebre y que tenía inflamados los riñones. «Nefritis» lo llamó, insistiendo en llamar de inmediato a una ambulancia.

Oí que llegaba el vehículo y sentí que mi madre me sostenía la mano durante el viaje, pero casi no tuve conciencia de haber sido puesta en la camilla, conducida al ala infantil y colocada en una cama a la espera de que me examinasen. Lo único que deseaba era dormir.

De los días siguientes apenas conservo un vago recuerdo: la sensación de estar permanentemente enferma; unas afiladas agujas que me inyectaban en las nalgas una sustancia que luego supe que era penicilina; unas manos que me daban la vuelta, y unos paños húmedos que limpiaban mi cuerpo febril. En otras ocasiones mi sueño se veía interrumpido cuando me levantaban la cabeza y me colocaban una cañita en la boca para que un líquido fresco atravesase mi garganta reseca, o cuando me colocaban bajo las nalgas un frío barreño metálico y unas voces me indicaban que no me sentase, sino que permaneciese acostada hasta recobrar las fuerzas.

Aquellos días parecieron ser uno solo, en el que únicamente el trabajo de las enfermeras interrumpía mi sueño. El horario de visita era el único momento en que sentía la necesidad de mantener los ojos abiertos.

Los niños que me rodeaban miraban impacientes hacia la puerta de dos hojas del final de la sala, clavando los ojos en el reloj mientras sus manos se retorcían lentamente, ansiando que llegase la hora en que aquélla se abriese y permitiera el acceso a una oleada de adultos sonrientes cargados de multitud de regalos: juguetes, libros y frutas.

Yo giraba la cabeza sobre la almohada, con los ojos fijos en la puerta, cansados de tanto buscar a lo lejos la figura de mi madre. Ella, en cuanto se abría, venía a toda prisa a mi lado, envuelta en una nube de perfume, se sentaba en mi cama, me cogía la mano, me sacaba el cabello del rostro y me besaba en una exhibición pública de afecto. La sonrisa de mi padre al mirarme expresaba preocupación, mientras que las fugaces sonrisas que lanzaba a las enfermeras provocaban en ellas cálidas risitas.

Mi madre me dijo que la había hecho preocuparse mucho y le había dado un gran susto. Sin embargo, ahora estaba en buenas manos, sería una niña buena y me pondría bien. Me explicó que debería permanecer en el hospital durante varias semanas. En realidad, no sólo en el hospital, sino también en cama. Prosiguió contándome que padecía una grave infección en los riñones y que sólo tenía permitida una dieta de glucosa y agua de cebada. Dijo que la casa estaba demasiado silenciosa sin mí, que *Judy* me echaba de menos y que sabía que pronto me pondría bien. Acostada de lado, la miraba mientras me hablaba y centraba mis ojos en su rostro hasta que la penetrante fuerza de la mirada de mi padre me forzaba a desviarlos hacia él.

La sonrisa en los labios de mi padre era siempre la del padre bueno, pero en sus ojos podía ver al malo, invisible para todos los demás y que vivía dentro de su cabeza.

Los días se volvieron semanas y fui recobrando las fuerzas y, con ellas, el interés por lo que me rodeaba. Aunque todavía estaba confinada a la cama, podía sentarme apoyándome en una pila de cojines, que fueron aumentando de uno a tres durante idéntico número de semanas. Ahora mis ojos ya no padecían de pesadez ni de cansancio y pude volver a leer con mi placer habitual. Dos veces por semana esperaba impaciente el carrito de los libros. Durante la primera visita, cuando le conté al bibliotecario ambulante que mis favoritas eran las historias de detectives, recibí de su parte una mirada de consternación ante un gusto tan impropio de una niña y un gesto de reproche. Sin embargo, nos pusimos de acuerdo con las historias de Agatha Christie sobre las aventuras de Tommy y Tuppence, y luego las de Miss Marple y Hercules Poirot. Afortunadamente para mí, Agatha fue una escritora prolífica y mi provisión de libros suyos pareció inagotable.

La invariable rutina de la sala resultó en parte tranquilizadora. Primero venía la ronda matinal de orinales para todos aquellos niños que estaban confinados en sus camas. Allí debíamos sentarnos, escurriéndonos como si fuéramos aves de corral, conscientes de que el contenido de esos fríos cuencos metálicos sería observado atentamente antes de ser desechado. Luego llegaban los barreños de agua para nuestro «baño rápido» matinal, durante el cual, por cuestiones de pudor, se cerraban unas cortinas a nuestro alrededor.

A continuación, el desayuno. A mis compañeros de sala se les hacía la boca agua ante los huevos, ricos en proteínas, y el pan negro, mientras que yo recibía un tazón de glucosa viscosa y gris. Sólo después de que se hubiera retirado la vajilla me era posible coger mi libro y buscar la solución a los misterios antes de que el detective de turno desenmascarase sin aparente esfuerzo al culpable.

Apenas era consciente del zumbido permanente que había a mi alrededor, producto de la incesante actividad de la sala. La elegancia de los uniformes azul y blanco de las enfermeras, el suave paso de sus zapatos sobre el suelo gris del hospital, las charlas de los niños en recuperación y el sonido metálico de los aros de las cortinas cuando se cerraban en torno a la cama de un niño más enfermo que yo, se combinaban en un murmullo de fondo a medida que, absorta, pasaba las páginas.

Los aromas del almuerzo asediaban mi nariz, y la prohibición de ingerir proteínas hacía que cualquier comida me pareciera deliciosa. Miraba con envidia las bandejas que pasaban a mi lado mientras me servían mi glutinosa bebida.

–Bébetela toda, Antoinette –era la amable orden mientras clavaba los ojos recelosa ante el líquido carente de atractivo–. Te hará muy bien.

Yo quería comida.

–Esto te pondrá mucho mejor, y luego podrás volver a casa.

Yo quería tarta, helado, golosinas y un plato lleno de pan tostado untado de mantequilla y mezclado con remolinos de sabroso *marmite* marrón oscuro[1]. Las imágenes de estos manjares flotaban en mi mente mientras se me hacía la boca agua al recordar sus sabores. Entonces saqué una cucharada de la insípida masa del tazón y me la metí en la boca, forzándome a tragar. El esfuerzo por ponerme bien, con su dieta de hambre y las interminables inyecciones, se asemejó a un largo y penoso viaje.

---

1. *Marmite:* popular producto inglés que se utiliza para untar tostadas y se fabrica con extracto de levadura obtenida durante el proceso de elaboración de la cerveza. Su aspecto es pegajoso, de color marrón oscuro, con un fuerte olor y un sabor muy característico. *(N. del T.)*

Después de la comida llegaba el momento de hacer las camas, con las sábanas tan apretadas que casi nos inmovilizaban. Entonces, con los brazos estrechamente amarrados y el cabello pulcramente peinado, esperábamos la ronda de la enfermera jefe. La puerta de dos hojas se abría de pronto y una majestuosa presencia aparecía en la sala seguida por un séquito de médicos; la enfermera encargada de la sala, vestida de azul, y una enfermera auxiliar. Un volante fruncido almidonado mantenía erguida la formidable cabeza de la enfermera jefe, coronada con su cinta blanca. La mujer se detenía imperiosa en un extremo de cada cama y le preguntaba al niño momificado cómo se sentía.

Después de escuchar el habitual, «Muy bien, gracias, señora», ella procedía a trasladarse al lecho siguiente, hasta completar su ronda. Cuando la puerta volvía a abrirse para permitir su señorial salida, un suspiro colectivo de alivio inundaba la sala, emitido tanto por los pacientes como por el personal del hospital. Los brazos volvían a asomarse fuera de las mantas y los cuerpos podían cambiar a posiciones más cómodas, al tiempo que comenzaba la siesta de la tarde, previa a la hora de visita.

A menudo tenía la sensación de que la noche llegaba demasiado pronto: siempre interrumpía a mi detective desenmascarando a la persona menos sospechosa del libro y descubriéndola como el villano. Pero por mucho que lamentase que mi aventura quedara inconclusa, en general caía de inmediato en un sueño profundo. Sólo la admisión, poco habitual, de algún nuevo paciente por la noche podía despertarme. Fue en una de esas ocasiones cuando vi al bebé.

Escuché a dos camas de distancia el leve repiqueteo de los ganchos de las cortinas, abrí un ojo somnoliento y vi una pequeña forma que, a mis ojos de niña, pareció la cabeza de un monstruo. Una cabeza completamente calva y tan grande que cualquier movimiento, me pareció, podría haber partido su frágil cuello. La luz de una lámpara de techo arrojaba un tenue brillo anaranjado sobre la cuna. Una mujer estaba inclinada sobre aquélla, tocando con su mano los diminutos dedos del bebé. Entonces las cortinas repiquetearon otra vez al cerrarse y yo caí en un sueño agitado.

Durante dos días las cortinas permanecieron cerradas alrededor de esa cama, manteniendo cuanto había dentro fuera de mi campo visual. A lo largo de todo ese tiempo, tanto enfermeras como médicos no cesaron de entrar y salir de allí. La tercera noche, como en medio de un sueño, volví a ver a la mujer y por su postura supe que estaba afligida. Noté también que la enfermera encargada de la sala sostenía en sus brazos un bulto con el cual se marchó de la sala. Entonces las luces se apagaron y mis ojos se cerraron.

A la mañana siguiente las cortinas habían vuelto a abrirse y en el espacio no había más que una cuna vacía, sin rastro alguno del bebé.

Con ese saber instintivo que a veces poseen los niños, supe que el pequeño había muerto. También tuve claro que no debía formular ninguna pregunta al respecto.

Cada tarde mi mirada se detenía en los demás niños: observaban la puerta con ansiedad e ilusión en espera de la visita de sus familiares. Veía cómo sus rostros se iluminaban, cómo alzaban los brazos anticipándose a los abrazos, oía sus chillidos de entusiasmo y sentía un destello de pánico. Yaciendo en aquella cama de hospital no me era posible escapar a los ojos de mi padre ni al miedo que me producía.

Seis semanas después de mi admisión, mi padre vino solo a visitarme. Los recuerdos que la amable rutina del hospital había atenuado en parte regresaron de pronto a mi mente y mis dedos apretaron con fuerza las sábanas.

Mientras me cogía la mano y se inclinaba para besarme en la mejilla, me pregunté dónde estaría mi madre. En respuesta a mi muda pregunta, me dijo que tenía un resfriado y que no quería contagiar con sus gérmenes la sala del hospital. El cabello grueso y ondulado de mi padre resplandecía aquel día gracias a la brillantina y su sonrisa sedujo a las enfermeras. Pero el padre malo merodeaba en sus ojos y escapaba de sus labios con cada palabra que pronunciaba.

Todavía sosteniendo mi mano mientras yo me hundía más y más en la almohada, me dijo:

−Antoinette, te he echado de menos. ¿Has extrañado a tu papi?

La marioneta que había dentro de mí asumió el mando de la situación.

−Sí −susurré, y las fuerzas que acababa de recuperar parecieron abandonar mi cuerpo.

−Bien, pues cuando vuelvas a casa seguro que tendré un regalo para ti. Te gustará verlo, ¿verdad, Antoinette?

No pregunté en qué consistía el regalo. Lo sabía. Sentí la presión de su mano mientras él esperaba mi respuesta. Alcé la mirada hacia él y le proporcioné la que quería.

−Sí, papi.

Me sonrió satisfecho y pude ver un brillo confiado en sus ojos.

−Ahora serás una niña buena, Antoinette. Papi volverá mañana.

Y así fue.

Las enfermeras no dejaban de decirme lo bueno que era mi padre, cuánto quería a su niñita y que no pasaría mucho tiempo hasta que volviese a casa.

Tras la tercera visita en solitario de mi padre, esperé hasta que los otros niños se hubieran dormido. Entonces saqué el cordón de mi camisón y até un extremo alrededor de mi cuello y el otro a la cabecera de la cama. Una vez hecho esto me lancé al suelo.

Por cierto que me descubrieron. La enfermera nocturna pareció creer que estaba deprimida porque quería volver a casa. No dejaba de asegurarme que no tardaría mucho tiempo en regresar. Me devolvió a mi lecho y se sentó a mi lado mientras yo intentaba dormirme. A la mañana siguiente el cordón había desaparecido.

Aquella tarde vinieron a visitarme tanto mi padre como mi madre. Ella me cogía la mano mientras mi padre permanecía de pie con los brazos cruzados.

—Antoinette —me dijo mi madre—, estoy segura de que lo de anoche fue un error. La enfermera jefe me ha telefoneado hoy. Quiero estar segura de que no volverás a darme un susto como éste.

Observé su cálida sonrisa y supe que el incidente había sido completamente archivado en la caja de la etiqueta «Cosas de las cuales no hay que hablar». El juego de la familia feliz seguía vigente y ella era el personaje central en escena.

—Papi y yo hemos estado hablando —prosiguió, incluyéndolo a él en su sonrisa—. Es evidente que estarás agotada cuando dejes el hospital, así que hemos decidido enviarte con tu tía Catherine.

Yo apenas conocía a mi tía Catherine, pero durante nuestras infrecuentes visitas me había caído bien.

—Unas semanas en el campo te harán mucho bien —prosiguió mi madre—. No volveremos a hablar de este ridículo incidente, cariño, y por supuesto que no has de mencionárselo a tu tía Catherine. No tenemos por qué preocuparla, ¿no es así?

Sentí la mirada de mi padre y observé a mi madre con la sensación de que ella daba una sacudida al lazo que nos unía. Deseando su aprobación, respondí:

—Gracias, eso estará bien.

Con su misión cumplida mis padres se relajaron durante el resto de la visita, y cuando la campana anunció su fin, se marcharon lanzándome una ráfaga de besos. Me limpié la barbilla, donde habían aterrizado los labios de mi padre, y luego cogí mi libro y me sumergí en sus páginas.

Fiel a su promesa, mi madre nunca volvió a mencionar el incidente del cordón. Su conducta para abordar los problemas ya estaba firmemente afianzada: «Si no hablamos al respecto, es como si nunca hubiera ocurrido». Su actitud pareció contagiosa, pues el personal del hospital tampoco volvió a mencionar el incidente.

Mi padre volvió solo a visitarme una vez más.

–Antoinette, recuerda lo que te he dicho. No debes hablar nunca de nuestras cuestiones familiares, mi niña. ¿Lo has comprendido?

–Sí, papi –respondí mientras me hundía en la cama, intentando escapar al brillo de sus ojos.

En lo más profundo de aquella mirada podía adivinarse la semilla de la furia que se desataría si alguna vez me atrevía a desobedecerlo.

Desde entonces esperé todas las tardes a que la figura de mi madre apareciera otra vez en la puerta, pero siempre me vi decepcionada. Cuando por fin volvió a visitarme, no cesaba de disculparse. Sus excusas sobrevolaban mi cabeza y yo, deseando creerla, asentí cada vez que lo consideraba apropiado. Me contó que el trabajo la fatigaba y que era un trecho demasiado grande como para hacerlo en autobús. Me explicó que la tía Catherine esperaba ansiosa mi visita, y que como su familia tenía mucho dinero ella no necesitaba trabajar. Mi madre, en cambio, no podía permitirse dedicarme tanto tiempo como hubiera deseado y yo tenía que entenderlo. Y debía esperar con entusiasmo que el momento de visitar a mi tía llegara.

A la edad de once años, lo único que yo quería era volver a casa con mi madre, pero mi necesidad de complacerla seguía siendo tan fuerte como siempre.

–Será muy agradable ver a la tía Catherine –respondí y fui recompensada con una brillante sonrisa y dos besos, uno en cada mejilla.

Los últimos días en el hospital pasaron a toda prisa y los empleé leyendo, jugando con otros niños y esperando que me dijeran que al día siguiente me marcharía de allí. Por fin llegó ese día.

Aquella mañana me vestí temprano y llené mi pequeña maleta con los libros y las prendas de vestir que había adquirido a lo largo de mis tres meses de ingreso. Una vez hecho esto, me senté en la cama esperando pacientemente la llegada de mi madre.

CAPÍTULO 15

Mi madre me había llevado en tren y autobús a la amplia y laberíntica casa de la costa de Kent donde vivía mi tía. Allí se me había asignado una bonita habitación en la que el empapelado de las paredes hacía juego con el edredón decorado con ramitas y flores que cubría mi cama blanca. Aquél, me explicaron, había sido el cuarto de la hija de mi tía Catherine, pero ahora Hazel era adolescente y se había mudado a una habitación más grande, de modo que sería para mí durante el tiempo que durase mi visita.

Mi tía Catherine no era una verdadera pariente, sino la mejor amiga de mi madre. En la década de 1950, los nombres de los adultos con frecuencia eran referidos añadiendo antes el título de «tía» o «tío» cuando se le mencionaban a alguien de menos de veintiún años. Catherine era una mujer hermosa, con el cabello de color castaño claro a la altura de los hombros, siguiendo una moda de entonces que dependía bastante poco de las habilidades de los peluqueros. Su evocador perfume, una mezcla de suaves esencias florales y delicioso aroma a pan horneado, permanecía en el ambiente después de que ella se hubiese marchado. Sus uñas, a diferencia de las de mi madre, eran cortas y apenas cubiertas con una pálida laca rosa. En los pies llevaba sandalias planas. Los tacones altos, comprendí, sólo estaban destinados a ocasiones especiales, como cuando me llevaba a esos salones de té que tanto me recordaban a mi más tierna infancia.

En nuestra primera salida fuimos a una enorme tienda, donde me pidió que escogiera algunas cosas.

–En el hospital has crecido, Antoinette, y además estás tan

delgada que ya ninguna de tus prendas parece quedarte bien. Así, con gran tacto, desechó mi maleta de ropa donada, que mi madre aceptaba gratamente pero que en general yo detestaba.

–Escojamos juntas algunas prendas bonitas –propuso.

De la mano, me condujo hasta el ascensor, donde el encargado, un veterano de guerra que vestía orgulloso el uniforme de la tienda y llevaba la manga vacía de un brazo amputado prendida con un alfiler sobre el pecho, iba recitando los artículos que se ofrecían en cada planta. Por fin llegamos a la planta de artículos de mercería. Aquéllos eran los días de la Inglaterra de posguerra, antes de que la automatización eliminase por completo tales trabajos.

Tras cruzar la sección en la que se exhibían botones, lanas y diversos accesorios de tejido, alcanzamos la dedicada a las telas. Mis ojos se deleitaron con unos rollos de tela de todos los colores del arco iris; colores que no había visto nunca antes. Lo primero que cautivó mi atención fue un delicado tejido plateado con bordados de gasa. Me hubiera gustado lanzarme sobre las telas y examinarlas todas, pero la tía Catherine me cogió cariñosamente de la mano y me guió hacia la sección de los tejidos de algodón, más apropiados para el caso.

–Mira –me explicó mientras abría en dirección a mí un delicado rollo de tela blanca y rosada–, esto te irá bien.

Entonces, antes de que tuviese tiempo de responder, señaló otra tela de color azul claro.

–¿Te gusta? –me preguntó.

Asentí, temerosa de que se rompiese el hechizo. El entusiasmo me había hecho enmudecer y me forzaba a contener la respiración.

–Bien, pues compraremos las dos –añadió satisfecha–. Ahora necesitamos una para ocasiones especiales.

Catherine vio que mis ojos se posaban en una exquisita tela de tartán, parecida a la de mi vestido favorito, que ahora ya me quedaba pequeño.

–También nos llevaremos ésta –me indicó, y con nuestras compras envueltas y guardadas en bolsas me llevó a tomar el té. Sentí que estallaba de felicidad, pues tendría no uno, sino tres vestidos nuevos. Troté junto a la tía Catherine con una sonrisa tan amplia que acabaron doliéndome las mejillas.

Consciente de que aquél era un día especial, me permitió comer una porción de pastel pese a mi estricta dieta. Mientras tragaba el esponjoso pastel y sentía la dulzura del glaseado en la lengua, sentí que la felicidad me embargaba y deseé quedarme para siempre a su lado.

Estaba conociendo en persona una forma de vida que hasta entonces sólo había adivinado a través de las conversaciones con otros niños. Había pasado a través del espejo, como Alicia, y no tenía intención de volver atrás. Aquel día olvidé a *Judy* y lo mucho que la echaba de menos, y me permití gozar de cada instante. Mi evidente placer animó a la tía Catherine, que no cesaba de hablar sobre los paseos que planeaba para ambas.

–No podemos hacer demasiados –me advirtió–, pues todavía no te has recuperado por completo. Pero dentro de unas semanas te llevaré al circo. ¿Te apetece ir?

Sentí que los ojos se me salían de las órbitas: aquélla era una experiencia sobre la cual sólo había leído. Soñaba con ir al circo, pero jamás había pisado uno.

–¡Claro que sí! –conseguí chillar.

Estaba convencida de que aquel día ya no podía ser mejor.

Durante las semanas que estuve allí supe que hacer feliz a su familia era lo que mayor placer proporcionaba a la tía Catherine, y yo empecé a sentirme parte de ella. Sus dos hijos (Roy, que era un año mayor que yo, y Hazel, cinco años mayor) me habían ignorado hasta entonces. Roy porque yo todavía no estaba lo bastante fuerte como para jugar, y Hazel debido a la diferencia de edad. Por eso me sorprendió y me alegró bastante que, dos semanas después de mi llegada, Hazel se ofreciera a mostrarme su caballo. Los caballos eran su pasión y ella cabalgaba desde que era niña (hasta que creció había sido dueña de un pony). Le habían regalado su nuevo caballo al cumplir quince años y constituía su orgullo y alegría.

Me contó que era un caballo castrado, un zaino de color claro de casi un metro y medio de altura. Comprendí que sentía por su caballo algo similar a lo que yo sentía por *Judy*, si bien Hazel dejó bien claro que, aunque los perros estaban muy bien como compañeros, un caballo podía ser montado y era, por lo tanto, de mayor utilidad.

La tía Catherine nos trajo un montón de zanahorias para alimentarlo y le advirtió a su hija que no me permitiese caminar demasiado. Sintiendo por Hazel una incipiente adoración, la seguí en dirección al campo. Allí, un lustroso caballo marrón claro, mucho más grande que los ponis de Cooldaragh, vino trotando hacia nosotras. Hazel me dijo que extendiese la palma de la mano con la zanahoria encima, y obedecí vacilante. Una oleada de satisfacción me invadió al sentir la suave respiración del caballo haciéndome cosquillas en la mano y mi confianza aumentó cuando se me permitió acariciarle la cabeza.

Hazel cabalgó durante un rato y luego, para mi alegría, me preguntó si me gustaría montarlo.

–¡Sin duda! –fue mi respuesta instantánea.

Después de todo, lo único que se me había aconsejado era no caminar demasiado. Nadie había dicho nada acerca de cabalgar.

Me estiré tanto como pude para montar en el primer estribo mientras Hazel lo mantenía fijo. Entonces, dándome un último impulso, conseguí subir. De pronto, el suelo pareció estar a una gran distancia, de modo que me limité a mirar hacia delante y coger las riendas. En un principio fuimos al paso y luego, cuando adquirí un poco de confianza, di un suave golpecito con los talones, como les había visto hacer a tantos jinetes. Sentí que íbamos adquiriendo velocidad y, a medida que intentaba moverme a su ritmo, con el brío propio de un joven corcel él ya andaba a medio galope. El viento hizo brotar lágrimas en mis ojos, se me nubló la vista y, sintiendo que perdía el control, mi entusiasmo dio paso al miedo. Oí a Hazel gritando el nombre del caballo mientras él galopaba por el campo. Me gritó que tirase de las riendas, pero todos mis esfuerzos estaban puestos en mantenerme sobre la montura.

Entonces, con fogoso placer, el animal alzó sus dos patas traseras en el aire y yo volé sobre su cabeza. Quedé sin respiración tras caer en picado y por un instante vi las estrellas. Quedé yaciendo en el suelo, con los miembros en jarras y los ojos abiertos pero desenfocados.

La voz preocupada de Hazel penetró en mi neblina mental y la veneración que sentía por ella fortaleció mi columna. Cogí fuerzas esperando a que el mundo dejase de girar a mi alrededor y luego, con cautela, me incorporé. La mirada de espanto de Hazel se atenuó a medida que me ayudaba a limpiarme, sin duda agradeciendo que no hubiese ningún hueso roto por el cual dar explicaciones.

–Debes volver a montar el caballo –dijo para mi consternación–. Si no lo haces ahora no lo harás nunca. Siempre tendrás miedo.

Miré al corcel, que inconsciente de mi malestar, mascaba satisfecho la última de las zanahorias, y de pronto me pareció ver a un gigante. Hazel me aseguró que ella lo guiaría y, aunque no la creí del todo, volví a montar el animal. La adoración por el prójimo puede hacer de cualquiera de nosotros valientes soldadillos y yo me vi recompensada, pues aquel día nos hicimos amigas y firmamos un pacto de silencio, convencidas de que la tía Catherine sería mucho más feliz si no se enteraba de nuestra pequeña aventura.

La vida en casa de mi tía aquel verano transcurrió con gran tranquilidad. Yo estaba más confinada en la casa que sus dos hijos, por lo que pasaba los días sentada en el jardín leyendo o ayudando a mi tía en la cocina. Por las mañanas su máquina de coser ocupaba la amplia mesa de madera y de ella surgían, como por arte de magia, ropas para toda la familia. Primero me confeccionó los tres vestidos. Yo permanecía a su lado mientras ella, armada con un puñado de alfileres y la cinta métrica, prendía con los alfileres la tela hasta que sólo quedaba por coser el dobladillo, que terminaba a mano durante las tardes. El almuerzo consistía en un simple tentempié, que comíamos al calor de la cocina, pero los platos de la tarde siempre se servían en el comedor.

Al anochecer, mi tía dejaba la máquina de coser de lado mientras comenzaba a preparar la cena. Yo picaba verduras, pelaba patatas y preparaba tazas de té para mi tía y para mí mientras ella cocinaba los platos favoritos de la familia: deliciosos guisos y estofados. Salvo los lunes, cuando había trozos de carne fría sobrantes del domingo junto con encurtidos y puré de patatas.

El tío Cecil, el marido de la tía Catherine, era un hombre alto y delgado de cálida sonrisa y ojos vivaces. Trabajaba como gerente del banco local, y todas las tardes se cambiaba su traje de raya diplomática por unos pantalones de pana mucho más cómodos, una camiseta y una chaqueta revestida de cuero que le gustaba mucho. Entonces se relajaba con un gintonic que mi tía servía para ambos como parte del ritual de cada tarde.

Una vez que habían terminado el segundo trago, nos sentábamos a la mesa para cenar. Cecil ocupaba la cabecera y Catherine servía la comida. La rutina familiar obligaba también a que él les preguntase amablemente a su mujer y a sus hijos por las actividades del día. Sin olvidarme, me consultaba acerca de mi salud y comentaba el buen aspecto que empezaba a adquirir.

A menudo, una vez la cocina estaba limpia, jugábamos a juegos de naipes o de tablero, como el juego de la oca. Luego venía el baño y por fin nos acostábamos. Cada noche se me permitía leer durante media hora antes de que mi tía viniese a mi habitación, me arropase en la cama y apagase la luz. Entonces me dormía con el recuerdo feliz de mi beso de buenas noches.

Al fin llegó el día de ir al circo. Luciendo mi nuevo vestido blanco y rosado, y con mi chaqueta blanca, subí al asiento trasero del coche. Roy, con sus cabellos rubios escrupulosamente peinados con la raya al medio y vistiendo unos pantalones largos de color gris y una chaqueta azul marino, se sentó a mi lado intentando parecer indiferente mientras yo balbuceaba de entusiasmo.

Unas luces brillantes iluminaban la parte superior de la carpa, y las colas para entrar estaban llenas de niños que iban de la mano de sus padres, con unos rostros animados que reflejaban la emoción que sentían. Al entrar a la enorme carpa, me asaltó el aroma a serrín mientras ocupábamos nuestros asientos en las gradas. Estaba completamente embelesada. Primero aparecieron los payasos, con las caras pintadas y las bocas desplegadas en interminables sonrisas, seguidos por perros danzarines, unas pequeñas y enérgicas criaturas blancas y negras con gorgueras blancas alrededor del cuello. Al finalizar su acto, cada perro se sentó en un pequeño taburete, esperando la ronda de aplausos que tanto merecían. Podía ver a los niños que me rodeaban con los ojos abiertos de par en par y las mejillas sonrojadas por la emoción del circo, estirando el cuello para ver la reaparición de los payasos. Entonces escuché un sofocado grito de asombro cuando a su actuación siguió la de los grandes felinos. Con las manos abiertas a cada lado para mantener el equilibrio, me esforcé por sentarme tan alto como me era posible, sin intención de perderme ni un segundo de su actuación. Compartí el entusiasmo de los otros niños, conteniendo la respiración con ellos cuando esas grandes y hermosas criaturas doradas saltaban a través de un aro de fuego, y aplaudí sin pausa cada vez que el domador cogía su látigo. Me quedé muda al tiempo que mis ojos fascinados miraban hacia arriba y un «¡oh!» absorto se formaba en mi boca y en las del resto de la audiencia cuando los artistas del trapecio iniciaron sus increíbles vuelos.

Luego vinieron los majestuosos elefantes, cada uno de los

cuales agarraba con su trompa la cola del que tenía delante; un bebé elefante cerraba la hilera. Supuse que los pequeños taburetes se romperían cuando, en el gran final, todos apoyaron en ellos sus gigantescos traseros, y suspiré decepcionada cuando abandonaron la arena. Por último, los payasos volvieron a aparecer para anunciar la conclusión del espectáculo. Apenas podía moverme; me sentía encerrada en esa burbuja mágica de pura alegría que sólo la niñez puede proporcionar. Muchos años después, cuando firmé una petición para prohibir el uso de animales en circos, volví a recordar con triste nostalgia la magia de aquella noche.

Dos semanas más tarde la tía Catherine me comunicó las que, según ella, eran buenas noticias. Mis padres irían aquel fin de semana y yo volvería con ellos. Me llevarían a un último chequeo en el hospital y, si todo iba bien, podría regresar a la escuela para otoño.

Mis sensaciones al oír tales noticias fueron ambiguas: por una parte echaba de menos a mi madre y a *Judy*, pero por otra me había habituado a la vida en un hogar feliz, a ir bien vestida y a sentirme parte de la familia de la tía Catherine. Deseando complacerla, le dirigí mi mejor sonrisa y le aseguré que la extrañaría mucho, pero que deseaba volver a ver a mis padres.

Llegó el fin de semana. Escuché cómo el coche de mis padres se detenía y salí a la puerta de entrada con mi tía cuando fue a recibirlos. Se produjo una sucesión de abrazos y besos, y exclamaciones sobre lo mucho que había crecido y lo bien que se me veía. Aquella noche fue mi madre la que me arropó en la cama y me dio mi beso de buenas noches; un beso que todavía sentía en la mejilla mientras yacía en la cama y me preguntaba qué me depararía la semana siguiente.

CAPÍTULO 16

El chequeo en el hospital resultó satisfactorio y el médico dictaminó que estaba en condiciones de volver a la escuela, si bien debía ser eximida tanto de los deportes como de las clases de educación física, pues todavía no consideraban que estuviera lo bastante fuerte. Recibí esas noticias con placer. En esa escuela en particular la popularidad no se obtenía por las habilidades de un alumno en clase, sino por su habilidad en el campo de hockey, su velocidad jugando al tenis o su agilidad para la gimnasia. Y yo no destacaba en ninguna de estas actividades. Ahora contaba con la mejor excusa posible para escapar de las clases que menos me agradaban y al ridículo que mi empeño inevitablemente generaba.

Mi madre había cogido unas breves vacaciones en el trabajo para contribuir a que yo volviese a la normalidad, y durante las dos semanas siguientes disfruté de su compañía cuando volvía a casa. Siempre me esperaba con bollos recién horneados y una tetera caliente, y los viernes preparaba café casero, que a mí me encantaba. Pero mi mayor placer era tener a mi madre para mí sola, poder conversar con ella sin sentir la mirada furtiva de mi padre siguiendo mis pasos.

Después de comer y jugar con *Judy*, me sentaba junto a la mesa de la cocina para hacer mis tareas escolares, que eran mucho más exigentes ahora que estaba en la secundaria y tenía todo un período perdido que compensar. Mi madre me preparaba la cena mientras yo estudiaba sentada en esa cálida cocina, deseando que esos días no concluyesen jamás.

Decidí enfrentarme a mi padre cuando mi madre tuviese que volver a trabajar. Le diría que ahora yo ya sabía que lo que me hacía estaba mal. Aunque siempre me había repugnado lo que me hacía, hasta entonces lo había aceptado como algo inevitable. Pero tras seis semanas de vivir en un hogar feliz había llegado a comprender lo malo que era aquello. Instintivamente, siempre había sabido que no debía revelar «nuestro secreto», sabía que era algo vergonzante, pero era aún demasiado joven para comprender que quien debía avergonzarse era él y no yo. Creía que si le contaba a la gente lo que sucedía, nadie volvería jamás a verme como a una niña normal y, de uno u otro modo, me considerarían culpable.

Calmada por un falso sentimiento de seguridad, había conseguido retomar el ritmo escolar. La difusión de mi delicada condición física me apartó aún más de mis compañeros, pero al menos los otros niños me dejaban en paz. Sus burlas llegaron a su fin pues, tras una convalecencia tan prolongada, los maestros dejaron bien claro que no tolerarían ningún abuso.

Llegó entonces el último día de vacaciones de mi madre, que trajo consigo la reaparición del padre jovial. Entró a la casa con una radiante sonrisa en el rostro y un ligero aroma a whisky en el aliento. En dos ocasiones intenté no expresar desagrado cuando me pellizcó la barbilla con la mano y luego la deslizó por mi mejilla hasta hacerla reposar sobre mi cabeza.

—Mira, Antoinette, tengo un regalo para ti.

Se desabotonó la parte superior de su abrigo y desde allí asomó una pequeña criatura gris cubierta de un suave pelaje que movía suavemente sus diminutas garras desde el jersey de mi padre. Éste la cogió con las manos y yo alcé los brazos para agarrarlo. El cálido cuerpecito se acurrucó en mi pecho y el primer retumbar de un feliz ronroneo empezó a vibrar en su estómago. Acaricié su piel, sin creérmelo del todo. ¡Mi propio gatito!

—Es tuyo, lo vi en la veterinaria y pensé en traérselo a mi niñita.

Y yo, que todavía ansiaba creer en el padre bueno, me permití a mí misma convencerme de que volvía a existir y le sonreí con placer. Bauticé *Oscar* al pequeño bulto gris, quien recibió de parte de mi madre una caja provista de una vieja manta y, de parte de *Judy*, un olfateo curioso. A la mañana siguiente *Oscar* se hacía un ovillo graciosamente al lado de *Judy*, regodeándose en el calor de su cuerpo mientras ella actuaba con total indiferencia.

Aquella semana mi padre empezó su turno de noche y cuando volvía a casa era a él, y no a mi madre, a quien encontraba esperándome. Por fin decidí llevar a la práctica mi recién adquirida valentía y le dije «no». Él me sonrió, y luego me guiñó un ojo.

–Pero a ti te gusta, Antoinette. Me lo dijiste, ¿lo recuerdas? ¿Acaso le mentiste a tu papi aquella vez? ¿Eh?

Sentí que la trampa se cerraba a mi alrededor, pues una mentira podía ser castigada con una paliza. Enmudecida por el miedo y la confusión, permanecí frente a él con el cuerpo tembloroso.

Su humor cambió de repente.

–Hazle a tu padre una taza de té –me ordenó y con gratitud escapé de allí.

Unos minutos más tarde mi padre sorbía el líquido caliente con los ojos ceñidos en una expresión que no pude desentrañar, pero que sin duda no presagiaba nada bueno para mí.

–Antoinette, tú sabes que tu madre y yo lo hacemos. Lo hacemos todo el tiempo.

Lo miré con horror, incapaz de alejar mi mirada de sus ojos burlones. Él prosiguió:

–¿Acaso todavía no sabes de dónde vienen los bebés?

En realidad yo lo ignoraba, pero no tardé en saberlo y él, estoy segura, disfrutó contemplando la repugnancia que sus palabras me producían. Pensé en todas las mujeres embarazadas que había visto, mujeres que parecían felices con su condición, y sentí que me descomponía al pensar que todas ellas habían sido partícipes de ese acto tan horrible. Pensé entonces que la tía que yo tanto adoraba debía de haberlo hecho al menos en dos ocasiones, y también mi madre. ¿Cómo era posible? Las ideas revoloteaban por mi mente y sentí un miedo nuevo y distinto. Toda mi percepción de los adultos cambió aquella tarde y los últimos vestigios de seguridad, según yo la conocía, me abandonaron dejándome a la deriva, con el desconcierto como única compañía.

Pensando que ése sería mi único temor, mi padre me dijo que no podía quedarme embarazada, pero aun así seguí negándome. Él se rió de mí.

–Deja que te diga una cosa, Antoinette. A tu mami le gusta.

Entonces, al parecer aburrido de atormentarme, se encogió de hombros y se marchó.

Me pregunté si había ganado el primer asalto. ¿Podía realmente ser tan fácil como eso?

Lo cierto es que no. Tan sólo había ganado una escaramuza menor, ni tan siquiera una batalla, y la guerra estaba por comenzar. Al día siguiente fui a la oficina de mi madre. Quería sorprenderla, acompañarla en su trabajo, y al mismo tiempo evitar las pullas de mi padre; esas pullas que me habían impedido dormir la noche anterior, pues unas imágenes perturbadoras acosaban mi mente. Cuanto más intentaba expulsarlas, más se empeñaban en seguir allí forzándome a dar más y más vueltas en la cama.

–¡Qué agradable sorpresa, cariño! –exclamó mi madre y me señaló un sitio donde podía sentarme a esperarla.

Cuando terminó de trabajar alzó la mirada, me dirigió una cariñosa sonrisa y me presentó a sus colegas de la oficina mientras desempeñaba el rol de madre orgullosa. Entonces, rodeando con un brazo los hombros de una hija que ansiaba confiar en ella, me acompañó hasta la puerta.

Mi padre estaba esperándonos. De algún modo, al ver que no volvía de la escuela se le había ocurrido dónde podía haberme dirigido y se propuso superarme en astucia. Le dijo a mi madre que en el cine local proyectaban una película que a ella sin duda le gustaría y que deseaba llevarla. El cine era algo que me encantaba, de modo que, pensando que yo estaba incluida en la propuesta, los miré a ambos con ilusión.

–Bien, Antoinette, ¿has hecho tus deberes? –preguntó entonces mi padre, conociendo la respuesta antes de que yo llegase a dársela.

–No.

–Entonces has de quedarte en casa. Tu madre y yo te veremos después. Si querías acompañarnos, tendrías que haber venido aquí directamente de la escuela.

Me sonrió mientras lo decía, con un rostro que me indicó que estaba comenzando a perder otra vez.

–No te preocupes, cariño –añadió mi madre–. No faltarán más ocasiones. Prepárate algo de comer y no dejes de hacer toda tu tarea.

Me volví hacia casa mientras ellos, absortos en sí mismos, se marchaban en la dirección opuesta.

Tres días más tarde, cuando regresé de la escuela, vi que *Oscar* yacía en la canasta de *Judy*, completamente inmóvil. Supe que estaba muerto antes de alzarlo. Su cabeza estaba en una posición extraña y su pequeño cuerpecito ya estaba tieso cuando lo sostuve, elevando desesperada la mirada hacia el rostro de mi padre.

–Debe de haberse roto el cuello mientras jugaba –fue su explicación, pero no le creí.

Años después, recordando aquel día, pensé que probablemente mi padre fuese inocente, pues nunca lo había visto ser cruel con un animal. Quizá lo haya acusado erróneamente de aquel suceso. En todo caso, creerlo culpable me debilitó y él, al advertirlo, aprovechó la oportunidad para sacar ventaja de mi dolor. Me cogió de la mano y me llevó al dormitorio.

Una profusión de lágrimas me inundaba el rostro y, con una nota de amabilidad en la voz (que ocultaba sus verdaderas intenciones), me dio una pequeña botella y me indicó que bebiera. Un líquido ardiente se deslizó por mi garganta y no cesé de toser hasta que su cálido fuego se extendió por mi interior. No me gustó el sexo que vino a continuación, pero me gustó el whisky.

Así fue que, a los doce años de edad, descubrí que el alcohol podía atenuar el dolor y lo vi como un amigo. Sólo varios años más tarde comprendí que la amistad con una botella puede convertirse, a la larga, en una amistad con el enemigo.

Desperté sabiendo que algo bueno estaba por ocurrir. Mi mente, todavía adormecida, intentaba adivinar de qué se trataba y el entusiasmo inundó mi cuerpo. Mi abuela inglesa vendría de visita. Se quedaría con nosotros durante varias semanas, dormiría en el sofá cama de la sala de estar y estaría allí para recibirme todos los días cuando volviese de la escuela. Y lo mejor de todo, durante su visita mi padre no se atrevería a acercarse a mí. Durante el tiempo que durase su visita el padre bueno estaría a la vista y mi madre podría jugar su juego de la familia feliz.

Me relajé, tranquila, pensando en la libertad que me esperaba a lo largo de aquellas pocas semanas, y luego de mala gana me vestí para ir a la escuela. Me habría gustado estar en casa para recibirla, pero en cambio sería mi padre quien lo haría. Con todo, dado que él no consideraba que las visitas de mi abuela le aportasen libertad (en realidad, más bien lo contrario), yo era consciente de que existía otra bonificación. Tal como lo había hecho en otras ocasiones semejantes, mi padre volvería a cambiar su turno laboral al horario diurno y lo vería mucho menos.

Por una vez me resultó arduo concentrarme en la escuela y las horas pasaron con lentitud. Ansiosa por volver a casa, esperé impaciente la campanada final. Al oírla, me abalancé en dirección a las verjas y luego caminé tan aprisa como pude rumbo a nuestro hogar.

La llamé al entrar. Ella no tardó en venir a buscarme con una sonrisa de amor en el rostro y los brazos abiertos de par en par listos para abrazarme.

Teniendo en cuenta su postura siempre erguida y su costumbre de llevar tacones altos, daba por sentado que mi abuela era muy alta, pero al abrazarla me percaté de pronto de lo diminuta que era. Con mi calzado escolar de suela plana, descubrí que mi cabeza superaba ya su hombro.

Sentada junto a la mesa de la cocina mientras ella servía el té, me tomé unos minutos para estudiar su rostro a través de la nube de humo que siempre parecía rodearla, pues el cigarrillo con filtro daba la impresión de estar pegado a sus labios. Cuando yo era más pequeña, solía observarlo con fascinación, esperando a que cayera, pero eso nunca sucedía.

Habían transcurrido varios meses desde su última visita, y noté que había más arrugas finas surcando su piel de porcelana y que la nicotina había pintado un mechón amarillo en lo alto de su cabellera, en otros tiempos pelirroja. Su sonrisa, aún llena de cordialidad (y que me parecía estar destinada solamente a mí), revoloteaba por su rostro al tiempo que disparaba numerosas preguntas. Preguntas acerca de mi salud, de la escuela y de los planes que había hecho para cuando terminase el curso, si es que tenía alguno.

La tranquilicé acerca de mi salud. Le conté que ahora ya estaba completamente recuperada, aunque todavía no podía tomar parte en las actividades deportivas. Le dije que, si bien no me gustaba mi escuela, mis notas eran siempre altas, y le revelé mi ambición: ir a la universidad y convertirme en profesora de literatura.

Durante la hora siguiente, mientras conversábamos, no dejó de llevarse una vez tras otra a los labios su taza de porcelana de hueso[1]. Nuestra charla sólo fue interrumpida para

1. Porcelana de hueso: en inglés *bone china*, porcelana translúcida y muy vidriada producida en Inglaterra a imitación de la porcenala china. Durante el proceso se emplea como fundente ceniza de hueso, que se obtiene por calcinación eliminando los componentes orgánicos. Tras su cocción da un color blancuzco. *(N. del T.)*

hervir más agua y así volver a llenar la tetera. Recuerdo que, mientras la miraba beber, me explicaba que la única porcelana de la que podía hacerse una taza de té era la porcelana de hueso, y no dejaba de reprender a mi madre cuando ésta sacaba su propia taza del bolso para luego ponerla sobre la mesa.

Me fascinaba la belleza de este tipo de porcelana y la primera vez que mi abuela sostuvo su taza ante la luz, descubrí admirada que era posible ver el contorno de sus dedos a través de ella.

Me pregunté cómo era posible que un objeto de aspecto tan delicado fuese lo bastante resistente como para no partirse después de que mi abuela lo llenase multitud de veces con el té hirviendo y casi negro que tanto le gustaba.

Ahora que mi abuela estaba en casa, mis padres empezaron a actuar como si hubiesen contratado a una canguro permanente, y sus salidas por las noches, sobre todo al cine local, se volvieron más frecuentes. No le conté a mi abuela que, de no haber estado ella allí, me habrían dejado sola, si bien no tan a menudo como para que los vecinos lo notasen. Si la actitud violenta de mi padre hacia mí no bastaba para atemorizar a mi madre, el miedo a que se produjeran cotilleos resultaba siempre eficaz.

Mis padres se marchaban dejándome una lista interminable de instrucciones dirigidas a mí: que terminase mis deberes, que fuese buena y que me acostase cuando me lo dijera mi abuela, y otras más, a lo que seguía un fugaz beso de mi madre. Un alegre «te veré por la mañana, cariño» escapaba de su boca, pintada con esmero. Entonces la puerta se cerraba y mi abuela y yo nos lanzábamos mutuamente miradas furtivas. Yo, preguntándome qué opinaba ella acerca del modo en que me ignoraban; mi abuela, preguntándose en qué medida me afectaba.

Aquellas tardes mi abuela y yo solíamos jugar a las cartas. Ahora que ya había dejado atrás juegos para niños como el *snap*[1], progresé con satisfacción hasta el *gin rummy* y el *whist*[2]. Algunas veces nos entreteníamos también con juegos de tablero como el de la oca o el Monopoly. Las horas transcurrían a toda prisa mientras yo, determinada a vencer, me concentraba en silencio antes de realizar cada uno de mis movimientos. Mi abuela, al parecer con igual determinación, me observaba a través del humo de sus cigarrillos, que siempre pendían precariamente de sus labios.

La hora de acostarse llegaba demasiado pronto y me tocaba una última bebida caliente antes de subir las escaleras e irme a la cama. Mi abuela siempre me concedía media hora antes de subir conmigo. Entonces me abrazaba muy fuerte y yo respiraba su aroma a polvos de maquillaje mezclado con su perfume «lirios del valle», que con el paso de los años había quedado casi perdido detrás del penetrante olor a tabaco.

Sólo en una ocasión mostró en mi presencia su reprobación por la actitud de mis padres. Ellos, otra vez vestidos para su salida nocturna, manando ese resplandor mutuo que los convertía en una pareja, pero jamás en una familia, mencionaron el título de la película que se proyectaba esa noche. Era un filme de Norman Wisdom que les había oído mencionar a mis compañeros de escuela y que yo deseaba ver. Mi expresión debió de evidenciar la ilusión que me hacía, ilusión de ser incluida aunque no fuera más que por una vez. Mi abuela se percató de ello e intentó ayudar.

–Pero Ruth –le dijo a mi madre–, ésa es una película apta para todos los públicos. No te preocupes por el hecho de que me quede sola. Mañana es sábado y Antoinette puede acompañaros, si te parece bien.

1. *Snap:* literalmente algo así como «¡espabílate!», es el nombre de un juego donde se van soltando cartas y, si una persona echa la misma carta, se ha de decir *snap* muy rápidamente, pues en caso contrario deberá recoger todas las cartas que haya en la mesa. *(N. del T.)*
2. El *whist*, conocido en algunos países de habla hispana como «julepe», es similar al *bridge*. *(N. del T.)*

Mi madre se quedó tiesa por un instante, antes de aclarar sus ideas y responder suavemente:

–Sí, pero no en esta ocasión. Tiene tareas que hacer.

Entonces se volvió hacia mí y formuló una promesa en la que yo ya no creía en absoluto:

–Ya habrá otras ocasiones, cariño –dijo con un tono de voz que pretendía consolarme pero no lo logró.

Luego me acarició el cabello y se marchó, dejándome sentada en un estado de total desconsuelo.

–¡Eso no es justo! –le escuché murmurar a mi abuela–. ¡Pero arriba el ánimo, Antoinette!

Y pronunciadas estas palabras se fue a poner el hervidor de agua al fuego para prepararme otra taza de té.

Debió de decirles algo a mis padres, pues la noche siguiente ambos se quedaron en casa y, cuando llegó la hora de acostarse, fue mi madre y no mi abuela quien vino a arroparme. Se sentó junto a la cabecera de la cama, interpretando con convicción el papel de madre cariñosa, el cual se creía totalmente.

–Tu abuela me contó que te puso muy triste que no te llevásemos al cine anoche, pero sabes que no podemos llevarte a todos los sitios adonde vamos. Pensé que te gustaría pasar algo de tiempo con tu abuela. En realidad, es a ti a quien ella viene a visitar.

–Pero ella viene a visitarnos a todos –murmuré.

–Claro que no, su favorito es mi hermano. Siempre lo ha sido. Y su esposa es muy afín a tu abuela. No, cariño, de no ser por ti, creo que yo no la vería nunca por aquí. De modo que me parece un poco egoísta dejarla sola, ¿no te parece?

–Sí –respondí, pues ¿qué otra cosa podía decir?

Mi madre me sonrió, satisfecha ante mi comprensión.

–Así que no volveremos a escuchar ninguna tontería semejante, ¿no es así, cariño?

Me miró esperando la respuesta que sabía que vendría a continuación.

–No –susurré por fin y, con un veloz beso que apenas tocó mi mejilla, se marchó dejándome en la oscuridad de la habitación, meditando sobre el modo egoísta en que me había portado con la abuela a la que tanto quería.

Cuando se presentó la siguiente ocasión, le dije a mi abuela que la única película que había deseado ver era aquella y que mi madre me llevaría a ver un filme de Norman Wisdom cuando llegasen las vacaciones escolares. Le aseguré que me alegraba que mis padres saliesen, pues adoraba pasar el tiempo con ella. En eso no mentía, pero aun así no me agradaba ser excluida. Sabía que se trataba de otra prueba de lo poco que me querían. Supuse que también mi abuela lo creía así, pero pareció aceptar el valor nominal de mis palabras y pronto nos sumergimos en una grata partida de *gin rummy*. Una partida que gané, lo que dejaba en claro que mi abuela no estaba tan concentrada como habría debido.

Aquella noche me preparó leche con chocolate y me dio una galleta extra. Al día siguiente me la encontré esperando en las verjas de la escuela. Me dijo que había decidido llevarme a tomar el té y le había explicado a mi madre que ya haría mis tareas más tarde.

Orgullosa, me aferré a su brazo. Iba vestida con su más elegante abrigo de tweed, y llevaba un pequeño sombrero azul coronando su cabeza. Me encantó que los demás niños viesen que tenía un familiar que no solamente se preocupaba por mí sino que además tenía buen aspecto.

Me alegré al día siguiente cuando mis compañeros subrayaron lo guapa que era mi madre. Los corregí añadiendo que aquella mujer pelirroja que habían visto a mi lado era mi abuela.

Las semanas en su compañía pasaron deprisa y, mucho antes de lo que hubiera querido, llegó el momento de su partida. Contemplando mi rostro desolado aquella mañana, me prometió que no tardaría en volver a visitarme. De hecho, ya había planeado venir a verme antes de las vacaciones de verano.

Aquello me parecía muy distante, pues se avecinaban las vacaciones de Pascua, y ni siquiera la perspectiva de no ir al colegio compensaba las tres semanas durante las cuales, era consciente, volvería a estar sometida al poder de mi padre. Semanas en las que, sin duda, volvería a pasarse al turno de noche y tendría pocas oportunidades de huir.

CAPÍTULO 17

El último día de clases me encontré rodeada por el parloteo entusiasta de mis compañeros. Todos hacían planes para encontrarse durante las vacaciones y se producían debates sobre el modo en que se divertirían en sus semanas de libertad. Por una vez me alegró que no me incluyesen en la conversación, pues ¿qué hubiera podido aportar?

Al marcharse, mi abuela me había dado algunos billetes con instrucciones de emplearlos en comprarme algo. Entonces, para asegurarse de que así lo hiciera, me pidió que le escribiese en un papel qué me compraría. Yo ya lo había decidido: quería una bicicleta y sabía dónde había una a la venta. Había visto un anuncio en una tienda local donde se ofrecía una bicicleta de mujer por dos libras y diez peniques. Ahora que poseía el dinero, tomé la decisión de comprarla. Me imaginaba a mí misma entrando en la escuela en mi bicicleta tras las vacaciones y aparcándola junto a las otras.

Una rápida llamada telefónica me confirmó que la bicicleta seguía disponible, de modo que en mi primer día de vacaciones me dirigí a la dirección que me habían proporcionado. La transacción duró unos pocos minutos, al cabo de los cuales ya iba pedaleando triunfante. Al principio, el manillar se tambaleó peligrosamente debido a mi inexperiencia con los pedales, pero al cabo de una hora ya había dominado la complejidad de las tres velocidades y mi equilibrio. Fascinada con la nueva sensación de libertad que la bicicleta me daba, pensé en ir hasta la ciudad vecina, Guildford, y explorar las calles adoquinadas que había visto cuando mi madre y yo habíamos cogido el autobús allí.

Todavía me quedaba algo de dinero, de modo que no sólo pude visitar las librerías de segunda mano locales, sino también la panadería favorita de mi madre. Allí enseguida se me hizo la boca agua al oler el cálido aroma del pan recién horneado. Decidí comprar una de las crujientes barras que tanto adoraba mi madre y llevarla para tomar el té.

En mi mente tenía planeadas todas las vacaciones. Pasaría el tiempo llevando a *Judy* a dar largos paseos, visitaría la biblioteca, donde podía permanececer horas hojeando libros, y exploraría la campiña con mi bicicleta. Si conseguía terminar mis tareas escolares mientras mi padre dormía, lograría escapar de él antes de que despertase.

Todas las tardes, durante la cena, le contaba a mi madre mis planes para la jornada siguiente y sentía que la tensión con mi padre iba en aumento. Pero si le prometía a mi madre volver de Guildford con su pan favorito, él no podría prohibirme ir. O al menos eso era lo que yo pensaba.

Hacia el final de la primera semana de mis vacaciones, me volví cada vez más aventurera, permaneciendo en Guildford hasta bien entrada la tarde. Regresaba feliz con la intención de llevar a *Judy* de paseo y luego preparar el té para mi madre. Mi alegría pronto se evaporó cuando, a poco de entrar a la casa, escuché un rugido de furia de mi padre.

–Antoinette, ven aquí de inmediato.

Temblando de miedo, obedecí.

–¿Dónde has estado, mi niña? –gritó con el rostro rojo y retorcido por la ira–. Llevo una hora despierto, esperando el té. No puedes marcharte así de casa, ¿me oyes, Antoinette? ¡Eres una inútil! ¡Baja ahora mismo esas escaleras y prepárame un té!

Obedecí a toda prisa, con las manos temblando puse el hervidor de agua al fuego y miré el reloj. Eran casi las cuatro en punto. Mi madre llegaría a casa en poco más de una hora. Aquella noche ya no habría tiempo para que él me tocase, pero sabía que sólo lo había pospuesto.

Tan pronto como hirvió el agua, me apresuré a prepararle su té, puse una galleta en un platillo y se lo llevé. No bien me volví para salir de su habitación, oí el tono amenazador de su voz.

–¿Adónde te crees que vas? Aún no he terminado contigo.

Las piernas me flaquearon a medida que las ideas se amontonaban en mi cabeza. Era imposible que él tuviera esas intenciones si mi madre estaba a punto de llegar a casa.

–Pásame los cigarrillos, luego baja esas escaleras y ten el té listo para tu mami. ¿O te creías que podrías quedarte también toda la noche sin hacer nada?

Me lanzó una mirada que me produjo terror, pues sabía que apenas conseguía mantener el control sobre sí mismo.

Aquella tarde me quitó la bicicleta. Nos explicó a mi madre y a mí que con ella llegaría más rápido al trabajo, y me dirigió una amplia sonrisa y un guiño antes de marcharse pedaleando en mi objeto más preciado. Mi madre no dijo nada.

A la mañana siguiente la bicicleta estaba en el patio trasero con el neumático delantero desinflado, y llegó mi primera menstruación.

Confinada en casa, sin medios de transporte y padeciendo terribles calambres y dolores en el estómago, no tenía la menor escapatoria. Además, él me dejó bien claro el enfado que le producía verse privado de su placer. Primero me hizo limpiar la casa, luego subir y bajar las escaleras con interminables tazas de té. No había acabado de sentarme a descansar y ya estaba llamándome de nuevo. Parecía no tener necesidad alguna de dormir o, si la tenía, entonces su deseo de torturarme era mucho más fuerte. Ésa fue mi segunda semana de vacaciones.

Durante la tercera semana regresó mi abuela y con ella mi vida volvió a cambiar, pues volvía con una misión.

Les había contado a mis padres que yo no era feliz en la escuela, y le parecía difícil pensar que permaneciese allí otros seis años sin perder el deseo de ir a la universidad. Mi abuela sabía que a mi padre no le gustaba Inglaterra, de modo que te-

174

nía la intención de ayudarlos a mudarse nuevamente a Irlanda. Los precios de los colegios privados eran más bajos allí y ella pagaría para que volviese a mi vieja escuela. Incluso me compraría otro uniforme. Se había percatado de que no tenía amigos en Inglaterra, y en Irlanda, al menos, estaba la populosa familia de mi padre.

Mi padre quería volver. Echaba de menos estar con su familia, que lo admiraba y lo veía como a un hombre exitoso, mientras que los parientes de mi madre lo consideraban apenas un irlandés inculto.

Mi madre estuvo de acuerdo, deseando como siempre que al final todo saliese bien. La pequeña casa se puso en venta y no tardó en hallar comprador, los baúles salieron otra vez a la calle y a principios de las vacaciones de verano emprendimos el que sería nuestro último viaje como una familia.

También yo esperaba que aquél fuese un nuevo comienzo. Echaba de menos Irlanda, y las visitas de mi abuela inglesa eran tan esporádicas que su cariño no llegaba a compensar la triste vida que llevaba en Inglaterra. Así que los tres, con ilusiones distintas, abandonamos ese país y regresamos a Coleraine.

Una vez más mis parientes irlandeses nos brindaron una entusiasta bienvenida. Mi abuela irlandesa nos recibió en la calle derramando lágrimas. Mi madre, a quien desagradaba toda demostración pública de emociones, le ofreció un rígido abrazo mientras yo permanecía tímidamente a su lado. Ahora me constaba que sus hogares eran considerados parte de los *slums* o barrios bajos, y que su modo de vida era completamente distinto de aquél al que mi madre había estado habituada. Para mí, sin embargo, la calidez y la amabilidad que me ofrecían compensaban con creces su falta de dinero.

Al ser algo mayor, la sala de estar me pareció claustrofóbicamente pequeña y asfixiante. La diminuta mesa cubierta con papeles de periódico proclamaba la pobreza de aquella casa. Cuando fui al retrete exterior, me conmovió que hubiese un rollo de papel higiénico, consciente de que lo habían colocado allí sólo para mi madre y para mí. Páginas de periódico recortadas en cuadrados colgaban sujetas con un alfiler para aquellos con sensibilidades menos delicadas.

Mi familia irlandesa debió de ver en mí una versión más joven de mi madre. Yo hablaba como ella, me sentaba como ella y mis modales eran los que la clase media inglesa me había inculcado desde mi nacimiento. Ahora que ya no era una niña pequeña debieron de buscar las similitudes entre mi padre y yo, pero probablemente no encontraron ninguna. Vieron en mí a la hija de una mujer a la cual toleraban por el bien de mi padre, pero nunca nos consideraron parte de su familia. Al igual que mi madre, yo era una visitante en su hogar, y me querían por ser hija de mi padre, pero no por mí misma. Creo que eso fue lo que hizo que su decisión, dos años después, no resultase tan complicada de tomar.

Así era Irlanda del Norte a fines de la década de 1950. Así era Ulster, cuyos pequeños pueblos grises tenían los bordillos de sus aceras pintados de rojo, blanco y azul, y ostentaban orgullosamente banderas en sus ventanas.

En el pueblo al que pertenecía mi familia paterna, la población masculina vestía trajes y sombreros negros para marchar durante el *Orange Day*[1]. Protestantes incondicionales, los residentes de Coleraine se ponían de pie al sonar el himno nacional pero despreciaban a los ingleses, sus «decadentes amos de la costa de enfrente». Irlanda del Norte hacía gala de enormes prejuicios y su población estaba pésimamente informada acerca de su propia historia. Aunque su rechazo hacia los ingleses tenía sus raíces en el relato de los horrores ocurridos durante la hambruna de la patata del siglo XIX, sus profe-

---

1. *Orange Day:* Fiesta que conmemora el aniversario de la victoria del príncipe Guillermo de Orleans sobre las fuerzas de Jacobo II en 1690, que impuso la supremacía de Inglaterra sobre Irlanda. Se celebra cada 12 de julio, e incluye numerosos desfiles. *(N. del T.)*

sores de historia deberían haberles explicado que un gran número de ellos tenían antepasados católicos que habían «bebido la sopa» para sobrevivir. Era la recompensa de caldo diluido por cambiar de religión lo que hizo que tantos se convirtiesen. Pero ante la pregunta, cualquiera respondería que odiaba a los católicos mucho más que a los ingleses. Los católicos, que tanto habían perdido bajo el dominio británico y eran vistos todavía como ciudadanos de segunda categoría, aún podían sentirse orgullosos de su historia. En cambio, las familias como la nuestra, capaces de rastrear los orígenes de su genealogía hasta los caciques que alguna vez gobernaron Irlanda y la defendieron contra sus invasores, no sentían el menor orgullo, porque habían renegado de sus antepasados. Durante los años que viví allí, en los que pasé de la infancia a la adolescencia, aprendí que la religión tiene muy poco que ver con el cristianismo.

Pero aquél era también un país en el que la gente de las pequeñas comunidades se protegía mutuamente. Durante la niñez de mi padre, cuando los tiempos eran difíciles, el que tenía algo de comida la compartía con quien carecía de ella. Un país que había conocido años de privaciones era también un país, como yo acabaría descubriendo, en el que una comunidad entera podía adoptar una postura uniforme, y donde la amabilidad podía ser reemplazada por una inquebrantable falta de misericordia. Con sólo doce años de edad no logré entender aquello. Irlanda era para mí sólo el lugar donde había pasado algunos de mis momentos más felices.

Aunque me percaté de que mis parientes ya no me veían de la misma manera que hacía tres años, todavía sentía cariño por ellos. Me alegró saber que, hasta que mis padres hallasen una casa propia, *Judy* y yo podríamos permanecer con mis abuelos, en tanto que mis padres se mudarían a casa de mi tía en la ciudad costera de Portstewart. Aquellas casas eran demasiado estrechas para acomodarnos a todos juntos, de modo que tras inscribirme otra vez en mi antigua escuela, mis padres se marcharon y yo intenté amoldarme a las humildes calles de los barrios bajos de Coleraine.

Los niños eran simpáticos; me pareció que se sentían más fascinados que molestos por mis evidentes diferencias con ellos. Quizás eso se debiera a que soñaban con dejar algún día sus hogares y buscar la esquiva fortuna en Inglaterra. Jóvenes como eran, veían allí una tierra de oportunidades y me disparaban una pregunta tras otra. ¿Eran los salarios tan altos como todos comentaban? ¿Resultaba tan sencillo conseguir empleo como habían oído decir? Tan pronto como terminasen la escuela, cogerían el ferry y se marcharían hacia Liverpool o, si eran más intrépidos, a Londres.

Entre los niños, que me aceptaban con tosca bondad, y mis numerosos parientes que habían hecho cuanto podían por darme la bienvenida, las semanas que pasé allí fueron sumamente gratas. Tenía libertad para salir a jugar desde el desayuno hasta la hora de acostarme, sacaba a *Judy* a pasear al parque y jugaba al críquet, para el cual desarrollé gran habilidad como boleadora. Entornaba los ojos hasta enfocar la pequeña bola blanca, y luego la golpeaba apuntando al pequeño aro dibujado en un muro de la casa. Acerté en dos oportunidades, anotando puntos y dejando fuera de combate a mis oponentes. Y lo que más importante les parecía a los adultos: nunca fallé dando de lleno en una ventana en vez de al muro. Gritaba de regocijo tras cada golpe, mientras que mi equipo me daba golpecitos de aliento en la espalda y me decía que jugaba bien «para ser una niña».

Sí, aquél fue un verano feliz, en el que *Judy* olvidó que era de pura sangre y se volvió una perra callejera, corriendo y jugando con multitud de chuchos que vivían en las calles circundantes, y en el que nadie me regañó por presentarme sucia a la cena. Al mismo tiempo, me entusiasmaba la idea de volver a la escuela. Me preguntaba si me recordarían. ¿Estarían todavía las mismas niñas? La respuesta fue afirmativa a ambas preguntas.

Me readapté por completo, sintiéndome parte de aquella

escuela. No sería la niña más popular de la clase, pero al menos era aceptada.

Justo antes de mi decimotercer cumpleaños, una semana después de que llegara el otoño, mis padres vinieron a recogerme a casa de mi abuela. Habían alquilado una casa prefabricada en Portstewart que sería nuestro hogar temporal mientras buscaban una casa que pudiesen comprar.

CAPÍTULO 18

Aunque mis profesores tenían poca afinidad conmigo (ignoraban los motivos, pero notaban que era diferente en algún aspecto a mis compañeros), el hecho de que al finalizar el curso mis exámenes fuesen los mejores en todas las disciplinas hizo que me ganase su respeto. Mi ambición era ir a la universidad. Pensaba que la educación me proporcionaría libertad y, sin saber las razones, se percataron de mi ambición.

Desde que había estado hospitalizada, se me seguía considerando demasiado delicada para participar en las clases de educación física, de modo que empleaba aquel tiempo para estudiar un poco más. Así acabé volviéndome conocida en la biblioteca de la escuela, que poseía una gran variedad de enciclopedias de distinta temática. Conseguir buenas notas era muy importante para mí: se trataba del único aspecto de mi vida sobre el cual tenía control, el único del que me sentía orgullosa.

La doctora Johnston, nuestra directora, visitaba con frecuencia nuestras aulas y siempre me sirvió de inspiración. Le gustaba despertar las inquietudes de las estudiantes de distintos modos: nos alentaba a leer sobre política e historia, a escuchar música y a escoger de la biblioteca libros de autores que ella recomendaba. Nos ayudó a formar nuestras propias opiniones y a no temer expresarlas.

Al principio del trimestre del que, por motivos que yo ignoraba entonces, sería mi último año escolar, la directora anunció una competición. Se adjuntaron dos listas de temas a la pizarra de novedades que colgaba del salón de entrada. Una estaba orientada a las alumnas menores de catorce años y la otra, para quienes superaban esa edad. Se nos dijo que las leyéramos con detenimiento y escogiésemos un tema que nos interesase; durante el curso deberíamos investigar y escribir un ensayo al respecto, que sería presentado oralmente ante un tribunal de profesores y ante los demás competidores. El premio era un libro. Todo aquello, a mí me parecía sumamente atractivo. Durante la pausa fui a observar la pizarra y leí con desdén el listado de las menores de catorce años. Yo llevaba años sin leer un libro para niños y todos los temas propuestos me parecían ridículamente infantiles. Entonces saltó ante mis ojos uno de los temas de la lista para mayores de catorce: «El apartheid en Sudáfrica», relacionado con un continente sobre el cual yo ya me había sentido fascinada leyendo artículos en las enciclopedias.

Me dirigí hacia la subdirectora, más accesible que la directora, y le pedí permiso para escribir sobre aquel tema en lugar de cualquiera de la otra categoría. Con paciencia, la mujer me explicó que si lo hacía tendría que competir contra niñas cinco años mayores que yo. Cuando constató que, aun así, yo parecía decidida, abandonó toda contemplación y me informó que no habría concesiones a mi edad. Incluso en esas condiciones me mantuve firme y segura de lo que quería hacer.

La subdirectora llamó a la doctora Johnston y, riendo de modo algo condescendiente, le explicó lo que había solicitado. Para mi sorpresa, la directora desautorizó a su colega diciéndole que si yo me sentía preparada para escribir un trabajo en mi tiempo libre investigando sobre una temática que todavía no se había estudiado en la escuela, contaba con su permiso. Me alegró mi victoria, satisfecha de que, al menos por una vez, las cosas se hicieran a mi modo. Sin embargo, aunque era inconsciente de ello, me había ganado a una enemiga en la subdirectora, circunstancia que padecería durante el año siguiente.

Al iniciar mi investigación, la pasión por el tema escogido aumentó. Leí acerca del modo en que la mano de obra era reclutada en las minas cuando se descubrían oro o diamantes, y basé en esta cuestión el inicio de mi ensayo. Escribí que cuando el hombre blanco descubría oro, también hallaba varias toneladas de tierra que debía ser desplazada a fin de producir una onza de ese valioso metal. Para que una mina fuese rentable, era precisa mano de obra barata, lo que implicaba trabajos forzados. ¿Qué motivaría a los campesinos a trabajar largas y agotadoras jornadas bajo tierra si ignoraban el valor del metal enterrado en el suelo?, se preguntaban los dueños de las minas. Durante siglos habían vivido con el sistema del trueque, y para ellos el papel moneda no tenía la menor importancia. Entonces el gobierno aprobó una nueva ley, estableciendo que se impondrían impuestos a los poblados. Ahora que la tierra ya no pertenecía a sus habitantes originales, tampoco les pertenecía su oro, lo que les haría imposible pagar dichos impuestos. La única opción que les quedaría sería enviar a sus hijos en masa a trabajar en las minas. Las esposas fueron separadas dolorosamente de sus maridos, y los hijos, de sus padres. Primero fueron conducidos como ganado en camiones, que los depositaban en trenes donde viajaban con frecuencia cientos de kilómetros hacia un destino incierto.

¿Cómo se sentían esos hombres? Ya no podían gozar de la alegría de ver crecer a sus niños, ni sentir el calor de la sonrisa de sus compañeras, ni escuchar las historias contadas por sus mayores, narraciones que se habían transmitido a lo largo de los años de una generación a otra manteniendo viva la cultura al tiempo que los informaba sobre su propia historia.

Tampoco podían, al finalizar la jornada, sentarse satisfechos a observar la belleza del cielo africano esperando a que, poco a poco, se ocultase el sol, dejando a su paso un cielo de un color rosa pálido manchado con chispas escarlatas y anaranjadas.

También les estaba negado el aroma de la comida cocinada en humeantes ollas, colgando de fuegos al aire libre y servida por sus mujeres. Habían perdido la seguridad y camaradería de sus hogares. La esencia misma de sus vidas había desaparecido. En su lugar, pasaban los días trabajando sin descanso, poniendo en peligro su físico durante interminables horas en medio de la oscuridad, oyendo sonidos extraños en muchas lenguas diferentes, hasta que regresaban a sus inhóspitos y vacíos dormitorios. Ahora eran sus amos quienes controlaban en qué momento debían despertar, y no el suave revuelo de sus aldeas volviendo a la vigilia tras la salida del sol.

No tardaron en comprobar que habían sido despojados de aquel orgullo adquirido el día en que habían alcanzado la mayoría de edad. Volvieron a convertirse en menores para siempre, supervisados por el hombre blanco.

Cuanto más leía, más me indignaba la injusticia del apartheid, un sistema creado exclusivamente para beneficio de la raza blanca. Primero habían declarado que la tierra les pertenecía. Luego habían controlado a sus pobladores originales, restringiendo su libertad en todo sentido, desde la libertad de movimiento, hasta la que proporcionan los resultados de la educación. Esas ideas y opiniones se convirtieron en la base de mi ensayo cuando tenía trece años.

¿Por qué me fascinaba tanto una tierra de la cual, hasta entonces, conocía tan poco? Mirando retrospectivamente, creo que me identificaba con las víctimas, según las veía, y con el control que los europeos ejercían sobre ellas. Reconocía la arrogancia de los hombres que creían ser, por su sola existencia, parte de una raza superior. Yo ya había aprendido que los adultos pensaban también ser superiores a los niños. Y los controlaban, restringiendo sus libertades y moldeándolos a su voluntad.

Los negros africanos, al igual que yo, dependían para llenar sus platos de comida y para contar con un techo sobre sus cabezas de gente que, al estar en una posición de poder, abusaba de ellos. En mi caso y en el de muchos de ellos, se empleaba la crueldad para hacernos sentir indefensos y, gracias a nuestra indefensión, nuestros amos se sentían superiores.

Me imaginaba a la gente que alguna vez había considerado aquélla su nación viéndose obligada a pedir permiso para visitar a sus familias, forzada a desempeñar siempre un rol servil ante sus amos blancos. Amos a los cuales, en la mayor parte de los casos, ellos despreciaban tanto como yo despreciaba a los míos. Me era fácil imaginar su desesperación y la humillación que sentían, e identificarme con tales sentimientos. Así y todo, era consciente de que algún día me marcharía de casa. Como adulta, me era posible albergar la esperanza de un futuro mejor. Para ellos, en cambio, no parecía haber esperanza alguna.

Al finalizar el trimestre llegó el día de la exposición de trabajos. Me dirigí a la sala de reuniones, donde los jueces vestidos de negro estaban sentados a mi izquierda. Las alumnas de dieciséis y diecisiete años estaban frente a mí, mientras que las de dieciocho, con sus elegantes faldas verdes y finísimas medias de nailon en las piernas, se sentaban a mi derecha.

Consciente de mi pichi arrugado y de mis calcetines a la altura de las rodillas, subí los dos escalones en dirección al estrado, apretando en una mano el ensayo para el cual había estado investigando todo el trimestre. Era la última participante aquel día, y la más joven.

Nerviosamente abrí las páginas y sentí que mi voz temblaba cuando empecé a leer. Pero a medida que la pasión que sentía por el tema escogido calmaba mis nervios, noté que la atmósfera en la sala cambiaba de la impaciencia y la indiferencia teñida de curiosidad al interés. Con el rabillo del ojo, pude ver a los jueces inclinándose hacia delante para escucharme mejor. Cuando terminé de pronunciar la última frase, sentí cómo se preparaba un sonoro aplauso incluso antes de oírlo realmente. Supe que había vencido sin necesidad de que la doctora Johnston lo anunciase.

Una amplia sonrisa recorrió mi rostro mientras permanecía allí de pie, triunfante. La fría mirada en los ojos negros de la subdirectora no consiguió minar la alegría y el orgullo que sentí en aquel momento.

La directora me felicitó con calidez y me entregó el libro del premio, y entonces sonaron más aplausos mientras yo descendía del estrado. Nunca me había sentido tan apreciada. Aquella tarde, al coger el autobús rumbo a casa, saboreaba por dentro la inmensa satisfacción que el éxito me había proporcionado. Llegué a la casa vacía, que siempre resultaba desoladora. Acaricié a mi inseparable *Judy* durante unos minutos y le conté acerca de mi día. Luego le abrí la puerta para que saliera a jugar al pequeño jardín.

Mi padre, que yo sabía que aquel día no trabajaba, había salido. Seguramente, como hacía en todos sus días libres, pasaría a buscar a mi madre y ambos regresarían juntos. Así que me lancé de lleno a mi rutina de quitarme el uniforme, colgándolo de forma apropiada, para luego ponerme una falda vieja y un grueso jersey. Vacié el montón de cenizas de la noche anterior que quedaban en el horno y encendí con cuidado un fuego nuevo. Una vez hecho esto, me dirigí a la estrecha cocina, donde lavé la vajilla de la noche previa. Por fin preparé una tetera, a fin de que hubiese té listo esperando a mis padres no bien cruzasen la puerta de entrada.

Tras completar estos quehaceres, dejé que *Judy* volviese a entrar, para que estuviese a mis pies mientras hacía los deberes. Aquella tarde estaba demasiado excitada para estudiar. Deseaba contarle a mi madre sobre el concurso, esperaba que me abrazase orgullosa, algo que llevaba mucho tiempo sin hacer.

Escuché el coche de mi padre e inmediatamente vertí el agua que había estado calentando sobre las hojas de té de la tetera. No bien entraron empecé a contarles las novedades.

–Mami –dije–, he ganado el premio. Mi ensayo fue considerado el mejor de toda la escuela.

–Eso está muy bien, cariño –fue su único comentario antes de sentarse a tomar el té.

–¿Qué premio era ése? –inquirió mi padre.

–El premio por mi ensayo sobre el apartheid en Sudáfrica

–expliqué casi tartamudeando, y sentí que mi entusiasmo se hundía al notar su mirada burlona.

–¿Cuál era el premio? –insistió.

–Un libro –pronuncié y mientras lo hacía adiviné, con el corazón destrozado, lo que vendría a continuación.

–Bien, pues dáselo a tu madre –me ordenó–. Lo venderemos y ayudará a pagar tus libros escolares. Una niña grande como tú debería contribuir con los gastos.

Al mirar a mi padre, intenté ocultar el desprecio que me inspiraba, pues no sólo veía a mi padre, sino todo lo que representaba: el inmenso abuso de la autoridad. Y al mirar a mi madre, que en silencio manifestaba su acuerdo con él, comprendí cuánto la complacía esa tiranía. Posé mis ojos en su rostro engreído y satisfecho consigo mismo, y sentí tal oleada de odio que lo único que pude hacer fue quedarme quieta, congelada en mi sitio. Me descubrí ofreciendo una silenciosa plegaria a un Dios en el cual ya no creía, implorándole que la vida de mi padre terminase de una vez por todas.

Durante un efímero instante me pasaron por la cabeza imágenes de mi padre muerto, y de mi madre y yo juntas y felices, pues yo aún creía que él la controlaba en todos sus actos. Mientras contemplaba a la madre que yo tanto adoraba, pensé que su vida sería indudablemente mejor sin él. Pero entonces la vi revoloteando a su alrededor y percibí una íntima sonrisa de cariño en el rostro de mi madre; una sonrisa que sólo le dedicaba a él. Sonrisas como ésa nunca estaban dirigidas a mí.

Fue entonces cuando por fin comprendí que el motivo por el que mi madre seguía a su lado era que a ella le apetecía hacerlo. De pronto supe que lo sacrificaría todo para continuar junto al hombre con quien se había casado, para complacerlo y mantenerlo feliz.

Esa tarde yo, que durante años había culpado a mi padre y nunca había aceptado el menor error en mi madre, sólo la vi como una mujer de carácter débil. Apareció ante mis ojos como una persona que, no sólo había perdido la oportunidad de llevar una vida normal y feliz, sino que debido al amor que sentía por mi padre había llegado a perderse a sí misma. Supe también entonces que yo no era débil como ella. Mis logros aquel día me lo habían demostrado. Con apenas mantenerme en mis trece ante la subdirectora había logrado lo que deseaba y había conseguido ganar. Hice entonces para mí el juramento de no permitir que nadie controlase jamás mis emociones. Guardaría todo el amor que llevaba dentro para los hijos que esperaba tener algún día y para mis mascotas. No volvería a permitir que me dañasen usando el cariño como arma, no volvería a permitir nunca más que nadie intimase conmigo lo suficiente como para lastimarme. Aquella decisión regiría mi vida durante muchos años.

CAPÍTULO 19

Las rutinas de la residencia para enfermos terminales entumecían mi mente haciendo que los distintos días se confundiesen en uno solo. Así, las diez primeras jornadas allí transcurrieron casi sin que me diese cuenta.

El sueño no tardaba en abandonarme tan pronto como la incomodidad de la silla me recordaba dónde estaba. Al tiempo que mi conciencia volvía, antes de que mis ojos se abriesen reacios, buscaba con los oídos la respiración de mi madre, preguntándome si durante el sueño no habría renunciado al débil lazo que la ataba a la vida. En parte deseando que así fuese y en parte temiendo la respuesta, me forzaba a mirar, sólo para encontrar sus ojos enfrentando a los míos mientras esperaba pacientemente a que me despertase.

Era necesaria mi ayuda para acompañarla al lavabo. Con un brazo rodeándole un hombro y otro bajo el suyo nos aventurábamos con dificultad a lo largo del trayecto de dos metros. El regreso constituía otro recorrido penosamente lento hasta su silla, donde una vez sentada se reclinaba lanzando un suspiro, agotada antes de que el día hubiese siquiera comenzado.

Escuchaba a mi alrededor un murmullo de voces, los mudos pasos de los pies sobre el suelo de caucho, el chirrido de una puerta abriéndose y una radio emitiendo música mientras la residencia volvía a la vida.

Las dos esperábamos, mi madre en su silla, yo en el borde de la cama, a que se oyera el ruido del carrito. Era la llegada y la partida de esos objetos inanimados, empujados por enfermeras sonrientes o amables voluntarios, lo que marcaba el paso de las horas.

Cuatro pares de ojos se abrían y enfocaban la puerta cuando se oía el estrépito producido por el primero de los carros, que traía la medicación para anular cualquier dolor que el retorno a la conciencia hubiese despertado de su sueño. El segundo era el carrito del té, recibido con enorme gratitud. Rodeando con mis manos la taza caliente, bebía la humeante infusión mientras esperaba el tercer carrito, que traía a los pacientes el desayuno y a mí, un fugaz respiro. A su llegada, yo me retiraba. Primero iba a darme una ducha, sintiendo cómo la poderosa presión del agua aliviaba mi tensión. Luego me dirigía al comedor, donde armada de un tazón de café cargado leía el periódico en una apreciada soledad. Allí no había letreros que prohibiesen fumar, pues para estos pacientes tan graves el mal que pudiera ocasionar un cigarrillo ya no era un tema que valiera la pena debatir.

Nadie hacía el menor comentario cuando un paciente con la piel amarillenta se quitaba la máscara de oxígeno para reemplazar el aire por nicotina, mientras mantenía el pitillo contra sus labios descoloridos con dedos temblorosos y aspiraba profundamente. Yo sacaba una cajetilla de mi bolsillo y luego inhalaba el humo gozando de ese instante de placer. La idea de que aquél podía ser el lugar correcto para curar mi adicción se esfumó de mi mente no bien mi vicio se vio fugazmente satisfecho.

El chirrido del carrito en su retorno invadía mi soledad. Sabía que estaría lleno hasta los topes de vajilla todavía sucia con los restos de esos valientes intentos por comer que se hacen cuando ya se ha perdido por completo el apetito.

Seguían las muy esperadas rondas de los médicos. A mi regreso a la sala vería cómo los rostros de cuatro ancianas a las que no les quedaba mucho tiempo entre nosotros se iluminaban en presencia de un hombre joven y apuesto. Toda esperanza de volver a casa había desaparecido de sus mentes: tanto ellas como él sabían que cualquier posibilidad de una cura había quedado descartada el día en que habían sido admitidas allí. Lo único que les quedaba eran las preguntas diarias sobre los analgésicos y los cambios en la medicación cuando eran necesarios. Allí, con amabilidad y compasión, se hacía más sencillo el último viaje.

Las pequeñas victorias me proporcionaban breves momentos triunfales, como un brillo en los ojos de mi madre después de haberla convencido de llevarla en su silla de ruedas a que le cortasen el pelo, a que la masajeasen con aceites aromáticos y a que un esteticista voluntario le hiciese la manicura. El placer de ser mimada durante una hora eclipsaba temporalmente el recuerdo del dolor y la expectación por lo que seguiría de modo inevitable.

Las tardes eran ocasión de la visita diaria de mi padre. No venían ni el padre bueno ni el malo. En su lugar, aparecía un anciano que aferraba en una mano un ramo de flores, compradas a toda prisa en una gasolinera donde eran más diestros en llenar coches que en hacer arreglos florales. Un anciano que miraba a la vez con ternura y con desesperanza a la única persona a quien, hasta donde se lo permitían sus capacidades, había llegado a amar; una persona que a su vez había sacrificado mucho para permanecer a su lado. Sus pasos se volvían más lentos y su rostro más triste cada vez que acudía allí para ver morir a su esposa, poco a poco, día a día.

La compasión que sentí por él se mezcló con mis recuerdos nocturnos, y mi pasado y mi presente colisionaron.

El decimoprimer día mi madre ya estaba demasiado débil como para ir a rastras hasta el lavabo.

El decimosegundo ya no pudo alimentarse sola.

Así como durante todos aquellos años yo había implorado internamente que un adulto leyese en mis ojos mi desesperada necesidad, ahora volví a implorar, rogándole en silencio a mi madre que me pidiese perdón. Sabía que sólo eso la ayudaría a cortar el delicado hilo que la unía a la vida.

Los pasos lentos de mi padre se aceleraban cuando se aproximaba a la cama de mi madre, y una sonrisa que sólo le surgía ante ella ocultaba sus sentimientos. Ese lazo evidente que existía entre ellos era una fuerza dotada de energía propia y que minaba la mía. En aquel momento, consideré que el comedor sería mi santuario, un libro mi mejor compañero y el café y los cigarrillos mis sedantes.

Por fin mi padre vino hacia mí.

–Antoinette –le oí decir con un tono de súplica del que nunca lo había creído capaz–, ella nunca volverá a casa, ¿no es así?

Observé las ventanas nubladas por las lágrimas de un alma atormentada, en la que el mal yacía adormecido, reemplazado por el dolor que le provocaba su propia pérdida inminente.

Con cansancio, sin desear ni buscar la confrontación, le respondí que no.

Mirando el pesar que exhibían sus ojos, la compasión me halló desprevenida. Mi mente regresó varias décadas atrás al recuerdo del padre amable, sonriente y apuesto que tantos años antes había pasado a recogernos por el muelle. Recordé con tristeza cuánto lo quería en aquel entonces, cuando me había balanceado cariñosamente por los aires para luego besar a mi madre. Como si aquel fugaz instante se congelase en el tiempo, volví a ver a mi madre llena de optimismo y reflexioné sobre el modo en que todas sus esperanzas se habían ido perdiendo con el paso de los años. Una enorme tristeza amenazó con abrumarme mientras me cuestionaba cómo dos personas capaces de un amor semejante entre ellas habían podido sentir tan poco afecto por la niña que era el fruto de dicho amor.

–Lo sé –prosiguió mi padre–, hice cosas terribles. Pero ¿no podemos ser amigos?

Pensé que eso llegaba muy tarde, demasiado tarde. En otros tiempos había deseado su cariño, lo había ansiado con locura. Pero ahora ya no podría aceptarlo nunca más.

Una lágrima se le escapó de uno de los ojos y se deslizó por su mejilla. Su mano envejecida tocó un instante la mía y, por un momento, cedí y le dije tan sólo:

–Soy tu hija.

CAPÍTULO 20

Llegó la Pascua, trayendo consigo el inicio del verano, que proyectó un brillo dorado sobre el paisaje y una sensación de optimismo sobre nuestro hogar. Durante varias semanas el carácter de mi padre permaneció bajo control y el hombre jovial que siempre veían sus amigos y parientes pareció una presencia constante. Mi madre, feliz por el buen humor de su marido, estuvo a su vez más amable y cariñosa conmigo. Al fin y al cabo, yo debía de estar haciendo algo bien, pues era siempre mi conducta la que provocaba los arranques de ira de mi padre (si bien mi madre nunca me explicaba qué era exactamente lo que hacía mal).

Un poco antes de las vacaciones, mis padres se habían mudado a un hogar propio. Por fin habían hallado una pequeña casa que se ajustaba a su presupuesto en las afueras de Coleraine. Ahora mi madre tenía un empleo que le gustaba y mi padre había comprado el coche de sus sueños: un Jaguar de segunda mano que lustró con esmero antes de ir a visitar a su familia para mostrárselo. El revuelo que causó en la calle de mis abuelos lo hizo sonrojarse de placer, como siempre sucedía cuando recibía esas muestras de admiración que tanto anhelaba.

La satisfacción de mi madre se reflejaba en su permanente canturreo de melodías de Glenn Miller que habían sido famosas durante su juventud. Como el optimismo es contagioso, yo misma me embarqué en la búsqueda de un empleo que pudiese desempeñar durante las tres semanas de vacaciones. Lo conseguí en la panadería local. Me era necesario lograr independencia y quería tener mi propio dinero.

Me sentí muy orgullosa de mí misma al recibir mi primer salario semanal en un sobre marrón, y en mi día libre compré una colección de enciclopedias y un par de vaqueros. Aquél era el comienzo de la época de la moda adolescente y yo quería cambiar mi uniforme escolar por el de la cultura juvenil. Zapatos sin cordones y una blusa blanca siguieron a continuación.

Cuando las vacaciones de Pascua llegaron a su fin, en la panadería aceptaron mantenerme el empleo los sábados. Con esa condición, podría ahorrar dinero suficiente para comprarme una bicicleta. Esta vez estaba decidida a no permitir que mi padre me la quitase. Como ahora él tenía su adorado coche, supuse que ya no tenía de qué preocuparme. A mis padres parecía agradarles mi actividad y si bien yo siempre temía que me pidiesen compartir mi salario con ellos, durante aquel período de aparente tranquilidad nunca lo hicieron. Mi madre llegó incluso a admirar las prendas de vestir que me había comprado.

Hacía mucho tiempo que no reinaba en nuestra casa un ambiente tan alegre. Yo había hecho amigos en el colegio y, reflexionando ahora, supongo que a mis padres les pareció importante que mi vida fuera en apariencia la de una adolescente normal. Así era vista desde fuera. Pero interiormente yo distaba mucho de ser normal. Me había aficionado al whisky, una bebida que creía que adormecía la angustia y me levantaba el ánimo, pero que también me provocaba una notable merma de energía. Mi madre empezó a utilizar con frecuencia eufemismos como «humor adolescente» o «ese momento del mes» para disfrazar mi creciente apatía y mis cada vez más frecuentes ataques depresivos. Tales sensaciones quebraban la felicidad que sentía por tener amigos y la independencia de trabajar, volviendo grises mis días y mis noches; las segundas, pobladas de repetidas y aterradoras pesadillas. Terribles sueños en los que era perseguida, caía al vacío o estaba completamente indefensa me forzaban a despertarme bañada en sudor, sin deseos de volver a dormir por temor a que las pesadillas se reiniciasen.

Ahora las frecuentes exigencias de mi padre formaban ya parte de mi modo de vida: un acto repugnante que intentaba borrar de mi cerebro en cada ocasión entregándome a la bebida inmediatamente después. A mi padre no dejaba de sorprenderle que no desease en absoluto lo primero, pero siempre pidiese más de lo segundo. Por cierto que mi petición era denegada por lo general, pues él tenía el control sobre la botella y la distribuía varias veces por semana, permitiendo que mi gusto por el alcohol fuese en aumento. Yo era aún demasiado joven para comprar mi propia botella, algo que empezaría a hacer tres años después.

Los domingos se convirtieron en el «día de salida familiar». Mi padre permitía que *Judy* (ahora una perra de mediana edad) y yo fuésemos en el asiento trasero del coche. Los vecinos veían a nuestra familia feliz partiendo desde la puerta de casa y girando en dirección a la ciudad costera de Portstewart. Mi solicitud de quedarme en casa, sugerida sólo en una ocasión a mi madre, provocó tanto enfado que no la había repetido.

—Tu padre trabaja muy duro —había exclamado ella indignada—, y en su único día libre quiere hacer algo bonito por nosotras. Eres tan desagradecida. Nunca lograré entenderte, Antoinette.

Esa última fue, probablemente, una de las cosas más ciertas que ella me haya dicho jamás.

Una vez que llegábamos a Portstewart se iniciaba un picnic de té (que manteníamos caliente en un termo) y bocadillos bien envueltos en papel para protegerlos de la hierba. Tras dejar pasar unos minutos para digerir la comida era hora de un paseo tonificante. *Judy*, creyendo ser todavía un cachorro, corría a su aire ladrándole excitada a cada gaviota que se cruzaba en su camino y, mientras yo iba veloz tras ella, mis padres caminaban lentamente quedándose atrás.

Después de cada salida, mi madre siempre me dirigía la siguiente orden:

–¿Le has dado las gracias a tu papi, cariño?

Y yo murmuraba mi agradecimiento al hombre sonriente que tanto temía y detestaba.

En aquellos días, antes de que hubiese televisor en todos los hogares, ir al cine era un entretenimiento familiar habitual, y también en nuestro caso no era una excepción. Me encantaban las películas. Cada vez que mis padres decidían ir al último estreno, yo ansiaba que me llevaran con ellos. Pero eso rara vez sucedía.

Con catorce años, todavía no se me permitía salir sola por la noche a menos que me acompañase alguno de nuestros parientes. A veces conseguía ir a hurtadillas a la función de matiné, diciéndoles a mis padres que me quedaba en la biblioteca para buscar información sobre algún tema. Entonces me sentaba fascinada en mi butaca, gozando del tiempo que robaba para mí misma.

Las vacaciones de Pascua habían llegado una vez más a su fin cuando mi madre me sorprendió con una invitación:

–Antoinette, papi quiere llevarnos fuera esta noche, de modo que sube a cambiarte –fue lo primero que me dijo cuando regresó de trabajar. Mi padre asentía a su lado.

Él se había levantado de la cama sólo una hora antes, dejándome sola en su habitación para arreglarla. No bien se hubo marchado de allí yo me había lavado, cepillándome una y otra vez los dientes y la lengua para mitigar el olor a whisky. Luego había hecho la cama y recogido la bandeja del té. Entonces, tras volver a ponerme mi uniforme escolar, había esperado a que mis padres regresasen. Como no tenía mucha ropa, dejaba las prendas nuevas para ocasiones especiales y habitualmente iba por la casa con el uniforme escolar. Sólo me lo cambiaba por otra cosa para salir.

Aquella tarde mi padre estaba de buen humor y no había sido mezquino con la cantidad de alcohol que había vertido en mi garganta. Había ganado en las carreras de caballos y, como no tardaría en saber, su arranque de buen humor hacía que se descuidase en más de un aspecto.

Sintiéndome sin fuerzas y algo enferma, me quité a toda prisa mi uniforme, que extendí sobre la cama; una cama que me invitaba tentadoramente a acostarme en ella a dormir. Incluso la idea de ir al cine me seducía poco en ese momento. La película, una de las favoritas de mi padre, era un western, pero yo apenas pude concentrarme en la acción. Una jaqueca que había comenzado como un dolor detrás de los ojos se había extendido hasta el cuello, forzándome a soltar una mueca de dolor cada vez que estallaba el sonido de un disparo en un tiroteo. Cuando el volumen de la música subía para crear clima de suspense, sentía la necesidad de taparme los oídos, y cada ruido en la pantalla era como un cuchillo que se me clavaba en el cráneo. Así, sentí alivio cuando por fin volvieron a encenderse las luces de la sala y se oyeron los acordes del himno nacional. Lo único que ansiaba era volver a casa a dormir.

Pero al regresar, mi huida se vio demorada, pues mis padres me enviaron a la cocina para que les preparara el té. Por encima del silbido del hervidor de agua escuché un ruido que me congeló de pánico. Era un terrible rugido de ira proveniente del dormitorio.

—Antoinette, sube aquí ahora mismo, mi niña —fueron las palabras, teñidas de furia, que oí desde la cocina.

Provenían de la boca de mi padre. Sin saber qué había hecho mal subí, con la cabeza palpitando de dolor y un creciente malestar en la boca del estómago.

Él estaba de pie junto a la cama, señalando el objeto que lo importunaba: mi uniforme escolar.

—¿Crees que tu madre y yo trabajamos para que tú dejes tiradas de este modo las cosas que te compramos? —gritó y vi cómo su puño se abalanzaba hacia mí.

En un movimiento casi reflejo, me agaché, me volví y corrí escaleras abajo. Supuse que mi madre sin duda me protegería esta vez, pues sabía que no se trataba de uno de los habituales arrebatos de furia de mi padre, sino que esta vez había perdido todo control sobre sí mismo. El odio hacía sobresalir sus ojos y parecía desear lastimarme tanto como le fuera posible. Vino detrás de mí más velozmente de lo que lo hubiera creído posible y resbaló en el último escalón, lo que intensificó su odio. De un salto me cogió estirando su brazo. Cerró un puño aferrando mis cabellos, que yo llevaba a la altura de los hombros. Mi cuerpo se puso rígido de dolor mientras él me levantaba por los aires y sentía que me arrancaba del cuero cabelludo mechones de pelo. Lancé un alarido y sentí que la respiración abandonaba mi cuerpo cuando me arrojó de cara contra el suelo. Mi padre no dejaba de gritar y las gotas de saliva brotaban de su boca y aterrizaban en mi rostro. Sus ojos estaban rojos, vidriosos de ira, y noté cómo sus manos me rodeaban la garganta. Pensé que quería matarme.

El peso de una de sus rodillas me apretaba el estómago. Entonces, mientras con una mano mantenía la presión sobre mi cuello, la otra descendió recorriendo mi cuerpo de arriba a abajo. Me golpeó varias veces los pechos y el estómago al tiempo que pronunciaba frases como «Necesitas que te enseñe una lección, mi niña», que repetía una y otra vez como una letanía.

Mis ojos se poblaron de estrellas y entonces oí la voz de mi madre alzándose en una mezcla de miedo y enfado.

–Cariño, déjala en paz.

La nube desapareció de sus ojos y la presión sobre mi garganta se atenuó. Mareada y medio estrangulada contemplé la escena: vi a mi madre completamente pálida, con los ojos negros de furia, sosteniendo en la mano con firmeza un gran cuchillo de cocina. Lo apuntaba contra mi padre y repitió la orden hasta que los ojos de él enfocaron la hoja del cuchillo. Por un instante mi padre se quedó inmóvil, brindándome unos segundos para escapar gateando.

Me invadió una fugaz esperanza. Sin duda mi madre cumpliría ahora la amenaza que tantas veces había pronunciado durante sus peleas con mi padre: lo dejaría y me llevaría con ella. O, lo que sería todavía mejor, le diría a él que se marchase. Pero entonces la esperanza volvió a desvanecerse. En lugar de las tan esperadas palabras escuché una orden que yo estaba demasiado atontada como para comprender:

–¡Fuera de esta casa, Antoinette! –gritó mi madre.

Agachada, no me moví de mi sitio pensando que si me quedaba quieta sería invisible ante sus ojos. Al ver que no me movía, mi madre me arrastró con un brazo empleando toda la fuerza de la que era capaz, abrió la puerta y, de un empujón, me sacó a la calle.

–No vuelvas esta noche –fueron sus últimas palabras antes de cerrar la puerta de un golpe ante mí.

Yo permanecí fuera, con el cuerpo dolorido a causa de la intensidad de los golpes de mi padre, temblando tanto por el miedo como por el frío nocturno. La conmoción y el temor me paralizaron durante unos segundos y sentí un incontenible pánico. ¿Adónde iría? Sabía que no podía buscar refugio con ninguno de mis parientes. De hacerlo recibiría un castigo aún peor a mi regreso. Mi padre era el hijo, el hermano, el sobrino incapaz de cometer un error. A mí me verían como una niña problemática, una mentirosa a la que no se le podía creer una palabra. Sencillamente me llevarían otra vez a casa. Eso pensé, de pie, inmóvil, durante unos segundos, hasta que el miedo dotó a mis pies de alas y me sumergí en la noche.

Me dirigí al piso que Isabel, una de nuestras profesoras, compartía con una amiga. Les conté en medio de una profusión de hipos y lágrimas que había habido una terrible bronca con mis padres por no haber arreglado mi dormitorio y que estaba demasiado asustada como para volver a casa. Ellas se mostraron comprensivas; acababan de graduarse como profesoras y sabían cuán despóticos podían ser los padres irlandeses. Hicieron grandes esfuerzos por calmarme, diciéndome que pronto todo pasaría y que en realidad mis padres debían de estar ahora preocupados por mí, pero eso sólo me provocó más lágrimas. Telefonearon a mi madre para explicarle dónde estaba. Me dijeron que ella no parecía enfadada, sino aliviada al saber que yo estaba en un sitio seguro, pero que dado que era muy tarde me daba permiso para pasar la noche con ellas. Les explicó que mi padre se había marchado a trabajar, molesto tanto por mi conducta como por mi desaparición. Él pensaba que yo habría ido a casa de mis abuelos y me encontraría bien allí. Yo estaba en esa edad en la que no se respeta a los padres. Debía volver a casa por la mañana sin falta; mi madre hablaría conmigo, y yo asistiría a la escuela como siempre. Mi madre se disculpó ante las profesoras por los inconvenientes, asegurando que yo no hacía sino ocasionar problemas y que no dejaba de preocuparla y quitarle el sueño por las noches.

Si las profesoras se sorprendieron ante el hecho de que una niña conocida por su excelente conducta en la escuela fuese tan problemática en su hogar, no hicieron el menor comentario. Me prepararon una cama en un sofá y pronto me quedé profundamente dormida. Por la mañana me dieron dinero para pagar el autobús que me llevaría de regreso a casa. Conscientes de que ellas eran adultas responsables y yo poco más que una niña, me aconsejaron que me portase bien. Así, un poco menos asustada que la noche anterior, dejé la seguridad de su piso y me dirigí a la parada del autobús.

Mi padre había vuelto de su turno de noche y ya estaba en la cama cuando llegué a casa y llamé a la puerta. Sin pronunciar palabra, mi madre me abrió con una mirada reprobadora en el rostro y entonces me sirvió el desayuno. Me dijo que había pasado una noche terrible por mi culpa y luego me pidió que hiciera un esfuerzo e intentara llevarme mejor con mi padre.

–Ya no puedo soportar más esta situación –afirmó–. Estoy harta de preocuparme por ti, harta de que hagas cosas que lo hagan enfadar.

Pese a aquellas palabras, en su mirada pude sentir su miedo. Aquella noche mi padre había ido demasiado lejos. Sólo la intervención de mi madre había evitado un potencial escándalo aún peor que el que pronto estallaría.

Aunque en todos aquellos años, durante los cuales me había pegado incontables veces, jamás le había puesto a mi madre un dedo encima, ahora ella había comprendido de lo que él era capaz. Fue la última vez que ella mencionó el incidente de la noche anterior. Por la tarde, al volver a casa desde el colegio, mi padre estaba esperándome.

–Se lo diré a todo el mundo –dije con voz insegura cuando me enfrenté a él–. Si me pegas se lo diré a todo el mundo.

Mi padre se burló de mí, con una risa que no escondía el menor rastro de miedo. Luego, con la mayor calma, me respondió:

–Antoinette, nadie te creerá. Tú habla, mi niña, y serás tú quien lo lamentará. Todos te culparán a ti. Nunca has dicho nada, ¿verdad? Has guardado silencio durante años.

Mi falta de respuesta le permitió continuar, con un tono triunfal en la voz:

–Por lo tanto, tú eres tan culpable como yo. Tu familia ya no te querrá. Si traes la desgracia a este hogar, tu madre dejará de quererte. Te enviarán lejos, a algún orfanato donde nunca volverás a ver a tu madre. Estarás entre extraños que sabrán lo mala que eres. ¿Es eso lo que quieres? ¡Dímelo!

En mi mente se dibujó la imagen de personas hostiles burlándose de mí y sentí la desolación de un mundo desconocido en el que no estuviese mi madre.

–No –susurré, temerosa de la visión de futuro que acababan de exponerme.

Había oído historias sobre cómo trataban a la gente en los orfanatos una vez que sus padres los habían abandonado allí. Sabiendo que había ganado otra batalla, mi padre sonrió satisfecho.

–Entonces, si no quieres que se repita lo de anoche, has de

200

portarte bien. Ahora sal de mi vista. Sube a tu habitación. Ya he terminado contigo.

Hice lo que me ordenaba.

—Y no dejes tu cuarto sin arreglar, ¿me has oído, Antoinette? Su voz siguió burlándose de mí desde el pie de la escalera. Yo me senté en el borde de mi cama hasta que el sonido de la respiración de mi padre me indicó que se había dormido.

CAPÍTULO 21

Absorbida por la inercia, sintiendo que mi fuerza interior me había abandonado desde la paliza, intenté evitar a mis padres tanto como me fue posible. Me quedaban mi trabajo de los sábados y las visitas a casa de mis abuelos, que no podían negarme. Pero las peticiones de visitar a mis amigos en Portrush recibían ahora cada vez con mayor frecuencia una negativa, y los paseos en bicicleta que siempre me habían tranquilizado en días pasados estaban estrictamente supervisados. Una atmósfera extraña dominaba la casa y el carácter impredecible de mi padre, que tan a menudo había desembocado en la violencia, parecía haberse transformado en algo incluso más siniestro. Con frecuencia sentía sus ojos sobre mí, en parte con una expresión que me era familiar, pero detrás de ésta merodeaba otra desconocida que me inspiraba terror.

Un día, transcurrida ya la primera semana de las vacaciones escolares de verano, mi madre se preparaba para ir a trabajar. Yo sabía que mi padre había regresado a casa más temprano y estaba en la cama. Desde mi dormitorio, separado del suyo apenas por el rellano, lo escuché entrar al lavabo, orinar sin cerrar la puerta y luego volver a meterse ruidosamente en su habitación. Tras escuchar el ruido de la puerta de la calle cerrándose, que anunciaba la partida de mi madre, bajé a gatas hasta la sala de estar. Tan sigilosa como pude, encendí el horno a fin de hervir agua para mi baño matinal y para el té. Luego me dispuse a hacer unas tostadas. Entonces su voz resonó escaleras abajo.

—Antoinette, sube ahora mismo.

Sentí que el pánico me invadía al dar cada paso y me quedé inmóvil ante su puerta.

–Prepárame algo de té y tráemelo aquí. –Me volví para hacerlo, pero él prosiguió–: Todavía no he terminado contigo, mi niña.

Se me hizo un nudo en la garganta que amenazó con ahogarme y me fue imposible pronunciar palabra mientras me volvía para mirarlo y me topaba con su sonrisa burlona. Una sonrisa por completo desprovista de humor.

–También puedes traerme unas tostadas.

Mecánicamente le preparé el té y las tostadas. Lo puse en una bandeja y se lo llevé. Haciendo a un lado el cenicero repleto de colillas y su cajetilla de cigarrillos, apoyé la bandeja sobre la pequeña mesita de noche y recé para que no me pidiese nada más que eso, si bien sabía que no sería así.

Con el rabillo del ojo pude ver, con una sensación de repugnancia, su pecho pálido y pecoso con los pelos ahora canosos sobresaliendo por encima de su sucia camiseta, y sentí el olor agrio de su sudor, que se mezclaba con el aroma a tabaco rancio que sobrevolaba la habitación. Entonces noté su excitación.

–Desvístete, Antoinette. Tengo un obsequio para ti. Quítate toda la ropa, y hazlo lentamente.

Me volví para mirarlo. Nunca antes me había pedido eso. Sus ojos se burlaban de mí y me profanaban a la vez.

–Antoinette, te estoy hablando a ti, desvístete –repitió mientras sorbía ruidosamente su té.

De repente se levantó de la cama, llevando puesta sólo su sucia camiseta y con su miembro erecto sobresaliendo por debajo del pliegue de su barriga. Tras constatar que me mostraba reticente a obedecerlo, sonrió, se acercó más a mí y me propinó una fuerte palmada en las nalgas.

–Date prisa –murmuró.

Aún mirándolo a los ojos, permanecí inmóvil como un conejo sorprendido por el brillo de una luz repentina, con mis ropas apiladas en el suelo, sintiendo un sobrecogedor deseo de huir. Entonces sacó de su bolsillo un pequeño paquete, similar a todos los otros que había visto, extrajo de allí un pequeño objeto parecido a un globo y se lo colocó sobre su miembro hinchado. Durante unos segundos me cogió de una mano, sosteniéndola mientras se acomodaba el condón, y luego forzó mis derrotados dedos a moverlo arriba y abajo hasta que estuvo bien colocado en su sitio.

Entonces me soltó de pronto, me agarró de los hombros con firmeza y me arrojó a la cama con tanta violencia que el colchón rebotó y chirrió sobre sus viejos resortes en espiral. Me cogió de las piernas, las abrió y elevó, y se introdujo en mí con tal fuerza que me rasgó por dentro, penetrándome hasta que el dolor pareció abrasador. Los músculos de mis muslos se contraían cada vez que él se zambullía en mi cuerpo. Sus dedos crueles me manoseaban los pechos, que como consecuencia se habían irritado, y pellizcaba mis pezones con una furia que alimentaba su excitación, al tiempo que su baba me empapaba el rostro y se derramaba por mi cuello. Sentía su barbilla sin afeitar raspándome la piel. Me mordí los labios para no satisfacer su evidente deseo de oírme llorar. Todo mi cuerpo se sacudía con sus empujones y cerré los puños, que colgaban inertes uno a cada lado, apretando los ojos tanto como pude para contener las lágrimas. Su cuerpo se estremeció cuando satisfizo su deseo y, profiriendo un gruñido, se alejó de mí.

Sin perder un instante me senté. Mientras me agachaba para recoger mi ropa, observé su marchito pene. De la punta colgaba el condón con una mancha grisácea dentro. El nudo de mi garganta pareció ascender y corrí al lavabo. Un torrente de bilis ardiente brotó quemando mi garganta y me agaché sobre el váter para despedirla hasta que ya no pareció quedar nada en mi interior. Sin esperar a que el agua de la cacerola hirviese, limpié el lavabo con agua fría.

Mirándome al espejo, vi un rostro pálido, con ojos llenos de lágrimas y manchas rojas en la barbilla y el cuello, que me miraba de forma desesperada. Me lavé una y otra vez, pero el olor de mi padre parecía estar tan impregnado en mí que creí que ya nunca abandonaría mi piel.

El sonido de sus constantes ronquidos resonaba desde la habitación de mis padres cuando bajé las escaleras. Medité que, al menos, él dormiría durante varias horas, por lo que podría irme de la casa.

Abrí la puerta de entrada y dejé salir a *Judy*. Sentada en la hierba, la rodeé con mis brazos, apoyé una mejilla sobre su cabeza y permití que fluyeran mis lágrimas. *Judy*, percibiendo mi angustia, me lamió con su cálida lengua para mostrarme su cariño. Era algo completamente diferente a la baba de mi padre.

«¿Cuándo? –me pregunté a mí misma impotente–, ¿cuándo acabará todo esto?»

Incapaz de soportar estar cerca de él, cogí la bicicleta (que poco tiempo antes me había hecho sentir tan feliz, tras comprarla con mi propio dinero) y me alejé pedaleando con desgana.

Anduve sin rumbo hasta que las calles llenas de casas abrieron paso a la campiña. En dos ocasiones tuve que detenerme, pues la bilis volvía a inundar mi garganta, forzándome a sufrir terribles arcadas hasta que las lágrimas poblaban mi rostro, incluso después de que el fino hilo de bilis amarilla se hubiese agotado.

Permanecí buena parte del día sentada en la hierba, con un espacio vacío allí donde tendría que haber estado mi mente. Por fin, agotada, monté nuevamente la bicicleta y volví a casa para hacer los deberes antes de que mi madre regresase de trabajar.

CAPÍTULO 22

Estaba segura de haber enfermado. La náusea parecía apoderarse de mí cada hora que estaba despierta. Al amanecer me abalanzaba sobre el váter y vomitaba hasta que ya no parecía quedar nada en mi interior. Durante las noches mis cabellos yacían aplastados, empapados por la transpiración que me manaba de la cabeza y del cuello. En mi frente y por encima de mis labios se formaban gotas de sudor, mientras que el resto de mi cuerpo parecía helado. Llevaba el miedo dentro, una sensación de fatalidad inminente que volvía mi cuerpo más pesado y más débil cada día. Mis pechos se irritaban con sólo tocarlos, mi estómago rechazaba cualquier comida, pero parecía hincharse por la falta de ella. La pretina de mis pantalones nuevos se me clavaba en la cintura provocándome cardenales rojos en la piel.

El mal humor de mi madre se volvió una constante, palpable siempre que estaba cerca de ella, mientras que los ojos de mi padre parecían seguirme en cada movimiento. Por las tardes, cuando él estaba trabajando, se creaba un incómodo silencio, hasta que un día mi madre acabó admitiendo que yo estaba enferma.

–Antoinette –me dijo mientras yo estaba en un sillón intentando leer–, ve mañana a ver al médico.

Alcé la mirada hacia ella, esperando encontrar preocupación, pero lo único que vi fue un rostro inexpresivo, mientras que en sus ojos merodeaba una emoción que no pude definir.

A fines de la década de 1950, una llamada telefónica al consultorio de un médico implicaba una cita instantánea. Mi llamada a primera hora de la mañana concluyó conmigo esperando nerviosa en su sala de espera a las once de la mañana. La enfermera que me hizo pasar me brindó una agradable sonrisa, que cuando me marché de allí media hora más tarde había sido reemplazada por una mirada de frío desdén.

El doctor de turno aquel día no era el hombre de avanzada edad que me había atendido en varias otras ocasiones, sino un joven apuesto de suaves cabellos rubios e hipnotizantes ojos azules. Se presentó a sí mismo como un doctor interino que estaba supliendo al titular de la consulta y me indicó que me sentase en una silla frente a él. Nos separaba un escritorio de madera oscura, despejado salvo por mi escueto expediente médico, que abrió y leyó un poco por encima.

–¿Qué te trae hoy por aquí, Antoinette? –preguntó dirigiéndome luego su sosa sonrisa profesional.

La sonrisa pronto abandonó su rostro mientras le contaba mis síntomas. Me preguntó por mis períodos, cuándo había sido el último, e intenté recordar cuándo le había pedido compresas a mi madre. Me había sentido demasiado enferma para percatarme de que habían pasado ya tres meses, y tampoco comprendía la importancia de aquello.

–¿Crees que podrías estar embarazada? –fue su siguiente pregunta.

–No –respondí tras un instante de indecisión.

Con el tiempo yo había aprendido a medir las reacciones de los adultos y, por detrás de sus modos profesionales, noté algo hostil al tiempo que dejaba de ser una paciente adolescente para convertirme en un potencial problema.

Me dijo que pasase detrás de una mampara, me desvistiese de la cintura para abajo y me cubriese con una túnica que él me había dado. Mientras hacía lo que me pedía, oí que llamaba a la enfermera.

Con la mirada fija en el techo y las dos rodillas alzadas y separadas, yací inerte mientras él se aventuraba dentro de mí con un guante de látex en la mano. Pocos minutos después oí que lo tiraba al cesto. Percibí que el médico y la enfermera intercambiaban una mirada antes de que él le pidiera que se retirase.

Por segunda vez me indicó que me sentase frente a él, pero ahora su expresión era severa.

–¿Sabes cómo se genera la vida? –me preguntó con una voz fría.

Desolada, consciente de lo que él diría a continuación pero incapaz de aceptarlo, respondí que sí.

–Estás embarazada de tres meses –fue todo lo que escuché entre las tinieblas de mi desesperación.

–Es imposible, nunca me he acostado con ningún chico –balbuceé negando lo que sabía cierto.

–Debes de haberte acostado al menos con uno –replicó él con impaciencia ante lo que percibía como una mentira evidente.

Lo miré fijamente, esperando hallar en sus ojos algún vestigio de comprensión, pero todo lo que me llegó fue la sentencia a la que él había llegado reflejada en su rostro.

–Sólo con mi padre –admití por fin.

Un terrible silencio descendió sobre la sala tan pronto como las palabras que desvelaban mi secreto poblaban el aire, pronunciadas por primera vez.

–¿Tu padre te violó? –me preguntó el médico con un repentino tono de compasión en la voz.

Escuchar incluso una pizca de amabilidad hizo que las lágrimas brotasen de mis ojos.

–Sí –farfullé entre sollozos.

–¿Lo sabe tu madre?

Ahora las lágrimas eran incontenibles, pero logré sacudir la cabeza y murmuré:

–No.

–Debes pedirle a tu madre que me telefonee –me dijo mientras me alcanzaba algunos pañuelos de papel por encima del escritorio–. Tengo que hablar con ella.

Todo mi cuerpo temblaba cuando me incorporé y, con las

piernas tambaleantes, me marché de la consulta. Fuera el terror me paralizó. ¿Dónde podía ir ahora?, me pregunté. Sin duda, no a mi casa. ¿Cómo podría volver? Él estaba allí. Por encima de mi terror un rostro sobrevoló mi mente: el de Isabel, la profesora que me había acogido tras la paliza. Ella había dejado la escuela al inicio de las vacaciones de verano para casarse, pero yo sabía que ya estaba de regreso de su luna de miel. Isabel me había ayudado en una ocasión, ¿por qué no habría de ayudarme otra vez?

A toda prisa cogí la bicicleta y me dirigí a la cabina telefónica más cercana, donde hallé en el directorio el nombre y la dirección de su reciente esposo. Sin detenerme a telefonearle, y rezando por que ella estuviese en casa, fui hacia allí.

Entrando en uno de los nuevos complejos residenciales, que se habían propagado en los últimos años, no tardé en dar con su hogar. Era una imponente casa de estilo imitación georgiano. Desmonté y apoyé mi bicicleta contra el muro.

«Ella me ayudará –me dije a mí misma–. Ella me permitirá quedarme aquí. No me enviará de regreso.»

Esas palabras revoloteaban en mi mente como un mantra mientras avanzaba por el nuevo sendero de entrada, flanqueado a ambos lados por tierra negra salpicada de césped recién sembrado.

Isabel abrió la puerta con una expresión sorprendida pero no hostil, y sentí que me brotaban esas lágrimas que cualquier muestra de amabilidad hacía fluir por mis mejillas. Enseguida me hizo pasar dentro y me sentó en un sofá anaranjado de su sala de estar recién pintada de color marrón y crema.

–¿Qué te pasa, Antoinette? –me preguntó suavemente mientras me ofrecía un pañuelo blanco y limpio.

Confié en ella y le conté cuanto había dicho el doctor. Le expliqué por qué estaba tan asustada y lo mal que me sentía. El mismo silencio que había dominado la consulta del doctor invadió ahora el ambiente y noté que en su rostro el miedo había reemplazado a la preocupación.

—Antoinette —me dijo—, quédate aquí. Mi marido está en casa almorzando, en la cocina. Sólo dame unos minutos, ¿de acuerdo?

Tras pronunciar esas palabras se marchó y sólo el tictac del reloj apoyado en la repisa de una chimenea de piedra quebró el silencio mientras esperaba a que regresase.

Pero no volvió. En su lugar, vino su marido. Por su expresión severa y sombría supe al instante que en aquel hogar no habría refugio para mí.

—¿Es cierto todo lo que le has contado a mi esposa? —fueron sus primeras palabras.

Toda seguridad en mí misma me abandonó y sólo pude asentir tristemente con la cabeza y murmurar:

—Sí.

Como si no se percatase de mi incomodidad, continuó:

—Bien, pues Isabel se encuentra muy afectada. Está embarazada y no puedo permitir que se angustie. No sé qué esperabas exactamente al venir aquí, pero lo que debes hacer es ir a tu casa y hablar con tu madre.

Se dirigió entonces a la puerta y me hizo señas de que lo siguiese. Sin abrir la boca, hice lo que me indicaba y luego lo miré una vez más, con la esperanza de obtener una conmutación de la pena. No la hubo.

—Mi esposa no quiere volver a verte por aquí —fueron sus últimas palabras antes de cerrar la puerta de un modo intencionado y definitivo.

El mismo modo en que me la cerrarían todos los demás a lo largo de las siguientes semanas, aunque yo no pudiese comprender los motivos.

Sentí la advertencia de mi padre aguijoneando mis oídos: «Todos te culparán a ti. Tu madre no volverá a quererte si lo cuentas».

Monté en la bicicleta y me fui a casa. Mi padre todavía estaba en la cama cuando regresé, pero no dormía.

—Antoinette —me llamó tan pronto como crucé el umbral—, ven aquí arriba.

Atontada por los presentimientos, subí pesadamente los escalones hasta estar frente a él.

–¿Qué dijo el médico? –me preguntó, y al mirarlo a los ojos supe que él ya conocía la respuesta.

–Que estoy embarazada –contesté valiente.

Por una vez su rostro reveló un poco sus sentimientos. Sencillamente recogió las sábanas y me invitó a pasar.

–Yo acabaré con ese embarazo por ti, Antoinette. Ahora ven aquí.

Pero yo me quedé donde estaba y negué con la cabeza. Mi terror habitual remitió y una nueva furia se apoderó de mí al responderle:

–Si querías acabar con el embarazo, entonces ¿por qué no lo hiciste antes de ponerme esa cosa dentro? Estoy embarazada de tres meses, ¿cuántas veces me obligaste a hacerlo durante ese tiempo?

Sentí una fugaz satisfacción al ver que el miedo que momentáneamente me había abandonado había echado raíces en mi padre.

–¿Le dijiste al médico que fui yo? –fue su siguiente pregunta.

–No –mentí, y sentí que el miedo retornaba.

–Bien, recuerda lo que te dije, mi niña: si lo cuentas te culparán a ti. Te llevarán lejos y te encerrarán. Tu madre no los detendrá. Todos te culparán a ti.

Yo ya había visto en el rostro de tres personas que lo que él pronosticaba era cierto.

–Ahora iré a decirle a tu madre que me has contado que fuiste a Portrush, conociste a unos chicos ingleses y lo hiciste con ellos. ¿Me oyes, Antoinette? ¿Qué es lo que le dirás tú a tu madre?

Perdí las fuerzas y respondí lo que él esperaba escuchar:

–Iré a decirle que estuve con un chico inglés y que luego él se marchó.

Me pidió que fuera a mi habitación y esperase allí hasta

que él hablase con mi madre. Mansamente hice lo que se me solicitaba.

Tras lo que me parecieron horas, el sonido de la puerta principal abriéndose anunció la llegada de mi madre. Desde mi dormitorio podía sentir el murmullo de sus voces, aunque no distinguía las palabras. Entonces oí el sonido de mi padre marchándose. Inmóvil, permanecí sentada esperando, con una mano sobre la protuberancia de mi estómago, esperando a que algún adulto resolviese el problema, pero sin tener una idea clara de qué pretendía que se hiciera.

Sabía que no debía dejar mi habitación hasta ser convocada. Un hambre atroz me carcomía por dentro. Me sentía débil y enferma, pero incluso así esperé a que mi madre estuviese preparada para hablar conmigo.

Oí el silbido del hervidor. Mi madre me llamó pidiéndome que bajase. Temerosa, obedecí. Había servido tazas de té para ambas. Agradecida, cogí la mía, me la llevé a los labios y bebí un poco. La taza caliente les dio a mis temblorosas manos algo que sostener y el líquido azucarado me tranquilizó. Sentí que los ojos de mi madre me quemaban, pero desistí devolverle la mirada. En su lugar, mantuve mis ojos fijos en la taza y esperé a que ella hablase. Por fin, lo hizo.

–¿Quién es el padre? –preguntó con voz fría y seca.

La miré y supe que sería inútil mentirle, pero aun así lo intenté. Ella no me dejó siquiera terminar la frase.

–Antoinette –me ordenó–, dime la verdad. Dímela y no me enfadaré.

Nuestros ojos se cruzaron, y no conseguí desentrañar la expresión en los suyos.

–Papi –fue todo cuanto pude pronunciar.

–Lo sé –fue su respuesta.

Me miró inmóvil, con sus grandes ojos verdes, y supe que su fuerza de voluntad, mucho más grande que la mía, podría extraer de mí cada gota de verdad. Me preguntó cuándo había comenzado todo, y le dije que en la casa de campo. Le conté acerca de los «paseos en coche», pero incluso entonces su rostro no pareció expresar demasiado.

–Todos estos años… –fue su único comentario.

No me preguntó por qué había guardado silencio, ni por qué me había unido a mi padre para mentirle a ella. Meses más tarde yo recordaría aquel momento y me formaría mi propia opinión sobre los motivos.

–¿Lo sabe el médico? –preguntó.

–Sí –respondí, y le dije que él quería verla.

No podía sospechar que la mentira que pronuncié cuando me formuló la última pregunta estaría a punto de costarme la vida. Me preguntó si se lo había contado a alguien más. Yo suprimí de mi memoria el doloroso recuerdo de mi encuentro con Isabel y le dije que no.

Noté una mirada de alivio en su rostro cuando se levantó de su silla y se dirigió al teléfono. Tras hablar brevemente se volvió hacia mí.

–He concertado una cita para ver al doctor después de su horario de consulta. Tú quédate aquí.

Con esas palabras de despedida, se puso su abrigo y se marchó.

Durante lo que me pareció una eternidad permanecí sentada en la silla, en estado de trance, moviéndome sólo para echar carbón al fuego o acariciarle la cabeza a *Judy*. Percibiendo mi total desesperación, no se apartó de mi lado aquella tarde mientras esperaba el regreso de mi madre con alguna respuesta sobre cuál sería mi destino.

El clic en la puerta de entrada me indicó que mi madre había vuelto, y al alzar la mirada me topé no con una persona sino con dos. El médico había venido con ella. Durante la siguiente hora, ambos fueron mis jueces y jurado, y mi sentencia fue el silencio. Mi padre sería admitido durante un breve espacio de tiempo en un hospital para recuperarse de una «crisis nerviosa», se concertaría para mí un aborto legal y luego, siguiendo la recomendación del doctor, se me llevaría a un hogar para adolescentes difíciles. Allí permanecería hasta terminar la escuela, y entonces se me buscaría algún empleo apropiado. Era imposible que mi padre y yo viviésemos bajo el mismo techo. Entretanto, hasta que se llevase a cabo el aborto, la vida continuaría su curso habitual. Eso fue lo que me dijo mi madre, con el respaldo del médico. Él, añadió mi madre, le había explicado que ésa era la única opción. Exhausta y desconcertada escuché su plan de acabar con todo lo que yo conocía en esta vida.

Entonces el médico se dirigió directamente a mí.

–Sólo te ayudo a causa de tu madre –me dijo–. Ella es la víctima inocente de todo esto. Tú me mentiste esta mañana. Me indujiste a creer que sólo había ocurrido en una ocasión.

Hizo una pausa y me brindó una mirada de absoluto desprecio antes de añadir:

–Tú alentaste a tu padre al mantener el silencio durante todos estos años, conque no me digas que eres inocente.

Entonces se marchó, dejándonos a mi madre y a mí frente a frente. Esperé de su parte alguna palabra comprensiva, pero no pronunció ninguna. Así, incapaz de seguir de pie en completo silencio y sin haber probado bocado, me fui a la cama.

Apenas guardo un recuerdo borroso de los días siguientes. Se concertaron entrevistas en dos hogares de acogida, durante las cuales me senté en silencio, ahora etiquetada como una adolescente difícil, con catorce años y embarazada de alguien cuyo nombre no podía admitir conocer.

A continuación llegaron las audiencias con los minijuzgados donde hombres de adusta expresión pertenecientes a la profesión médica me entrevistaron a fin de determinar tanto el destino de mi niño por nacer como el mío. Amparándose en cuestiones de salud mental, se decidió que mi aborto se llevaría a cabo en un hospital de la ciudad vecina, como una concesión con el objeto de mantener el secreto. A fines de la década de 1950, Irlanda del Norte era antiabortista, y como yo no tardaría en descubrir, las enfermeras y los médicos dedicados a salvar vidas se negaban rotundamente a que cualquier corte médica los obligase a acabar con una.

Mis padres, unidos por el lazo de la complicidad, me ignoraron esa semana mientras yo esperaba el día de la «operación», según se refería a ella mi madre. El día en que mi cuerpo sería limpiado de la prueba de la culpa de mi padre, mi madre fue a trabajar y yo, llevando una pequeña maleta con cosas para pasar la noche, cogí un autobús rumbo al hospital.

Una adusta enfermera me condujo a una sala y señaló una cama y un armario. Supe sin necesidad de preguntarlo por qué me habían destinado allí. Estaba en la sala de maternidad y el hospital deseaba privacidad para la operación que me harían. A las ocho en punto de la mañana siguiente la enfermera se acercó a mi cama.

–Debes prepararte –dijo y colocó junto a mi cama un cuenco con agua y, a su lado, una navaja de afeitar.

–Desvístete de la cintura para abajo.

Para aumentar mi humillación, la enfermera afeitó rápidamente la delicada piel de entre mis piernas, arrastrando la navaja de forma brusca por mi cuerpo y dejando en mi piel pequeños rasguños. Durante todo el tiempo que estuvo allí, esas fueron las únicas palabras que me dirigió. Una vez que hubo terminado, cogió en silencio el cuenco y la navaja y se marchó.

Su siguiente visita a mi lecho tuvo como objetivo inyectarme el fluido preparatorio en las nalgas, dejándome luego sola otra vez para adormecerme y pensar. Necesitaba a mi madre. Necesitaba a alguien que me dijese que iba a hacer lo correcto. Necesitaba saber qué era lo que me harían, pues nadie me había explicado nada. Y por encima de todo, necesitaba a alguien que me cogiese la mano. Estaba aterrorizada. Entonces, por fortuna, el sueño se apoderó de mí.

Medio dormida y en un estado de confusión, sentí unas manos sobre mí y oí una voz que me decía:

–Vamos, Antoinette, ahora te haremos pasar a la camilla. A continuación sentí que me hacían girar hasta subirme a una camilla rodante. Me taparon con una sábana y noté el movimiento de la camilla al ser empujada. Luego se detuvo y una luz brillante penetró mis ojos. Algo me cubrió la nariz y una voz me dijo que contase hacia atrás, pero sé que, mientras mi conciencia me abandonaba, grité llamando a mi madre...

Una náusea mucho más intensa que cualquiera que hubiese sentido antes interrumpió mi sueño. Al abrir los ojos vi que habían puesto en mi armario un plato metálico. Lo cogí para vomitar, mientras unas lágrimas incontenibles bañaban mi rostro. Durante unos segundos me pregunté por qué estaba allí. Luego lo recordé y busqué mi entrepierna con una mano. Descubrí que me habían colocado allí una compresa. Pese a mi escaso conocimiento sobre las cuestiones de la vida, supe que ya no había ningún bebé.

Volví a dormirme hasta que la enfermera vino con una bandeja de té y bocadillos. Mientras la colocaba sobre mi armario, noté que un cuenco limpio había reemplazado al anterior y me pregunté durante cuánto tiempo habría dormido.

–El té, Antoinette –me informó sin que hubiera necesidad de ello antes de marcharse de la sala. Entonces se volvió para dirigirme una mirada de intensa reprobación–: ¡Ah! Supongo que deseas saberlo. El bebé era un niño.

Entonces se fue y el bebé se convirtió para mí en algo real. Yací allí, habiendo perdido el apetito y sufriendo por el destino de mi niño hasta que volví a dormirme. En medio de un sueño intranquilo, las pesadillas en las que caía al vacío volvieron a acosarme.

Llegó la mañana y, con los primeros rayos de sol, un metódico auxiliar vino con una bandeja de té, una tostada y un huevo duro. Esta vez, sintiéndome hambrienta, me abalancé sobre la bandeja y casi no dejé una migaja en el plato. Poco después del desayuno apareció la enfermera, que inclinándose ante mi plato vacío comentó con desaprobación:

–Veo que has recuperado el apetito.

Luego, a regañadientes, me informó de que tras la ronda de inspección médica podría marcharme de allí.

–¿Pasará alguien a buscarte? –fue su única pregunta, y su única respuesta a mi «no» fue una pequeña y lúgubre sonrisa.

Sintiéndome pegajosa y sucia, pregunté si podía bañarme y lavarme el pelo.

–La enfermera te traerá agua para lavarte un poco. Podrás bañarte cuando vuelvas a tu casa. Tu cabello puede esperar, estoy segura de que sólo quieres lavarlo por vanidad.

Hizo una pausa, mirándome con la misma expresión de frío desdén, y añadió:

–Si no fuera por vanidad, quizá ni siquiera habrías tenido que venir aquí.

Y dicho esto se marchó.

Me dolía el estómago, pero no estaba dispuesta a pedir nada más. En cambio, me lavé tan bien como pude con el pequeño cuenco de agua que me habían dado, me vestí y esperé a que llegase el médico que había realizado la operación.

Cuando apareció, acompañado de la enfermera, apenas me dirigió la mirada y no me preguntó cómo me sentía. Sencillamente me informó de que ya podía irme. De modo que, cogiendo mi maleta, me fui del hospital rumbo a la parada de autobús.

CAPÍTULO 23

Algo me despertó, pero en el exterior de la pequeña ventana de mi dormitorio sólo había oscuridad, y en el interior, sólo silencio, y por unos instantes me pregunté qué era lo que me había molestado. Mi mente luchó por despertar del todo mientras le decía a mi cuerpo que lo hiciese. Entonces sentí algo pegajoso y cálido entre mis piernas. Mi mano descendió a la parte inferior de mi pijama y volvió de allí tibia y húmeda. Me invadió el pánico. Balanceé las piernas por encima del borde de mi cama hasta el suelo cubierto de linóleo y di un traspié hasta encender la luz.

El brillo amarillo de la bombilla de bajo voltaje que colgaba del techo sin adorno alguno iluminó vagamente mi cama. Un charco de sangre de un rojo oscuro manchaba las mantas. Desconcertada, miré mi pijama y hallé que estaba empapado de sangre. Tenía sangre en los dedos con los que me había tocado y podía sentirla chorreando por mis piernas. Grité llamando a mi madre.

Llegó en cuestión de segundos y con una sola mirada comprendió lo que sucedía y me dijo que volviese a la cama. Entonces apareció mi padre, con los ojos legañosos y vestido con su arrugado pijama.

–¿Qué pasa? ¿A qué se debe tanto ruido? –murmuró.

Con una mirada de disgusto, mi madre me señaló.

–Tendrás que llamar a una ambulancia –le dijo a ella y noté el miedo en su voz.

–Llamaré al doctor –replicó mi madre–. Él sabrá qué hacer.

Como si estuviera a mucha distancia, apenas oí que mi madre bajaba las escaleras y distinguí su voz al teléfono. Entonces, unos minutos después, oí confusamente la voz del médico. Abrí los ojos y vi su borrosa silueta.

Como si fuese parte de un sueño, su conversación en voz baja penetró mis oídos y se deslizó hasta mi cerebro.

–Es grave –le escuché decir al médico–. Hay que llevarla al hospital. Debe decidir a cuál. ¿El que hay aquí o donde se hizo la operación?

Claramente, entre la neblina, sentí el silencio y luego escuché la voz de mi madre diciendo:

–El hospital donde se hizo la operación.

Entonces las voces se marcharon y quedé flotando en el limbo, ni despierta ni dormida, pero consciente de cuanto me rodeaba. Escuché a mi madre pedirle a mi padre que se quedase en su dormitorio, la voz del doctor hablando con mi madre tras la puerta de mi habitación, y supe, aunque no me importaba demasiado, que me estaba muriendo.

Un ruido ensordecedor, que identifiqué como la sirena de una ambulancia, penetró en la niebla que me envolvía y por la ventana vi los destellos de luz azul. Varias manos me alzaron con cuidado. Sentí el impacto de cada escalón cuando bajaban la camilla escaleras abajo y sentí que me introducían en la ambulancia. Luego escuché que la sirena volvía a activarse y el vehículo se ponía en movimiento.

La imagen de mi madre junto al doctor mirando cómo se cerraba la puerta de la ambulancia que me llevaba se ha quedado grabada para siempre en mi retina.

El hospital que había escogido mi madre estaba a veinte kilómetros de distancia. Los únicos caminos que llevaban allí eran estrechos y sinuosos, pues a fines de la década de 1950 no había autopistas en Coleraine.

Sentí frío, un frío helado, si bien el sudor empapaba mi cuerpo y la sangre se escurría por entre mis piernas. Manchas negras bailaban ante mis ojos al tiempo que una campana empezó a sonar en mis oídos, casi tapando el ruido de la sirena.

Una mano me acarició la cabeza y luego buscó la mía mientras un espasmo sacudía mi cuerpo y una baba de bilis escapaba de mi boca.

—¡Se nos va! ¡Conduce más aprisa, tío! —escuché que gritaba una voz.

La ambulancia se sacudió debido a los esfuerzos del conductor y oí que la radio del radioteléfono se activaba con voces que gritaban instrucciones.

—¡Aguanta, Antoinette, no te duermas ahora! —me suplicó la misma voz al oído por encima del campaneo.

Luego hubo otra sacudida y por fin nos detuvimos. Sentí que elevaban la camilla, oí los pasos apurados de los cuerpos ocultos a mis ojos que la llevaban y luego me deslumbraron unas luces brillantes. Siguió un pinchazo en uno de mis brazos y entonces mis ojos dejaron de intentar enfocar a las siluetas vestidas de blanco que me rodeaban.

Una figura de azul estaba junto a mi cama cuando desperté. Mis ojos se toparon con los ojos marrones de la enfermera. Su hostilidad había desaparecido, y fue reemplazada por la compasión. Ahora yo era una paciente necesitada de sus cuidados. Me acarició la cabeza suavemente, sostuvo un cuenco para que vomitase y luego me lavó el rostro con un paño fresco y húmedo.

A un lado de la cama, pude ver una bolsa transparente de plástico suspendida de un palo metálico. Dentro había un fluido rojo, que yo sabía que era sangre. Un tubo iba desde la bolsa hasta mi brazo, donde había una aguja adherida con cinta.

—¿Por qué, Antoinette? ¿Por qué te enviaron otra vez aquí? —me preguntaba incrédula—. ¿Por qué no te llevaron al hospital más cercano?

Intuí que ella sabía el motivo tan bien como yo.

Sin responderle cerré los ojos, pero en mi mente seguía fija la imagen de mi madre viendo cómo me cargaban en la ambulancia para el que ella debió de pensar que sería mi último viaje. Sin deseos de aceptar algo que sabía cierto, forcé a mi me-

moria a archivar ese recuerdo en un cofre lejano, uno que no
abría jamás.

–¡Basta! –grité en silencio en la residencia para enfermos terminales mientras intentaba acallar el murmullo de esa voz infantil–. ¡Detente! ¡Quiero cerrar la tapa de ese cofre de mi memoria!

–No, Toni, tienes que recordarlo todo –murmuró la voz
con firmeza y me sentí atrapada entre dos mundos: aquél en el
que vivía Antoinette y el que yo había creado.

Contra mis deseos, mi juego heredado de «formar parte de
una familia feliz» estaba siendo forzado a concluir.

El cofre permaneció abierto y volví a ver la figura de mi
madre de pie junto al médico, fuera de la ambulancia, mientras dentro acomodaban mi camilla.

Cuando volví a despertar la enfermera estaba otra vez sentada
a mi lado.

–¿Voy a morir? –me oí preguntar.

Ella se inclinó hacia mí, me cogió una mano y la apretó suavemente. Vi la sombra de una lágrima asomándose por
sus ojos.

–No, Antoinette. Nos diste un gran susto anoche, pero te
pondrás bien.

Entonces me tapó bien con las mantas y caí en un sueño
profundo.

Pasé dos días más en el hospital. Los médicos vinieron, pro-
nunciaron palabras tranquilizadoras y se marcharon. Durante
mis horas de vigilia yací con los ojos clavados en la puerta, esperando que mi todavía amada madre viniese a verme. Por fin,
acabé comprendiendo con amargura que eso nunca ocurriría.

En vano me ofrecieron apetitosos platos de comida. Pero
yo me sentía demasiado deprimida y falta de cariño, conque

apenas si tocaba el plato y dejaba sin comer la mayor parte. Al tercer día la enfermera vino una vez más junto a mi cama, me cogió de la mano y la apretó con suavidad.

–Antoinette, hoy podrás volver a casa –me dijo. Hizo una pausa y supe que añadiría algo más–: Nunca debiste operarte, era un embarazo demasiado avanzado.

Oí la ira en su voz, pero por primera vez esa ira no iba dirigida hacia mí.

–Antoinette, has estado a punto de morir. Los médicos han debido trabajar duro para salvarte, pero tengo que decirte algo.

Esperé una vez más a que la enfermera encontrase las palabras para decirme algo que, ella lo sabía, resultaría devastador para mí:

–Cariño, sea lo que sea que hayas hecho, no te mereces esto. Antoinette, nunca podrás volver a tener hijos.

Primero la miré desconcertada y luego comprendí el significado de sus palabras. Así se desvanecía mi esperanza de contar algún día con alguien que me amase, de tener mi propia familia a la cual proteger. Volví mi rostro para ocultar la sensación de absoluto vacío que se había abatido sobre mí.

La enfermera regresó aquella mañana.

–Ven, Antoinette, date un baño antes de volver a casa –me propuso con una alegría que yo sabía fingida.

De algún modo, yo era consciente de que todavía tenía algo que decirme pero, desganada, me guardé mi curiosidad y la seguí sin pronunciar palabra.

En el lavabo me lavé el pelo e intenté restregar con la esponja los recuerdos que me asolaban. Entonces, reticente, salí de la ducha, me sequé con una toalla y me puse mis ropas, que ahora colgaban holgadas de mi cada vez más flaca figura.

Me entregaron una bolsa que debió de haber preparado mi madre y que contenía mis pantalones, camisetas, artículos de aseo y una cierta cantidad de dinero. Cuando pregunté, me dijeron que la había traído el doctor.

Sintiéndome completamente abandonada, guardé mis pocas posesiones y, con las piernas todavía débiles, me marché del hospital rumbo a la parada de autobús, donde cogí el primero de los dos autobuses que necesitaba para llegar a mi casa.

Aparcado fuera estaba el Jaguar de mi padre, lo que me indicó que él estaba dentro. Al lado había otro coche que no reconocí.

Abrí la puerta nerviosamente. Mis padres estaban esperándome junto al médico, quien fue el primero en hablar:

—Tu amiga la maestra ha acudido a los servicios sociales. Ellos han informado a la policía. Vendrá en pocos minutos.

Tras estas palabras se marchó y la casa quedó inmersa en el silencio. Me sentía débil y enferma, me dolía el estómago y mi cabeza había empezado a latirme debido a la tensión del momento. Todos oímos el coche estacionar fuera y mi madre se levantó de la silla, con el rostro inexpresivo, para dejar pasar a la policía.

—La próxima vez —dijo mientras entraban los agentes—, si necesitan hablar con mi marido o con mi hija, al menos tengan la decencia de venir en un coche no oficial. Yo no he hecho nada malo y me niego a que me avergüencen de este modo.

El policía, que llegó acompañado de una agente, se presentó a sí mismo como el sargento a cargo del caso, le dirigió una mirada hermética, se limitó a leerle a mi padre sus derechos y luego nos pidió a él y a mí que los acompañásemos a la jefatura. Como yo era menor de edad, le preguntó a mi madre si quería estar presente mientras me interrogaban. Ella declinó la propuesta. Se le informó a continuación de que una trabajadora social estaría allí en su lugar.

Mi padre y yo fuimos escoltados hasta el coche y todos nos marchamos. Yo era consciente de que, si bien una pesadilla había terminado, otra apenas había hecho más que empezar. Pero no podía siquiera imaginar lo terrible que sería.

CAPÍTULO 24

Trece días habían transcurrido desde mi llegada a la residencia para enfermos terminales. Ahora el estrépito del carrito del desayuno ya no era un anuncio de mis breves momentos de libertad, pues mi nueva y laboriosa tarea era, cucharada tras cucharada, alimentar a mi madre. Primero le ponía una servilleta alrededor del cuello y luego acercaba la taza a sus labios para permitirle beber el té de la mañana. Ella se sentaba con las manos dobladas. Sus ojos, ahora apagados, miraban a los míos mientras el cambio de roles de nuestro ciclo acababa de completarse. Los pequeños trozos de huevos revueltos o líquidos yogures de frutas que mi madre debía ingerir a continuación había que metérselos directamente en la boca con la cuchara. Tras cada bocado yo debía limpiarle la comisura de los labios con un paño húmedo, pues los restos le resbalaban por la barbilla.

Las rondas de médicos sucedían a la partida de los carritos.

—¿Cuánto tiempo más durará esto? —les preguntaba yo en voz baja, pero sus rostros no me revelaban nada.

Ahora lo que yo esperaba eran las visitas de mi padre. No bien escuchaba sus pasos, me levantaba para ir a la sala de estar, donde me esperaban el café y los cigarrillos. Pero aquel día la sala no me brindaría la ansiada soledad, pues en la sección para fumadores había sentada otra mujer con un libro sin abrir apoyado sobre sus rodillas.

Vacilante, me sonrió. Luego me dijo que se llamaba Jane. Durante la hora siguiente nos descubrimos de que ambas estábamos durmiendo en la residencia. Para ella eran los últimos días de lo que había sido un matrimonio feliz, y el último obsequio de amor hacia su marido. Me contó que el cáncer de huesos se le había extendido al cerebro y ya apenas la reconocía. La pérdida inminente había grabado en su rostro finas arrugas y le habían aparecido unas negras ojeras.

En silencio aplaudí su valentía. Mientras que yo tenía una vida a la cual regresar, ella se enfrentaba al final de la vida tal como la conocía.

Nuestra conversación derivó en la formulación de esas preguntas que constituyen los primeros pasos para forjar una amistad, si bien ambas sabíamos que sólo sería una amistad temporal. Me preguntó cuál era mi apellido y de qué parte de Irlanda provenía. Sin pensar, se lo dije.

–¿Ah sí? ¡Pues yo soy de Coleraine! –exclamó al descubrir, con fugaz satisfacción, que existía un lazo entre nosotras–. Tu aspecto me resulta familiar. ¿No tienes una prima que se llama Maddy?

Volvió a mi mente el recuerdo de mi familia irlandesa, mis numerosos parientes a los que llevaba tantos años sin ver, y por unos instantes regresé a Coleraine. Mientras buscaba las palabras correctas noté que una efímera expresión de reconocimiento y vergüenza cruzaba su rostro. Consciente de que en una residencia como aquélla las amistades son sólo naves que surcan la noche, construidas para brindar apoyo a lo largo de días y noches dolorosos, no sentí la menor incomodidad. En su lugar, le respondí simplemente:

–Es la prima de mi padre.

Su mirada se centró en un punto sobre mi hombro y, sin haberlo visto u oído, percibí la presencia de mi padre. Sintiéndome incapaz de hacer cualquier otra cosa, me apresuré a presentarlos.

Al «hola» de mi padre y su mirada inquisitiva, ella respondió llenando el silencio con una vitalidad forzada que, sin duda, no sentía.

–Sí, su hija y yo estábamos conversando acerca de Coleraine. De allí provengo yo también.

La pausa que siguió a su inocente comentario fue recibida con un tenso silencio hasta que mi padre encontró un modo amable de responderle.

–Encantado de conocerla. Discúlpeme, pero ahora tengo que hablar con mi hija.

Sentí que los dedos de mi padre se cerraban sobre mi codo. Me impulsó hacia la esquina más alejada de Jane y luego, abruptamente, me soltó. Miré su rostro, esos ojos suyos ceñudos e inyectados de sangre, y descubrí que todo rastro del anciano triste de pocos días atrás había desaparecido. En su lugar estaba el padre «malo» de mi infancia. No vi al hombre que se acercaba a los ochenta años, sino al sujeto furioso de unos cuarenta, en el momento en que lo habían enviado a prisión. El tiempo retrocedió, llevándose a mi ser adulto y dejando que despertase la niña pequeña y aterrorizada que yo había sido alguna vez.

A través de mi miedo inherente escuché su voz amenazadora:

–No deberías hablarle sobre nuestros asuntos, mi niña. No tienes por qué andar diciendo que has vivido en Coleraine. No tienes por qué decirle a nadie a qué escuela has ido. ¿Me estás oyendo, Antoinette?

La niña de seis años que vivía en mi interior asintió con la cabeza y susurró:

–Sí.

Mi ser adulto supo entonces que el momento para los subterfugios había pasado. El miedo de mis padres a ser reconocidos si salían del aislamiento al que se habían confinado era una patente realidad. Y lo más irónico de todo, pensé, es que lo que lo había roto era el pánico de mi madre a morir.

Luché por controlar tanto el miedo como el odio de mi infancia, poniendo nuevamente en mi rostro la máscara de Toni, la empresaria exitosa. Dirigiéndole una mirada de desprecio, me alejé.

Al regresar a la sala de mi madre vi un jarrón con flores

frescas que lucía junto a su cama. Sonriendo con esa animación que sólo le producían las visitas de mi padre, mi madre las señaló:

—Mira lo que trajo papi, cariño.

Pensé, agotada, que volvía a iniciarse el juego de la familia feliz, pero la sensación de los dedos de mi padre sobre mi brazo seguía grabada en mi mente cuando me lancé de lleno a desempeñar el papel de hija obediente.

La rutina de la tarde ya no incluía la lenta y agónica caminata hasta el lavabo. Unos tubos y una bolsa de plástico habían cubierto esa necesidad. En lugar de eso, yo la ayudaba a levantarse o a meterse en la cama, la lavaba y luego le acomodaba los cojines. Exhausta, ella cerraba los ojos y no tardaba en dormirse. Entonces yo abría un libro e intentaba perderme en sus páginas mientras esperaba el carrito que traía el té, la cena y los calmantes. Una vez administrada la medicación de la noche, ya me era posible concretar mi huida hacia la sala de estar.

Entre el paso de los carritos, las familias numerosas se sentaban rodeando las camas de sus seres queridos, pero una vez que mi padre se marchaba, sólo yo me quedaba manteniendo la vigilia junto a mi madre. Una joven intérprete de lira solía visitarnos para tocar algunas melodías que al mismo tiempo entretenían y aliviaban a los pacientes. Mi madre siempre pedía su canción favorita.

—Pídele que toque *Londonderry air* —era su petición cada noche.

Entonces las cuerdas de la lira, suavemente presionadas, permitían que las encantadoras notas flotasen en el aire para un auditorio compuesto por cuatro ancianas y por mí.

Cuando me senté en la sala de estar la decimotercera noche, sentí que las lágrimas me rodaban por las mejillas y me las sequé enfadada. El control sobre mis recuerdos me había abandonado y mi cofre de la memoria del año 1959 se había abierto solo, permitiendo así que fluyese todo su contenido.

Aquel año había concluido una pesadilla, pero otra había dado comienzo.

Las dos facetas de mi ser combatieron aquella noche por el control: la niña aterrorizada que vivía en mi interior y la mujer exitosa que tanto esfuerzo me había costado construir. Mi visión se volvió borrosa y regresó la vieja sensación de desplomarme en el vacío, pero esta vez estando despierta. Mi pecho se encogió y el pánico me hizo respirar de forma dolorosamente agitada. La luz se extinguía y entonces sentí una mano sobre mi hombro y oí una voz preguntándome:

–Toni, ¿estás bien?

Alcé la mirada y me topé con los ojos amables de Jane mirándome con preocupación. «No –pensé–. Quiero llorar, quiero que me abracen, quiero que me mimen, quiero que mis recuerdos me abandonen.»

–Estoy bien –respondí secándome las lágrimas, y entonces me venció la curiosidad–. Tú sabes quién soy, ¿verdad?

Sus ojos amables se mantuvieron fijos en los míos mientras asentía. Entonces me apretó suavemente un hombro antes de marcharse para regresar junto al lecho de su marido.

Como las olas que levanta una fuerte tormenta, mis recuerdos me aplastaron y temí ahogarme. La máscara tras la cual había escondido mi niñez se había esfumado; ya no era esa persona en la que tanto esfuerzo me había costado convertirme. Durante las dos semanas en la residencia, Toni, la empresaria segura de sí misma, había ido desapareciendo poco a poco. Antoinette, la niña aterrorizada, la marioneta obediente de sus padres, había vuelto a asumir el mando.

Había perdido mucho peso y cuando enfrenté en el espejo los ojos de Antoinette, rodeados de negras ojeras, éstos me observaron llenos de aprensión y pánico, sentimientos que ahora amenazaban con hundirme.

Incapaz de huir de mis recuerdos sentí que el pasado me arrastraba y me tambaleé en el precipicio que separa la cordura de la demencia; ese límite sobre el cual ya me había tambaleado antes en dos ocasiones. Volví a sentir la tentación de cruzarlo, pues del otro lado percibía cierta seguridad. Aquella seguridad donde uno se despoja de toda responsabilidad sobre su propia vida y, al igual que un niño, se la cede a otro. Entonces, como si fuésemos embriones, podemos acurrucarnos y dejar que transcurran los días hasta que nuestra mente se convierta en un espacio en blanco y nos libere para siempre de nuestras pesadillas.

Unas veces dormía junto a mi madre, mientras que otras lo hacía en una cama improvisada en la sala del doctor. Fuera donde fuera, mi sueño siempre se veía interrumpido por constantes pesadillas. En ellas estaba indefensa, pues el control sobre mí misma me abandonaba. Campanas de advertencia repiqueteaban en mi cabeza mientras veía cómo mi vida adulta experimentaba un retroceso. Necesitaba ayuda y la necesitaba enseguida. Aquello no podía sucederme a mí, no otra vez. No podía, no debía permitir que sucediese.

Acudí a ver al párroco de la residencia. Él debió de pensar que hablar conmigo lo aliviaría un poco del peso de tantas conversaciones con moribundos, de tanto coger manos esqueléticas y ofrecerle pañuelos de papel a los familiares que acababan de perder a un ser querido. Me sonrió y me hizo pasar a su despacho, sin saber que aquél no sería su día de suerte.

—Necesito hablar —alcancé a decir mientras tomaba asiento, y el párroco vio cómo cualquier indicio de la mujer controlada que él conocía se esfumaba por completo.

La mirada de preocupación en su rostro dejó claro que él sabía que debería lidiar con algo más que una mujer a punto de perder a su madre. Pues mi madre, a los ochenta años, había vivido lo que en general se considera una larga vida, y yo había tenido más de un año de preparación para la etapa final del cáncer. Aquél, como el religioso no tardó en descubrir, no era el motivo por el que me urgía hablarle.

Aquel hombre lleno de compasión y humor era el párroco cuya presencia mi madre había solicitado varias veces en mitad de la noche, antes de comprender que carecía del coraje para confesarle sus temores. Después de todo, ¿cómo podía ella arrepentirse de algo que todavía se negaba a admitir? Mi madre, ahora me quedaba claro, moriría con una firme convicción: la seguridad de que ella había sido la víctima quedaría en su mente por delante de todo, y cualquier duda que la acosara sería rigurosamente combatida.

Ahora él me miraba expectante mientras yo encendía un pitillo con mis manos temblorosas. Con voz entrecortada le conté mi historia, le dije que estaba reviviendo las emociones que había sentido de niña, pero mezcladas con una sensación similar a la vergüenza; una vergüenza que yo había permitido que me dominase durante muchos años. Si mi madre había orquestado el juego de la familia feliz cuando era niña, yo había perpetrado el mismo mito siendo adulta.

¿Por qué había hecho eso?, le pregunté. ¿Por qué había inventado un pasado que incluía a padres cariñosos? ¿Por qué me había mentido a mí misma y nunca había tenido la valentía de liberarme?

–¿Por qué cree que no pudo hacerlo? –me preguntó él, y entonces dejó que se instalase el silencio, dándome tiempo para pensar mientras esperaba con paciencia mi respuesta.

–Deseaba ser como todos los demás cuando hablaban sobre su infancia –respondí–. Quería que me viesen yendo a Irlanda del Norte a visitar a mis padres, y ser parte de una familia.

–¿Y lo era realmente? ¿Alguna vez volvió a sentirse parte de su familia?

Entonces pensé en la verdad, en las cosas que había tolerado, en las que había aceptado sin rebelarme jamás.

–No. Siempre lo intentaba, y visitaba a mi madre cuando mi padre iba a casa de sus parientes. Después del día en que me excluyeron de sus hogares nunca más volví a verlos. Mis abuelos, tías, tíos y primos siguieron siendo la familia de mi padre, pero dejaron de ser la mía.

Hice una pequeña pausa y admití que hasta entonces no había aceptado esa realidad ni ante mí misma.

–¿Sabe una cosa? Durante mi adolescencia yo los echaba mucho de menos, pero nunca me permitía pensar al respecto, nunca reconocía lo sola que estaba. Nunca me permitía sentir la amargura, pero cuando mi abuela me dijo que yo ya no era bienvenida en sus hogares me quedé paralizada de la desesperación.

Hice una nueva pausa y recordé esos sentimientos tantas veces rechazados.

–Lo que me embargaba era una sensación más profunda que la soledad. Era como ser una extraña para todos en el mundo. En años posteriores, cuando mi padre iba a una boda de la familia a la cual asistían varios parientes y yo no era invitada, ni siquiera me lo cuestionaba. Aceptaba el hecho de que no me querían allí. Sabía que, colectivamente, sus mentes habían tomado una decisión para la cual no había vuelta atrás. Me habían borrado de sus corazones, pero no habían hecho lo mismo con mi padre. Incluso fui excluida del funeral de mi abuela. Alguna vez yo la había querido y ella me había querido a mí. Pero me había visto despojada de ese amor por los actos de mi padre, no por los míos, y mi madre nunca había levantado la voz para protestar. Sencillamente lo había aceptado.

–¿Y qué sucedió con sus parientes en Inglaterra? Me dijo usted que alguna vez había tenido una buena relación con algunos de ellos…

–Los años en que mi padre estuvo en prisión, los años que yo pasé en un hospital psiquiátrico, dejaron en mí demasiadas huellas como para poder hablarles con comodidad. Nunca volví a sentirme a gusto a su lado la primera vez que me marché de Irlanda del Norte, pues ellos no comprendían por qué me había mudado tan lejos de casa y me dedicaba a ese tipo de trabajo para sobrevivir. Creo que me veían más como la hija de mi padre, un hombre a quien siempre habían considerado socialmente inferior. Además, yo tenía demasiado para ocultar y en contacto con ellos me había vuelto una persona muy reservada. Sencillamente no encajaba allí. Supongo que podría haberlos visitado, pero decidí no hacerlo. Incluso mi abuela, con quien yo había entablado una relación tan estrecha cuando estuve en Inglaterra, había sido alejada de mí a causa de los secretos de familia. No le permitieron saber por qué había dejado el colegio tan pronto, abandonando mi proyecto de ir a la universidad, que con tanto entusiasmo le había descrito alguna vez. Sólo la vi unas pocas veces más antes de su muerte.

El párroco me miró compasivamente.

–De modo que, siendo adolescente, usted no tenía a nadie, ningún hermano, ningún pariente más lejano, ni tías ni tíos a quienes acudir. Sólo a sus padres –reflexionó y me disparó a continuación una pregunta inesperada–. ¿Quería a sus padres?

–Quería a mi madre. Eso nunca cambió. Nunca quise a mi padre. Cuando era pequeña él estaba tanto tiempo fuera de casa que más que mi padre casi parecía un visitante que me traía regalos. Cierto que podía ser sumamente encantador cuando quería, pero yo siempre le temía. Incluso ahora mis sentimientos se confunden. Eso es lo que me perturba. Por un instante veo a ese anciano que todavía ama a su esposa, como siempre la amó; sé lo mucho y lo bien que la cuidó cuando ella se puso enferma. Y luego recuerdo al monstruo de mi niñez. Incluso ahora –acabé reconociendo–, todavía es capaz de intimidarme.

–El amor es un hábito difícil de dejar –comentó el párroco suavemente–. Pregúnteselo a cualquier mujer que haya seguido tolerando una mala relación de pareja mucho después de que haya dejado de funcionar. Mujeres que han debido escapar a refugios como único modo de huir de la violencia y los abusos de sus compañeros. ¿Por qué? Porque no aman al hombre que las golpea, sino a aquél con el que creyeron que se casaban. Y seguían una y otra vez buscando a esa persona. Los lazos de cariño entre usted y sus padres se formaron cuando usted apenas era un bebé; el lazo entre madre e hija se forjó en ese momento. Si su padre hubiese sido igual de cruel con ella, quizás usted podría haber aprendido a odiarlo. Pero no fue así, y su madre acabó haciéndole un lavado de cerebro, que también se hizo a ella misma. En su mente usted era culpable y ella, una víctima. Por eso vive usted una lucha interna entre sus emociones y su pensamiento racional. Emocionalmente sigue cargando el peso de la culpa de su niñez. Racionalmente sabe que sus padres no son dignos de usted y que, sin duda, ni usted ni ninguna criatura merecen unos padres así. Yo soy un hombre de Dios y suelo predicar el perdón, pero usted, Toni, debe mirar con objetividad el papel que han desempeñado sus padres, debe aceptar el rol que ha jugado su madre en todo aquello. Sólo así podrá usted liberarse, pues creo que la responsabilidad de su madre es algo que usted nunca ha podido asumir.

Aquellas palabras parecían levantar las barreras con las que yo había rodeado la verdad. Una vez pronunciadas, parecieron manar de mí como un torrente. Le expliqué de qué modo mi madre siempre decía que yo debía «llevarme bien con mi padre», cómo afirmaba «haber sufrido demasiado», o cómo anunciaba tomar «una dosis tras otra de medicación» para sus nervios. Cómo yo siempre le había dado «motivos para preocuparse».

–Me asustaba telefonear a mi casa, pero lo hacía casi cada semana y sabía que sus latiguillos usuales permanecerían flotando en mis oídos: «Sólo un momento, cariño. Papi quiere decirte algo», y a lo largo de todos esos años yo le había seguido la corriente, temerosa de que su cariño se esfumase si yo la forzaba a ver la realidad.

Y finalmente le conté algo que nunca le había explicado a nadie: lo que yo sentía por Antoinette, la niña que alguna vez había sido.

–Ella habría sido muy diferente si se le hubiese permitido crecer con normalidad, ir a la universidad, tener amigos. Pero nunca tuvo esa posibilidad y cada vez que algo me sale mal en la vida culpo de ello a mi niñez. Cuando yo era mucho más joven ella asumía el mando y yo revivía todas sus emociones. Por entonces me sumergía en relaciones mentalmente abusivas diciendo: «Hola, ya estoy aquí, me siento como en casa». O reaparecía mi amiga de la infancia: la botella. He combatido a estos demonios durante toda mi vida y los he derrotado la mayor parte de las veces, pero no ahora.

El cenicero se llenó mientras yo hablaba y mi mente se aclaraba obligándome a aceptar la inapelable realidad.

–Ella nunca me quiso. Ahora me necesita para poder morir en paz, con su fantasía intacta: la fantasía de un marido apuesto que la adora, un matrimonio feliz y una hija. Soy apenas una intérprete de su último acto. Ése es mi papel aquí.

–¿Piensa hacer añicos esa fantasía?

Pensé entonces en la delgada figura de mi madre, ahora tan dependiente de mí.

–No –suspiré–. ¿Cómo podría hacer algo semejante?

CAPÍTULO 25

Me pusieron en un pequeño cuarto de la comisaría falto de ventilación, amueblado sólo con una mesa marrón cubierta de fórmica y unas pocas sillas de madera. En el suelo pude ver un linóleo marrón agrietado. Había una única ventana en la pared manchada de nicotina, pero estaba demasiado alta como para que pudiese asomarme a ver el exterior. Sabía que mi padre estaba cerca. Sabía que mi pesadilla había terminado, pero en lugar de alivio sentía aprensión. ¿Qué me depararía el futuro?, me preguntaba.

Se abrió la puerta y alcé la mirada para ver a la agente de policía de poco antes, ahora acompañada por una joven mujer vestida de civil. Me consultaron si ya había comido. Moví la cabeza indicando que no y entonces la agente se marchó para regresar poco después con una bandeja con té, bocadillos y algunas galletas de chocolate, que colocó ante mí con una mirada amable. Ambas sacaron cuadernos y comprendí que, por muy relajada que intentasen que fuera la atmósfera, aquello era oficial. La mujer de civil se presentó como una trabajadora social, dijo que se llamaba Jean y me preguntó si sabía por qué me encontraba en ese lugar. A continuación quiso saber también si yo era completamente consciente de que aquello que mi padre y yo habíamos hecho constituía un delito. A ambas preguntas respondí con un susurrante «sí».

Suavemente, la agente me explicó que en otra sala mi padre también estaba siendo interrogado y que lo único que yo debía hacer era decir la verdad. Además se me indicó que, siendo menor de edad, no cabía duda de que él sería enviado a prisión.

–Antoinette, tú no has hecho nada malo, pero tenemos que formularte algunas preguntas. ¿Estás preparada para responderlas? –dijo la policía.

Le clavé la mirada. ¿Cómo podría alzar la voz para hablar de un secreto mantenido durante tantos años? Un secreto por el cual mi padre me había repetido mil veces que sería considerada culpable. Por otra parte, yo ya había descubierto que, una vez expuesto, dicho secreto producía en efecto la ira y la culpa que él había predicho.

Entonces la trabajadora social habló por primera vez.

–Antoinette, quiero ayudarte, pero sólo podré hacerlo si conozco tu versión de los hechos. Sé que esto te resulta doloroso, pero estamos de tu parte –dijo al tiempo que extendía una mano por encima del escritorio y con ternura cogía la mía–. Por favor, responde a estas preguntas.

La primera pregunta que iba a ser tomada como prueba fue formulada por la agente de policía.

–¿Cuántos años tenías la primera vez que tu padre te tocó?

Sentí la cálida presión de la mano de Jean sobre la mía.

–Seis –murmuré por fin, y entonces me brotaron las lágrimas.

Un silencioso torrente se deslizó desde mis ojos empapándome las mejillas. Sin pronunciar palabra me alcanzaron unos pañuelos de papel. Ninguna de las dos mujeres habló hasta que recobré la compostura.

–¿Por qué mantuviste el silencio durante tantos años? ¿Por qué al menos no se lo dijiste a tu madre? –fue el primer interrogante de Jean.

Ninguna palabra vino a mi boca. Aquel cofre de mi memoria estaba cerrado. La ocasión en que había intentado contárselo a mi madre se hallaba perdida en algún lejano confín cuando negué con la cabeza. ¿Habría sido mi vida diferente si, de recordarlo durante el interrogatorio, se lo hubiera dicho? Sin duda me habrían alejado de mi madre y los sucesos que me lastimaron más tarde no se habrían producido. ¿O acaso ese amor que yo sentía por ella habría seguido influyéndome igualmente y afectando mi vida? Incluso ahora carezco de respuesta para esa pregunta.

Con delicadeza, me impulsaron a contarles cómo me llevaba mi padre en coche los fines de semana, cómo me decía que me enviarían lejos si hablaba y cómo la gente me culparía a mí y mi madre dejaría de quererme. Al oír esto noté cómo las dos mujeres intercambiaban una mirada cuyo significado comprendí. Ambas sabían mejor que yo que todas las amenazas de mi padre (e incluso cosas peores, como no tardaría en descubrir) se volverían realidad, y que cualquier resto de infancia que hubiera en mí quedaría definitivamente atrás.

Poco a poco me sonsacaron mi historia por medio de comprensivas preguntas, a las cuales respondí con sinceridad. Pero me resultó imposible aportar cualquier información adicional. Tendrían que transcurrir muchos años todavía hasta que fuese capaz de hablar con libertad de mi infancia, sin vergüenza ni sentimiento de culpa. Me preguntaron si no había tenido miedo de quedar embarazada. Respondí que no pensaba que fuera posible quedarme embarazada de mi padre.

El tictac del reloj marcaba el paso del tiempo. El cansancio y la desesperanza me embargaban por igual mientras me preguntaba una y otra vez qué sería de mí a partir de entonces.

–¿Cuáles son tus planes para el futuro? –inquirió la trabajadora social–. ¿Crees que podrás seguir yendo a la escuela en estas circunstancias?

La miré primero sin entenderla, y luego comprendí de pronto lo que quería decir. Yo era una alumna de pago en un colegio privado. Mi padre iría a prisión, y si bien mi madre trabajaba, él tenía el salario más alto. Repentinamente fui consciente de la gravedad de mis actos, del daño que había ocasionado. La casa de mis padres dependía de un préstamo bancario, mi madre no sabía conducir y sería imposible cubrir mis gastos. Todas las ideas que me atormentaban sobre el reformatorio donde querían enviarme mis padres se esfumaron cuando comprendí, con culpa y pánico, que había arruinado la vida de mi madre.

Al ver que mi mirada en blanco abría el paso a la comprensión de los hechos que pronto tendría que afrontar, las dos mujeres intentaron tranquilizarme.

–Antoinette, todo esto no es culpa tuya. ¿No crees que tu madre debió de sospecharlo al menos a lo largo de todos estos años?

Aceptar eso habría sido demasiado insoportable para mí. ¿Cómo podía afrontar la idea de semejante traición por parte de la única persona a la que yo amaba de forma incondicional? Con desesperación intenté negarlo, del mismo modo que me lo negaba a mí misma, y una vez más noté que ambas intercambiaban una mirada. Una mirada que combinaba la lástima con la incredulidad.

–Antoinette –dijo la agente, en cuyos ojos se mezclaban la compasión y la determinación de llevar adelante su trabajo–, deberás ser testigo en el juicio contra tu padre. ¿Comprendes lo que eso significa?

Antes de tener tiempo de asimilar lo que eso implicaba, ella aumentó mis temores informándome de que él sería liberado bajo fianza y que ambos volveríamos juntos a casa. Entonces la agente se marchó, dejándome a solas con la trabajadora social. Permanecí sentada en silencio mientras los hechos tomaban forma en mi mente. Y entonces el terror surgió incontenible.

–¡No puedo volver a casa! –tartamudeé–. ¡Os lo suplico!

Sentí la compasión de Jean al responderme:

–A menos que la policía establezca que corres peligro allí, no hay nada que yo pueda hacer.

Pasaron unos largos minutos antes de que volviera a abrirse la puerta. Entraron otra agente y su sargento. Con expresión adusta, ambos se sentaron frente a mí.

–Tu padre se ha confesado culpable –me informó el sargento sin rodeos–. Eso hará el juicio un poco más sencillo para ti. El caso se llevará *in camera*, pues eres menor de edad. ¿Sabes qué significa eso?

Negué con la cabeza e intenté susurrar un «no».

–Eso quiere decir que no se admitirá la presencia de miembros de la prensa ni de público alguno que no esté vinculado al caso. La fecha del juicio todavía no ha sido decidida, pero tendrá lugar en pocas semanas. Ahora os llevaré a ti y a tu padre a casa.

Estallé en lágrimas. Sintiéndome débil todavía debido a la sangre perdida en la operación de urgencias, perdí toda capacidad de resistencia. El miedo me paralizó.

–Por favor, no me envíen de regreso –conseguí jadear en medio del llanto, recordando la paliza que había recibido por no colgar mi uniforme escolar.

Si mi padre había hecho algo así por una falta tan menor, ¿a qué castigo me sometería por esto? En medio del pánico mis dedos se aferraron a un extremo de la mesa, como si al hacerlo pudiese retrasar el momento de volver a casa.

La agente de policía fue la primera en hablar:

–No tenemos ningún lugar adonde enviar a alguien de tu edad, Antoinette, pero tus padres no volverán a lastimarte. Tanto el sargento como Jean irán con vosotros para hablar con tu madre.

También el sargento intentó calmarme:

–Ya han hablado con tu padre. Sabe cuáles serán las consecuencias si vuelve a ponerte una mano encima.

Sus palabras eran de escaso consuelo para mí, pues en mi mente podía recordar la ira de mi madre, el desdén del médico y los múltiples actos de crueldad de mi padre. Sabía que me devolverían a un hogar donde no era querida, a una madre que ya no me amaba y a un hombre que me culparía de todo lo que iba a sucederle a la familia.

Nos condujeron en dos coches no oficiales, como había solicitado mi madre. Cuando nos detuvimos, las luces de la casa todavía estaban encendidas. Mi madre, sin sonreír, nos hizo pasar. Entonces, piadosamente me permitió desaparecer escaleras arriba en dirección a mi cuarto, donde el murmullo de sus voces podía ser oído pero no comprendido. Me invadió el hambre al comprender que, salvo por los bocadillos que me había dado la agente, no había comido nada desde el desayuno en el hospital. Me pregunté si mi madre habría pensado en ello, pero cuando por fin se marchó la policía y escuché cerrarse la puerta de entrada nadie se acercó a mi habitación. A la larga acabé sumergiéndome en un sueño agitado en el que las pesadillas diseminaron mi pánico. Desperté en una casa donde reinaba el silencio.

CAPÍTULO 26

El día que yo esperaba con tanto temor había llegado. El día en que mi padre sería juzgado y sentenciado por el delito que había cometido contra mí, el delito de sus múltiples violaciones.

Mi madre, que todavía aseguraba ser la víctima de aquel triángulo, se había negado a acompañarme a la corte de justicia. En cambio, había ido a trabajar como todos los días. El sargento, presintiendo que yo necesitaría de algún sostén femenino, me dijo que traería a su esposa para que me cuidase. De pie junto a la ventana de mi casa, pues estaba demasiado nerviosa para permanecer sentada, esperé a que llegasen.

Mi padre ya se había marchado solo en dirección al juzgado, pero no había ido en su coche, lo que me indicó que más allá de lo que le dijese su abogado defensor él sabía que no volvería a casa al terminar aquel día. Al menos me había librado de su presencia por la mañana.

Incapaz de relajarme, estuve lista para marcharme mucho antes de la hora estipulada. Me vestí con una falda gris y una blusa, y me puse encima mi chaqueta del uniforme escolar, pues como no tenía ninguna otra, no me quedaba opción.

Judy ya había gozado de su paseo matinal y yo había terminado lo poco que había podido ingerir de mi desayuno cuando por fin oí el sonido del motor de un coche que anunciaba la llegada del sargento. Vestido con su uniforme habitual de tweed y pantalones grises, abrió la puerta del coche y me presentó a su esposa, una mujer menuda y regordeta que me saludó con una breve y hermética sonrisa. Luego recorrimos el corto trayecto hasta el juzgado. Lo único que cruzaba por mi mente era la fría mirada de mi madre cada vez que se había visto forzada a alzar los ojos hacia mí. Ahora que mi deseo de vivir en un hogar sólo con mi madre iba a volverse realidad finalmente, comprendí que eso ya no podría depararme la menor felicidad.

Desde el coche divisamos los austeros edificios grises del juzgado. Con unas piernas que de pronto me parecieron demasiado pesadas, crucé las puertas de dos hojas en dirección al intimidante interior. Fiscales, abogados defensores y presuntos criminales se congregaban en grupos de asientos que habían sido diseñados sin tener en cuenta ni la estética ni la comodidad. Me senté rodeada a un lado por el sargento y al otro por su mujer, preguntándome dónde estaría mi padre, pero agradeciendo no poder verlo. Esperaba el momento en que me llamarían para testificar en su contra.

Aquella mañana el espejo me había devuelto la imagen de un rostro ojeroso y pálido, que aparentaba mucha más edad que mis quince años y estaba enmarcado por unos cabellos a la altura de los hombros, cortados estilo paje. Ningún maquillaje había minimizado mi palidez ni había ocultado las oscuras ojeras, que no exhibían ni el intenso optimismo ni la alegre expectación que se espera de una adolescente con toda la vida por delante. Era el rostro de una niña a la cual la esperanza y la confianza, si no la habían abandonado para siempre, al menos no la acompañaban aquel día.

Mientras esperábamos nos sirvieron el té. Entonces se abrió la puerta interna del juzgado y pude observar a un funcionario de la corte vestido de negro a quien conocía de vista. Se acercó a mí a toda prisa y me informó de que mi padre ya había prestado testimonio y se había declarado culpable, de modo que no tendría que ser interrogada. Me explicó que, pese a ello, el juez deseaba formularme algunas preguntas, y me hizo pasar.

Me pusieron delante una Biblia ante la cual juré «decir toda la verdad y nada más que la verdad». Me indicaron dónde colocarme y me volví para enfrentar al juez con su peluca, quien armado de una amable sonrisa, me consultó si prefería sentarme. Lo hice agradecida. Tenía la boca seca y el juez pidió que me diesen agua. Di unos pequeños sorbos, dejando que el líquido se deslizase por mi garganta repentinamente reseca.

–Antoinette –comenzó el juez–, sólo quiero conocer tu respuesta a unas pocas preguntas, luego podrás marcharte. Sólo respóndeme lo mejor que puedas. Y recuerda que aquí no estás siendo juzgada. ¿Crees que podrás hacerlo?

Intimidada por su peluca blanca y su toga escarlata, susurré que sí.

–¿Alguna vez se lo contaste a tu madre?

Afirmé que no.

Su siguiente pregunta me tomó por sorpresa y tomé conciencia del sitio donde estaba de un modo que no lo había hecho antes.

–¿Estás enterada de los hechos relativos al origen de la vida? ¿Sabes cómo se quedan embarazadas las mujeres? –inquirió.

Nuevamente en un susurro, respondí que sí.

–Entonces no dudo que habrás tenido miedo de quedar embarazada...

Alcé la mirada hacia él y supe, sin comprender por qué, que la respuesta a esa pregunta era importante.

–Él siempre usaba algo –respondí por fin y escuché que el abogado defensor de mi padre suspiraba.

–¿Qué usaba? –fue su última pregunta.

–Parecía un globo –fue mi respuesta.

Con mi falta de interés por los chicos, todavía no había tenido necesidad de aprender la palabra «condón».

En aquel momento no comprendí que mi respuesta acababa de confirmar la premeditación. Esas pocas palabras habían dejado sellado que mi padre sería enviado a prisión y no a la institución psiquiátrica a la que su abogado defensor esperaba que fuera. El juez me dijo que podía marcharme y yo, evitando la mirada de mi padre, dejé el juzgado para regresar a mi asiento en la sala de espera, donde debía quedarme hasta que el juez dictase la sentencia y me comunicasen el resultado.

Observando las puertas del juzgado durante las que me parecieron varias horas pero que no podían haber sido más de quince minutos, vi que se abrían y que el defensor de mi padre se acercaba hasta colocarse a mi lado.

–Tu padre ha sido condenado a cuatro años de prisión –me dijo–. Con buena conducta estará libre en dos años y medio.

En su voz no se percibía que el destino de su cliente le despertase ninguna emoción.

–Tu padre quiere verte –añadió–. Está en una de las celdas del juzgado. Tú decides si quieres ir. No tienes obligación de hacerlo.

Adiestrada como estaba para obedecer, accedí a verlo. Me llevó al sitio donde mi padre estaba sentado. Todos mis miedos me abandonaron al ver al hombre que me había atormentado durante tantos años y esperé a que él hablase.

–Ahora deberás cuidar a tu madre, Antoinette, ¿me oyes?

–Sí, papi –respondí por última vez en muchos meses.

Luego me volví y me alejé en busca del sargento de policía y de su esposa.

–El juez quiere verte por unos minutos –me informó el sargento mientras el funcionario de la corte se nos aproximaba y nos pedía que lo siguiésemos.

Instantes después estuve frente al juez por segunda vez en aquel día. En esta ocasión fue en su despacho y él ya se había quitado la peluca y la toga. Me indicó que me sentase y, mirándome con seriedad, me explicó los motivos por los que quería hablarme en privado.

–Antoinette, comprenderás, como ya lo has descubierto, que la vida no es justa. La gente te culpará, como ya ha sucedido. Pero quiero que me escuches con atención. He visto los informes policiales. He visto los informes médicos. Sé exactamente lo que te ha sucedido y te repito que nada de todo esto ha sido culpa tuya. No has hecho nada de lo que debas avergonzarte.

Archivé esas palabras en mi mente con sumo cuidado y las dejé a mano para utilizarlas cuando fuesen necesarias.

Un caso judicial que se efectúa *in camera* podrá limitar el número de personas presentes en la sala, pero de ningún modo puede silenciar a las que están fuera. Los conductores de la ambulancia, las enfermeras y los mismos policías, por no mencionar a las trabajadoras sociales y a las dos maestras, pasaron a formar parte de la lista de sospechosos de mi madre cuando ella tomó conciencia de que toda la ciudad hablaba sobre nosotros.

No sólo hablaban, sino que adoptaban una postura al respecto. Coleraine, la ciudad natal de mi padre, acérrima protestante, culpó a la niña.

Yo estaba bien desarrollada, mi timidez me hacía parecer distante y fría, y hablaba con un acento inglés de clase media, un acento que en el Ulster de entonces distaba de ser popular. Mi padre, en el otro extremo, era un hombre local que había combatido en la guerra, había vuelto a casa con medallas y era considerado un héroe por su familia. Como en Irlanda del Norte no existía la conscripción, todos aquellos que habían luchado en la Segunda Guerra Mundial eran valientes voluntarios. Nadie en Coleraine dudaba de que el verdadero error de mi padre había consistido en la elección de su esposa, una mujer que no sólo era cinco años mayor que él, sino que además miraba con desdén a sus amigos y parientes. Mi padre era el alegre camarada en los bares, el campeón amateur de golf y el brillante jugador de billar, un hombre a quien querían y respetaban hombres y mujeres por igual.

«Pedófilo» no era por entonces una palabra habitual, ni una que, por otra parte, ellos fueran a aplicar para referirse a mi padre. En su opinión, yo había accedido a acostarme con mi padre por mi propia voluntad y al saberme embarazada había clamado que era una violación. Había conducido a juicio a mi propio padre, testificando en su contra y había sacado a la luz en público los trapos sucios de una familia numerosa. Como el caso se había llevado *in camera*, sólo algunos de los hechos habían trascendido, pero incluso si todos hubieran sido impresos en los periódicos dudo que en Coleraine los hubiesen creído. A muy temprana edad había aprendido que la gente cree fundamentalmente lo que quiere creer, incluida la mismísima persona que pronuncia las mentiras.

La primera señal que recibí sobre la reacción de la ciudad me llegó cuando llamé a una de las primas de mi padre, Nora, una mujer con una hija de cinco años a quien yo le tenía mucho cariño. Me habían cogido como canguro de la niña en varias ocasiones y me encantaba jugar con ella. La puerta se abrió y Nora permaneció con las manos en la cintura y la mirada llena de odio, mientras que su hija se escondía detrás de su falda, asomando el rostro para espiar.

–¡Has tenido el descaro de venir aquí! ¿Crees que permitiremos que nuestra niña juegue con alguien como tú? Sabemos lo que has hecho. Lo sabemos todo sobre ti y sobre tu padre.

La mezcla de ira y repugnancia casi le hizo atragantarse al espetar sus últimas palabras hacia mí:

–¡Sal de mi portal y no vuelvas nunca más!

Me tambaleé como si me hubieran golpeado, y mi última imagen de esa niñita con la que yo había jugado fueron sus desconcertados ojos azules antes de que la puerta se cerrase de un golpe ante mí. Atónita, regresé a la frialdad de la casa de mi madre. Ella había dejado su trabajo y me informó de que nunca más volvería a salir de casa. No podía tolerar la vergüenza: estaba todo en los periódicos. Y así era. Mi nombre no era mencionado y, de forma inocente, yo todavía albergaba la idea de que mi madre me protegería de algún modo, pero ahora todo el mundo estaba enterado y la verdad había sido confirmada oficialmente.

Mi madre me dijo entonces que pondría la casa a la venta y nos mudaríamos, no a Inglaterra como yo hubiera deseado, sino a Belfast. Nos iríamos tan pronto como la casa se hubiera vendido. Entretanto yo me encargaría de hacer todas las compras: ella no soportaría hacer frente a los cotilleos y las miradas de los demás: eso debería afrontarlo yo. Hasta que nos marchásemos me permitiría seguir yendo al colegio, pues eso me mantendría fuera de la casa. Mi madre se equivocaba al respecto: al día siguiente fui expulsada.

Se produjo un silencio cuando entré al salón del colegio: las otras niñas evitaron mi mirada; niñas que consideraba mis amigas me dieron la espalda. Todas excepto una, Lorna, mi amiga de Portstewart, una chica en cuyo hogar yo había estado muchas veces. Ella me miró a los ojos y me sonrió. Pensando que todavía conservaba una amiga, me acerqué a ella. Lorna me devolvió una mirada avergonzada, pues la habían designado portavoz del grupo. Aunque la misión parecía lejos de hacerla feliz, noté su determinación al soltar su muy preparado discurso.

–Mi madre dice que no tengo nada que hacer contigo –afirmó e hizo una pausa–. Lo siento, pero a todas nos han dicho lo mismo.

Permanecí de pie en el salón, sosteniendo mi cartera, demasiado aturdida como para sentir emoción alguna, y entonces vi que se acercaba la directora.

–Antoinette, no te esperábamos hoy. Le hemos escrito a tu madre. ¿Acaso ella no recibió nuestra carta?

Le dije que el cartero siempre pasaba después de que yo me marchase a la escuela y su única respuesta fue fruncir los labios mientras sus pequeños ojos oscuros se deslizaban desde mi rostro hasta un punto sobre mis hombros. Mantuve el silencio, con la vana esperanza de que se postergase lo que ya sabía que sucedería. Por fin volvió a hablar:

–No puedes asistir a esta escuela. Tu madre recibirá la carta hoy mismo.

La mujer debió de notar mi rostro desolado, pues me miró

con disgusto, pero su única respuesta a mi súplica silenciosa fue otra pregunta:

–¿Qué esperabas después de todo lo que has hecho? Sabemos lo que sucedía entre tu padre y tú. Nos han telefoneado decenas de padres, la comisión escolar se reunió anoche y hemos tenido una reunión sobre tu caso. La decisión ha sido unánime: serás expulsada. Tu pupitre y tu armario ya han sido vaciados. Ahora sígueme a mi despacho para recoger tus cosas.

Con la fatalidad abatiéndose sobre mí, me rebelé y volviéndome hacia ella protesté:

–No fue culpa mía. Él me forzó a hacerlo.

–¿Ah, sí? ¿Todas las veces? No empeores aún más las cosas.

Entonces, una vez cumplida su desagradable misión, me acompañó hasta la puerta.

–No intentes establecer contacto con ninguna de las otras niñas. Sus padres no quieren que se acerquen a ti –fueron sus palabras de despedida mientras me alejaba del edificio en el que, durante ocho años, había cursado la mayor parte de mis estudios.

Había sido allí donde yo había intentado con indecisión forjar esas tempranas amistades; el tipo de amistades que esperamos que una vez establecidas nos duren para toda la vida. Me mordí la mejilla por dentro para no llorar mientras meditaba sobre cómo demorar mi regreso a casa.

Sabía que ahora mi madre ya habría recibido la carta. ¿Cuál sería su reacción? Vagué tristemente, temiendo regresar junto a ella y a esa helada barrera que había erigido entre ambas. Un muro que yo nunca había querido aceptar que se estuviera levantando continuamente, ladrillo a ladrillo, durante los ocho años transcurridos desde que yo cumpliera los seis. Ahora era un muro demasiado alto como para escalarlo. Desde que le había contado acerca de mi embarazo, el ladrillo final había sido colocado y su frialdad dejaba en claro que con él habían muerto las últimas huellas de cualquier cariño que hubiera sentido alguna vez por mí. Caminé aferrando mi cartera, que ahora estaba repleta con todos los libros de mi pupitre. En medio del pesar, pensé que sin duda mi abuela me recibiría con alegría, pues ella me adoraba, y con pasos esperanzados me dirigí hacia su casa.

Mi abuela me dejó pasar y luego fue a la cocina a preparar el té. No me formuló ninguna pregunta acerca de por qué estaba allí y no en la escuela aquella mañana, y eso me anunció lo que sucedería apenas unos minutos después. A continuación colocó en la mesa la bandeja del té y se sentó frente a mí. Se la veía preocupada, afligida por la culpabilidad de su hijo y por la decisión que creía que debía tomar. Me explicó sin rodeos la conclusión de la familia, intentando hacerme ver del modo más amable posible que eso era lo mejor que se podía hacer en dicha situación.

–Sabía que hoy vendrías aquí. Sé lo que Nora tiene pensado decirte... –Debió de notar en la expresión de mi rostro que yo ya había visitado a la prima de mi padre. Entonces suspiró y alzando una mano sobre la mesa para cubrir la mía añadió–: Antoinette, escúchame bien. Tu padre es el mayor de mis hijos y lo que hizo está mal, lo sé. Pero no puedo permitir que vuelvas a visitarnos.

La miré con desolación. Pronunciaba las palabras que, en lo más profundo de mi ser, había temido escuchar. Dejé mi taza de té y le pregunté algo cuya respuesta ya conocía.

–¿Todos opináis lo mismo?

–Sí. Vuelve con tu madre. Lo mejor será que ella te lleve a Inglaterra. Ambas pertenecéis allí.

Y ése fue el modo en que me dijo adiós, pues nunca más volví a verla.

Me incorporé y, por primera vez, no la besé al marcharme. En su lugar, caminé con paso decidido rumbo a la puerta principal y salí a la calle, donde nadie me saludó. Pensé en la calidez del hogar de mis abuelos, en el cariño que había recibido allí. Recordé la sonrisa de bienvenida de mi abuela cuando había regresado de Inglaterra y vi otra vez sus hombros caídos y su expresión desolada tras ser consciente de lo que su hijo había hecho. Ya empezaba a echar de menos a mi familia, pues sabía que la había perdido para siempre. Comprendí que con el paso de los años acabarían perdonando a mi padre, pero que eso no sucedería conmigo, pues alguna vez me habían querido pero nunca tanto como a él. Sin tener otro lugar adonde ir, forcé mi mente a alejar esta última pérdida y me dirigí a mi casa para hacer frente a mi madre.

Las semanas previas a que vendiéramos la casa y el coche de mi padre transcurrieron con frialdad, hasta el punto que someterme al efecto de las miradas y los murmullos que se producían en cada sitio de la ciudad donde entraba me pareció preferible a estar con mi madre. Esperaba al menos un poco de comprensión o incluso de compasión por parte del mundo adulto, pero al fin los pequeños gestos de amabilidad provinieron de los sitios más inesperados. Nuestros vecinos de al lado, que en el pasado debieron de escuchar algunos de los sonidos producidos por la ira de mi padre filtrándose hasta su hogar, nos invitaron a cenar. El marido se ofreció a ayudarnos con cualquier cuestión que pudiera mejorar el aspecto de la casa a fin de obtener el mejor precio, y la esposa se ofreció a colaborar con la mudanza. La siguiente persona fue el dueño de nuestra tienda local, el único en toda la ciudad que me habló directamente:

–Siempre serás bienvenida aquí –me dijo–. He oído lo que se comenta y quiero que sepas que mi punto de vista es muy diferente al de la mayoría de la gente. Si alguien se porta mal contigo aquí dentro tendrá que marcharse de la tienda. Todos aquí lo saben muy bien.

Nadie me trató mal. Sólo se portaron como si fuese invisible cuando hacía las compras con la cabeza erguida, sin mirar hacia ninguno de los dos lados.

Mi madre mantuvo su palabra y, salvo por las ocasionales visitas a nuestros vecinos, respecto a los cuales siempre se había sentido superior, nunca abandonó la casa para aventurarse en Coleraine. No hasta que se produjo la venta y pudimos mudarnos a Belfast, donde ella me explicó que tenía varios planes. Había alquilado una pequeña casa en el tristemente célebre distrito de Shankhill, pues eso era lo máximo que podíamos permitirnos en aquel momento. Me dijo que no podía regresar a Inglaterra, pues no tenía deseos de que su familia descubriese dónde estaba su marido, y por el mismo motivo tampoco podría ir yo. En cambio, me vería obligada a encontrar empleo en Belfast, una realidad que ya había llegado a aceptar. Decidí que cogería un trabajo que incluyera cama, lo que me brindaría un doble beneficio: darme independencia y mantenerme lejos de mi madre. Comprendí que no podría llevar a *Judy* conmigo y supe lo mucho que la echaría de menos, pero mi madre también quería a la perrita y no me cabía duda de que la cuidaría si yo no estaba allí para hacerlo. Mi necesidad de escapar al constante sentimiento de culpa que sentía superaba a cualquier otra emoción. Mi tan acariciado sueño de vivir a solas con mi madre había acabado convirtiéndose en una pesadilla. Todavía la quería y esperaba que me expresase algo de comprensión y cariño, pero ella, sumida en su propia depresión, no me daría ninguna de las dos cosas. Dos meses después de concluido el juicio emprendimos el viaje y llegamos a Belfast.

Me pareció que las calles con casas de ladrillos rojos y puertas que daban directamente a la calle se parecían mucho a las de la zona donde vivían mis abuelos, pero aquí todo era más grande e interesante. Había numerosas tiendas, un bar en cada esquina y un flujo constante de gente. Como era predecible, mi madre odió el lugar a primera vista. Aquél, concluyó, era el fin de su sueño de vivir en Irlanda, era el punto más bajo al que podía caer y se hallaba allí siendo completamente inocente de toda culpa. Ahora una ira contenida, alimentada por su resentimiento ante la vida, pareció empezar a arder en ella. Un resentimiento que no se limitaba a su situación, sino que también estaba dirigido hacia mí. Dejé que transcurriesen dos días después de habernos instalado y entonces le anuncié que a la mañana siguiente iniciaría mi búsqueda de empleo.

CAPÍTULO 27

Por la mañana exploré ansiosa las ofertas de empleo del periódico y subrayé todos los anuncios donde se ofrecía alojamiento. Deseaba irme de casa lo antes posible. Entonces, con un montón de monedas, fui a la cabina telefónica más cercana.

En el primer número al que llamé me atendió una amable mujer que me informó de que precisaba ayuda con sus dos hijos pequeños. Como ella y su marido tenían una vida social intensa, necesitaban a alguien que hiciese de canguro de los niños al menos cuatro noches por semana, y por tal motivo se brindaba alojamiento. Me preguntó si eso sería un problema. Le aseguré que no tenía ningún deseo de salir por las noches, salvo para visitar a mi madre. Acordamos una entrevista para un poco más tarde aquel mismo día.

Sintiéndome satisfecha, no sólo de haber acordado una entrevista, sino también de poder contar probablemente con mi propio sitio para pasar las noches, volví a casa para buscar ropas decentes que ponerme. Me decidí por una falda azul marino con un conjunto haciendo juego que, tras inspeccionarlo por si había arrugas, extendí sobre mi cama. Lustré mis zapatos negros de tacón hasta que pude ver mi rostro reflejado en ellos y luego escogí ropa interior limpia y comprobé que mis medias no estuviesen rotas.

Una vez que tuve listas las prendas de vestir bajé a la cocina, donde puse agua a hervir para lavarme el pelo recién cortado y darme un baño completo. Mirando al viejo espejo apoyado contra un muro sobre el fregadero, me maquillé con cuidado. Un toque de base mate bien extendida, un poco de rímel y luego un lápiz de labios color rosa claro.

Consciente de que era muy improbable que en mi vieja escuela me proveyeran de referencias, una vez vestida guardé en mi bolso mi último informe escolar, donde se elogiaban a la vez mis habilidades en los estudios y mi conducta ejemplar. Esperaba que eso bastase a mi potencial empleadora y que no se sintiese en la necesidad de buscar otras confirmaciones escritas. Ensayé meticulosamente en mi mente la historia que explicaba por qué yo, una estudiante con excelente calificaciones, estaba buscando ese tipo de empleo, y la repetí hasta que me pareció creíble.

Tras darme una ojeada en el espejo y quedar satisfecha con mi apariencia cogí mi bolso y, armada de mi acento de escuela privada, mis informes escolares y mis mentiras bien preparadas, dejé la casa.

El primer autobús que debía coger me dejó en el centro de Belfast. Caminé brevemente hasta otra parada, desde donde cogí el autobús hacia la más elegante zona de Malone Road. No lejos de allí estaba la universidad a la cual, por entonces, yo ya había asumido que nunca podría asistir.

Cuando llegué a destino caminé una corta distancia hasta la dirección que tenía anotada. Antes de tener tiempo de llamar a la puerta me abrió una joven mujer guapa y sonriente que debía tener poco más de veinte años. Sostenía en sus brazos a una criatura rechoncha de sexo indeterminado del que sólo el trajecillo azul me dio una pista. La otra criatura era una niña pequeña que, colgada de un pliegue de la falda de su madre, se chupaba el pulgar de una mano al tiempo que me observaba con curiosidad.

—Ya ves que no puedo estrecharte la mano —dijo la mujer sonriendo mientras se hacía a un lado para dejarme pasar—. Tú debes de ser Toni. Yo soy Rosa. Ven conmigo.

La seguí hacia una bonita sala pintada de color pastel, dominada por un amplio parque para niños. Agachándose un poco sobre aquél colocó allí al niño con cuidado, me señaló una silla y se sentó en otra, evaluándome con la mirada.

Por muy amigable que fuera, Rosa tenía ciertamente una lista de preguntas para cualquiera a quien fuera a confiarle en parte el cuidado de sus hijos. Deseé poder pasar la prueba. Ya esperaba la primera pregunta, dónde había ido a la escuela, y la respondí sin dilación. Para la segunda, por qué la había dejado tan joven, tenía una respuesta ensayada. Omití mencionar las varias escuelas a las que había asistido y le di la impresión de que siempre había estudiado en la misma. Le expliqué que nunca había sido alumna de pago, lo que me preparó para la mentira mayor. Mi padre había muerto trágicamente unos meses atrás, dejando muy poco dinero. Adorné esa ficción diciéndole que el único motivo por el que mi madre y yo nos habíamos mudado desde Coleraine hasta Belfast había sido buscar empleo. Viendo que la compasión crecía en sus ojos, pronuncié mis últimas frases con determinación.

Mi madre no sólo había perdido a su marido, sino que ahora había sido forzada por la falta de dinero a mudarse desde su bonita casa hasta la menos salubre Shankhill Road. Mi deseo, expliqué, era ayudarla con los gastos, algo que me parecía que podría hacer sólo si pasaba las noches en otro sitio y le quitaba a ella la responsabilidad de mantenerme.

Mi discurso funcionó mucho mejor de lo que hubiese esperado. Incluso antes de poner la guinda sobre el pastel mostrándole mis informes escolares, supe que el trabajo era mío y que mi temor de que pidiesen referencias externas no tenía fundamentos. Tras otra hora de charla y de que me presentase a sus dos pequeños, David y Rachel, acordamos que me mudaría allí con mis cosas al día siguiente. Rosa pasaría entonces algún tiempo conmigo mostrándome mis tareas.

Por las noches ella y su marido (Rosa me explicó orgullosa que era un ocupado médico) cenarían fuera a menudo. Cuando estuviesen ausentes, mi misión sería llevar a los niños a la cama y luego se me permitiría ver la televisión en la sala de estar.

Regresé a casa de mi madre aquella tarde sintiendo una sensación de libertad. Sabía que les había caído bien a Rosa y a sus hijos. Por primera vez en varios meses me pareció haber conocido a gente que me juzgaba por la persona que era, no por lo que sabían acerca de mí. Lo que no comprendía era que, si bien a los niños les había agradado por quien yo era, a Rosa le había gustado la persona que había inventado para ella: Toni, la adolescente bien criada que, según le había contado, jamás había tenido siquiera un novio. Le había caído bien la chica interesada por la lectura y los animales, cuya única ambición era aprender a ser una buena canguro para los niños y cuyo único deseo era ayudar a su madre viuda. Le había descrito a mi populosa familia irlandesa, con la cual había descubierto mi talento para cuidar niños, pero no había mencionado en absoluto que había sido desterrada de sus hogares.

La sensación de confianza me duró a lo largo de los dos trayectos en autobús y no flaqueó cuando entré en nuestra pequeña casa. Mi madre ya estaba allí y supe con tristeza, por su expresión de abatimiento, que su entrevista laboral había sido en vano.

—Mami —dije sin más—, tengo empleo. Incluye la habitación y empezaré mañana. Me pagarán tres libras a la semana más el alojamiento, de modo que podré ayudarte con el dinero.

Mi madre me miró desconcertada.

—¿Qué harás? —inquirió al cabo de unos minutos.

—Cuidar a los niños y ayudar con las tareas domésticas —respondí sabiendo lo que vendría a continuación.

—¡Oh, Toni, yo tenía tantas esperanzas depositadas en ti! —exclamó, haciéndome sentir culpable de haber vuelto a decepcionarla.

Fue esa culpa lo que reforzó mis deseos de marcharme. Por eso, ignorando su último comentario, hablé con un entusiasmo que empezaba a abandonarme sobre Rosa, los niños y la bonita casa donde viviría.

—Comeré con la familia cuando ellos estén allí —proseguí.

—No lo harían de ningún modo si supieran quién eres —advirtió rotundamente—. Igual, supongo que disfrutarás viendo la televisión. Yo también lo haría si pudiera permitirme comprar una.

En la superficie me negué a permitir que la depresión de mi madre me afectase, pero por dentro todavía esperaba que me brindase algo de cariño, algo de calidez. Mi espera fue en vano. De ser la adolescente obediente a ojos de Rosa había pasado a ser la hija egoísta a ojos de mi madre.

Nos sentamos en silencio en la pequeña sala de estar, escuchando la radio y leyendo. Tras una cena liviana fui a mi dormitorio para preparar mis cosas.

Rosa me había dado algunas monedas para cubrir los gastos de viaje, por lo que al menos no debí pedirle nada de dinero a mi madre a la mañana siguiente. De pie junto a la puerta, la miré mientras luchaba contra esos sentimientos que no había aprendido todavía a contener pero que me resultaba imposible expresar.

–Te veré la semana que viene, en mi día libre –le dije por fin mientras cogía mi maleta, abría la puerta y me marchaba.

Como era habitual, mi madre no dijo nada.

Al llegar a mi nuevo hogar Rosa me mostró mi cuarto, donde vacié la maleta deprisa antes de bajar ansiosa a la cocina para conocer mis obligaciones. Recibí entonces la primera lección sobre cómo alimentar a niños menores de cuatro años, lo que me recordó los tiempos en que ayudaba a mi pequeña prima cuando ella tenía esa misma edad.

Pronto descubrí que era una rutina muy sencilla. La primera noche, antes de bañar a los niños, fui presentada al marido de Rosa, que también se llamaba David. Me estrechó la mano con seriedad y me dijo que esperaba que fuera feliz en su compañía.

Bañar a los niños resultó en un estallido de deliciosas carcajadas cuando convertí los juguetes flotadores en submarinos y los hice bucear bajo los niños cubiertos de jabón. Al oír el estruendo, David y Rosa, vestidos para ir a cenar, vinieron a dar las buenas noches. Evitando la espuma besaron a sus hijos y me dejaron al cargo.

Aquella primera noche, al igual que las siguientes, saqué los regordetes e inquietos cuerpecitos de la bañera, los envolví en suavísimas toallas y los froté hasta secarlos. Me pregunté si, con la promesa de una última lectura, ambos se irían a dormir sin protestar. Primero puse al pequeño David en su cuna y luego metí en su cama a Rachel, leyéndoles a ambos una historia que esta última escogió. Cuando los ojos de ambos empezaron a cerrarse, los besé en la frente antes de bajar a ver la televisión.

A lo largo de las semanas sucesivas tomé cariño a los niños. Al jugar con ellos, el pequeño David solía agarrarme uno de los dedos con su mano regordeta, regalándome con su boca sin dientes una sonrisa inmensa que casi dividía su rostro en dos. Rachel se sentaba en mi regazo con una mirada seria de concentración mientras le leía. Cuando llevaba el cochecito de David al parque, ella me ayudaba a empujar con una mano, mientras que con la otra se aferraba a la mía.

Seis días a la semana les preparaba el almuerzo, que comía con ellos. A menudo, cuando los niños merendaban por la tarde, Rosa y yo conversábamos. A veces me sentaba en su dormitorio, donde posaba para mí mostrándome sus prendas recién adquiridas para conocer mi opinión.

Arrullada por la calidez de esta familia, empecé a fantasear con formar parte de la misma. Me permití olvidar que Rosa, por muy amable que fuese conmigo, no era mi amiga, y que ella y su marido eran mis jefes. Intenté ganarme el afecto de Rosa ofreciéndome a realizar tareas suplementarias como prepararle el té o ayudarla a planchar. Ella, por su parte, parecía un poco sorprendida ante mis atenciones, pero ciertamente no hizo nada para disuadirme de brindárselas.

La casa emanaba alegría. Era evidente que David y Rosa no sólo eran padres cariñosos, sino que también se preocupaban mucho por cuidarse entre sí. Me recordaban a la familia de mi tía Catherine y cada día que pasaba me consideraba más afortunada de estar allí. Me preocupaba por mantener siempre a los niños a mi lado en el dormitorio o en la cocina cuando David volvía del trabajo, pues me parecía que él y su esposa valoraban poder estar juntos un rato a su llegada. Me había percatado de que cuando ella oía el sonido de su coche acercándose a la acera se apuraba a ir hacia la puerta para recibirlo.

Sabiendo eso, me sorprendí una tarde en que ellos, sin planes para salir, vinieron al lavabo donde estaba bañando a los niños. Noté su presencia incluso antes de escuchar la voz de David.

—Antoinette —dijo con sutileza—, así te llamas, ¿verdad?

Alcé la mirada hacia él, que vio al instante la verdad en mis ojos.

—Mi esposa seguirá bañándolos. Yo hablaré contigo abajo.

Todo pareció suceder en cámara lenta. Permanecí de pie sobre mis piernas temblorosas mientras intentaba llamar la atención de Rosa a fin de obtener alguna ayuda, pero ella, incómoda, no permitió que nuestras miradas se cruzasen. Sintiendo la tensión de los adultos, los dos pequeños a mi cargo contemplaban desconcertados la escena, observándome mientras se preguntaban por qué había dejado de pronto de jugar con ellos.

Lentamente dejé la esponja enjabonada, que estaba goteando sobre el suelo, y en silencio bajé con David a la sala de estar. Como no se me indicó que me sentase, me quedé de pie, viendo en su rostro la mirada de piedra que ya había visto tan a menudo en los rostros de otra gente.

—Tu padre no está muerto, ¿no es así? —me preguntó sin rodeos en un tono de voz que dejaba claro que ya conocía la respuesta—. Está en prisión, y tú eres afortunada de no estar en un correccional. Lo que está fuera de discusión es que no te quedarás en este hogar ni una noche más. Vete a tu cuarto y haz tu equipaje. Luego permanece allí hasta que vaya a por ti. Te llevaré en mi coche a casa de tu madre.

Intenté defenderme.

–No fue culpa mía, eso dijo el juez –balbuceé desesperada con la esperanza de que David me creyese y me permitiese quedarme.

Entonces cruzó su rostro una mirada de asco y desprecio tan terminante que sentí que me atrofiaba por dentro.

–Bien, pues no es a mis hijos a quienes cuidarás. Mantuviste silencio durante siete años. Fue sólo la necesidad de un aborto lo que te hizo hablar. Incluso le mentiste al doctor, con quien hablé esta tarde. Te expulsaron de la escuela porque los otros padres, con muy buen criterio, no querían que te juntases con sus niños –soltó a medida que montaba en cólera–. ¡Te quiero fuera de aquí esta misma noche!

Habló con tal firmeza que supe de inmediato que mi vida feliz allí había terminado.

Mientras me marchaba de la sala volví a oír su voz, siguiéndome:

–Rosa está de acuerdo conmigo, en caso de que lo hubieras puesto en duda. Ella no quiere verte, de modo que vete directa a tu habitación.

Así lo hice, conteniéndome para no llorar. Eso ya lo haría luego, me dije, en privado.

La puerta del cuarto de Rosa estaba cerrada, pero por detrás de la misma me era posible oírla murmurar, su voz entremezclada con aquella más aguda de Rachel. Comprendí que se había llevado a los niños allí para evitarme.

Pasé la siguiente hora aturdida mientras empacaba mis pocas pertenencias. Luego me senté en el borde de la cama y esperé a que David llamase a mi puerta.

–¿Ya lo tienes todo? –fueron las únicas palabras que me dirigió tras pasar por mi cuarto, subirme al asiento trasero de su coche junto a mi maleta y conducir fuera del barrio residencial de Malone Road rumbo a las calles estrechas y apenas iluminadas de Shankhill Road.

Cuando llegamos a casa de mi madre, sosteniéndome con firmeza de un brazo, David llamó a la puerta y esperó a que mi madre abriese antes de soltarme. A la luz de la única bombilla del portal, noté en el rostro de ella una expresión resignada.

–Le devuelvo a su hija, señora Maguire –fue todo cuanto dijo él antes de regresar a su coche y marcharse.

Llegó la medianoche, trayendo consigo una ola de tristeza que se apoderó de mí. Oí en mis oídos la voz de mi padre: «Tú madre no te querrá si hablas. Todos te culparán a ti». Ahora yo sabía con total certeza que no se había equivocado al decirlo. Evoqué entonces un rostro amable, el del juez, y sentí su voz al decirme: «Tú no tienes la culpa, recuérdalo siempre, pues la gente te culpará a ti».

Agotada, me levanté de la cama, me eché agua fría en el rostro y me vestí a toda prisa. Por segunda vez en unos pocos meses caminé rumbo al vendedor de periódicos para consultar los anuncios locales. En la cafetería más cercana, me ocupé de marcar con un círculo todos los puestos vacantes que no requerían de cualificación y ofrecían alojamiento. Me aterraba la posibilidad de telefonear a alguien que conociese a David o a Rosa.

Un anuncio sobresalía entre los demás: «Amplia casa rural necesita canguro para ayudar con dos niños en edad preescolar. Se proporcionará alojamiento y buen salario al candidato seleccionado».

Tras telefonear para obtener mi cita para la tarde de aquel mismo día, me vestí con las mismas ropas que había llevado varias semanas antes en mi primera entrevista. Esta vez no sentí ningún entusiasmo, ninguna sensación de estar comenzando una nueva vida, sólo la gris aceptación de un futuro que ya me parecía conocido. Nuevamente cogí el autobús hasta el centro de Belfast y luego hice la combinación con uno que me dejaría en mi destino rural. A mi llegada no vi los setos sin podar ni los altos árboles que recordaba de Cooldaragh, sino setos prolijamente podados enmarcando el sendero que conducía a una cuadrada casa georgiana con ventanas estrechas y altas enfrentando las extensiones de césped perfectamente cuidadas. Tampoco había tupidos arbustos de rododendro para que jugasen los niños, ni un pequeño arroyo donde pudiese haber ranas. En su lugar, círculos de tierra con matas de rosas sembradas proveían los únicos puntos de color que interrumpían la verde monotonía.

Tampoco había allí ninguna sonriente Rosa guiñándome un ojo al abrirme la puerta. En su lugar, me recibió una mujer rubia de aspecto frío, tan pulcra como su jardín. Mientras me hacía pasar a la recepción de su milimétricamente decorada sala de estar, con rosas puestas en jarrones de cristal apoyadas en pequeñas mesas de caoba, me pregunté dónde estarían los niños. Mi muda pregunta fue respondida cuando la mujer me dijo que estaban en el cuarto de juegos acompañados por una ayudante temporal.

Nuevamente solté mi historia tan ensayada, que funcionó de forma mágica. Una vez más se acordó que me mudaría a una habitación donde pasaría las noches, por un sueldo de tres libras a la semana. En esta ocasión tendría una televisión en mi propio cuarto, pues allí yo no sería parte de la familia, pero la señora estuvo de acuerdo en que cenase con ellos. Tras discutir todas estas formalidades, se me condujo a conocer a los dos pequeños que tendría a mi cargo, otra vez un niño y una niña, ambos con el aspecto rubio y saludable de su madre. Pensé entonces que en un hogar tan organizado como aquél habrían ordenado primero al niño y luego a la niña.

Mientras esperaba a su marido, una criada nos trajo a la sala de estar platos con bocadillos de pan sin corteza y una gran tetera de plata, con la que nos sirvió el té en delgadas copas de porcelana, añadiendo luego azúcar con pequeñas cucharillas también de plata. Mientras me sentaba al borde de una silla con respaldo forrada en terciopelo negro, la dueña de la casa me contó que su esposo era banquero mercantil, que su última canguro se había marchado a Inglaterra y que necesitaba a alguien que pudiese quedarse hasta que los dos niños tuviesen edad de ir a la escuela, lo que sucedería respectivamente en uno y dos años.

Me manifesté en todo de acuerdo con ella (al fin y al cabo, ¿qué otra opción me quedaba?), pero supe desde el principio que nunca seríamos amigas. Yo era para ella tan sólo una empleada asalariada. Entonces me pregunté si aquello no sería mejor. Al menos no tendría allí la falsa ilusión de pertenecer a una familia que no era la mía.

Antes de mi partida me presentó fugazmente a su marido, un hombre alto y delgado de unos treinta y pocos años cuya sonrisa amable no le llegaba a los ojos.

De nuevo cogí dos autobuses para ir a casa de mi madre, volví a hacer la maleta y le conté acerca de mi nuevo empleo. Por una vez mi madre parecía feliz. Me informó que ella al fin había encontrado empleo, como encargada de una cafetería. Me explicó lo bien que le caía el dueño, un joven entusiasta de veintiocho años que acababa de iniciar su propio negocio.

En la elegante casa georgiana, la fría soledad de mi aislamiento parecía penetrarme la piel. A cada día que pasaba me sentía menos interesada en mis tareas. Cenaba con la familia casi todas las noches y luego me refugiaba en mi cuarto bien para leer, bien para ver la televisión. Con esta familia no sentía el menor lazo afectivo. Todavía echaba de menos a Rosa y a sus niños, así como el cariño que se respiraba en su hogar.

Durante mi cuarto día libre, sabiendo que mi madre estaba trabajando, fui a visitarla a la cafetería. La vi transformada: llevaba el pelo mucho más corto y con un nuevo peinado, se había maquillado con esmero y el rojo de su lápiz de labios hacía juego con la laca de sus uñas, todo lo cual le daba un aire juvenil y una apariencia moderna. Me sonrió radiante, pero el amor que ansiaba encontrar no estaba presente en su mirada.

–¿Qué estás haciendo aquí? –me preguntó.

–¿Podemos tomar un café juntas? –le dije, pero lo que pensaba por dentro era «estoy aquí porque te echo de menos».

–¡Oh, cariño! –fue su respuesta–, claro que podemos tomar un café. Pero deprisa, pues pronto será la hora de almorzar y estaremos muy ocupados.

Nos sentamos a una mesa ya puesta para comer y nos atendió una joven camarera vestida con un uniforme color rosa intenso y crema, algo inusual en Belfast, donde la mayor parte de las camareras aún llevaban el uniforme blanco y negro. Mi madre me preguntó si me gustaba mi trabajo y si me caía bien la familia. Le describí todo en detalle: la casa, los jardines y a los niños, pero omití decirle que si bien era un sitio mucho más grande que el hogar de Rosa y David, le faltaban la alegría y el afecto.

Con todo, sabía que a oídos de mi madre había descrito la casa de sus sueños. Para mí, en cambio, era más un edificio que un hogar. Menos de una hora más tarde, tras un fugaz abrazo y otra radiante sonrisa de mi madre, volví a estar en la calle con el resto del día libre extendiéndose ante mí.

Un calidoscopio de rostros con expresiones varias que iban desde el desdén hasta la ira flotó frente a mis ojos, y las voces que acompañaban a dichos rostros resonaban en mis oídos. Primero fue la voz de mi padre. Su sonrisa burlona cuando me decía una y otra vez: «Tu madre no te querrá si se lo dices. Todos te culparán». Luego la mirada turbia y enfadada de mi madre la noche en que me desangraba hasta morir, y su susurro al médico diciéndole que me llevasen al hospital más lejano. La severa expresión de mi abuela, de cuyo rostro había desaparecido todo rastro de amor. La aversión manifestada por mi prima Nora al abrirme la puerta, escondiendo a su pequeña de mí. Todas sus voces se combinaban formando un eco en mi cabeza.

–Antoinette, no eres bienvenida. Lo sabemos todo sobre ti y sobre tu padre. Vete y no vuelvas nunca más. No vuelvas nunca más.

Volví a sentir el dolor que me provocaba cada rechazo. Me saltaron las lágrimas al revivir el último, cuando David me había expulsado de su hogar. La desesperación contra la cual había luchado al recoger mis magras posesiones, reunidas deprisa en mi pequeña maleta, regresó para instalarse en mí. El orgullo, la única arma que me quedaba, me abandonó abriéndoles paso a la pena y a la autocompasión. Ya me era imposible distinguir un resquicio de esperanza que pudiera permitir un cambio para mejor en mi vida. Sencillamente no había nada allí.

Concluí que nadie me amaría jamás. Nadie me había amado hasta entonces, no a la persona que yo era realmente. Sin duda habían querido a la niñita vestida con uniforme escolar, a la pequeña con buenas calificaciones escolares, la adolescente aplicada, siempre lista para aprender a ser la mejor canguro. Pero ¿quién había querido a la joven embarazada, a la joven sexualmente madura, a la joven tan a menudo aterrada? Ni siquiera mi madre.

Veía a mi alrededor grupos de amigos o parejas, felices con su mutua compañía. Gente que pertenecía a familias, gente que era amada. Me senté allí, una extraña aislada e invisible en un mundo inhóspito, un mundo en el que sólo había conocido la felicidad durante los primeros seis de mis quince años. Una felicidad momentánea había parecido llegar cada tanto, pero nunca había durado. El rechazo, la peor emoción que alguien puede afrontar, me había confinado a una celda mental. Había cerrado mis puertas de comunicación con las demás personas. La única puerta que yo veía era la que tenía encima el letrero de «Salida».

¿En realidad iba a permanecer para siempre en esa celda donde nunca eran posibles el amor, ni la compañía, ni tan siquiera la aprobación? La única respuesta a esa pregunta era «no», y mi única opción era escapar.

Consciente de que el whisky hacía más tolerable el dolor, me dirigí al pub más cercano. La versión invisible de mí pidió un whisky doble en el refugio repleto de hombres y se lo bebió ávidamente de un trago. El barman distinguió a una potencial borracha y se negó a servirme el segundo.

—¿Qué te sucede, cariño? ¿Problemas con tu novio? Ya encontrarás a otro, una chica guapa como tú.

Sus palabras parecieron provenir de un sitio muy lejano. La paranoia se sumó a mi desesperación y, en lugar de escuchar la gentileza en su voz, me pareció oír los turbios tonos de la burla.

Dejando atrás el calor del pub, y dominada por una fría resolución, caminé hacia la farmacia más cercana. Allí compré un frasco grande de aspirinas y un paquete de navajas de afeitar. La versión invisible de mí se dirigió hasta una licorería e hizo su última compra: una botella de whisky Bush Mill's. Provista de mi equipo de escape, fui hasta un lavabo público.

Un rostro pálido se asomó en el espejo mientras permanecía de pie, brindando conmigo misma botella en mano, bebiéndome de un trago el whisky y las aspirinas. La mezcla se deslizó con dificultad por mi garganta, ahogándome y bañando mis ojos en lágrimas. Ingerí más whisky y más aspirinas, hasta vaciar el frasco y la botella. Los arrojé al cubo de basura y entré al cubículo del váter. Allí bajé la tapa de la taza y me senté. A continuación abrí el paquete de navajas de afeitar. Escogiendo una, me hice cortes sistemáticos, comenzando en mis muñecas y luego ascendiendo cada cinco centímetros. Quince cortes, uno por cada año de vida que ya no deseaba recordar. La sangre empezó a brotar lentamente fluyendo por entre los dedos de mis manos y luego goteando hasta el suelo. Hipnotizada, observé su recorrido preguntándome cuánto tiempo debería transcurrir hasta que todo mi cuerpo se vaciase. Empezaron a pesarme los párpados y los ojos se me fueron cerrando a medida que el mundo se oscurecía y un zumbido se instalaba en mis oídos. Sentí que me inclinaba hacia un lado, y el frío contacto de mi cabeza apoyándose contra la pared. Después ya no sentí nada más.

CAPÍTULO 28

Las palabras confundidas de dos voces penetraron en mi conciencia. La primera era una profunda voz masculina. La segunda, más aguda, pertenecía a una mujer.

—Sabemos que estás despierta. Vamos, abre los ojos —dijo la voz de hombre.

Una mano suave y fresca tomó la mía y entonces sentí la voz femenina.

—Vamos, cariño, queremos ayudarte. Ahora abre los ojos.

De mala gana hice lo que me pedían.

Yacía en la cama de una pequeña habitación blanca. Mis labios lucharon por formar palabras y sentí una sensación extraña en la boca. Un objeto impedía que emitiese ningún sonido. Mi lengua tocó algo sólido y duro. Entonces comprendí que esa cosa dura estaba instalada muy dentro de mi anatomía, metida en mi garganta y conectada a mis labios.

Dos personas aparecieron ante mis ojos y reconocí en una la figura de una enfermera, mientras que la otra, vestida con una chaqueta de tweed y un cuello eclesiástico, era un párroco. Alcancé a darme cuenta de que estaba en un hospital. A continuación me vi envuelta en una ráfaga de vómito ácido y ardiente que me subió por la garganta. Me colocaron un cuenco bajo la cabeza y una vez que aquel objeto parecido a una tubería (luego supe que servía para hacerme un lavado de estómago) hubo cumplido con su misión, mi cuerpo se sacudió en un ingente esfuerzo por librarse de todas las toxinas ingeridas.

Cuando por fin pasó el ataque, me eché hacia atrás sintiendo un constante repiqueteo en los oídos. Las ganas de dormir me hicieron cerrar los ojos pero las voces no tenían intención de dejarme marchar tan fácilmente.

Les oí preguntarme quién era y dónde vivía, pero yo misma casi no sabía las respuestas. Una mano cogió la mía y como esa sensación de afecto me agradaba, la apreté con fuerza.

—Vamos, vuelve a abrir los ojos —dijo el religioso—. Te dejaremos dormir cuando hayas contestado unas pocas preguntas.

Forcé a mis párpados a alzarse y me topé con sus amables ojos azules, que me miraban, aunque en su rostro no había el menor rastro de preocupación. La amabilidad que percibí allí me hizo llorar, y los sollozos sacudieron mi cuerpo tanto como lo habían hecho los vómitos. La mano de la enfermera seguía sosteniendo la mía mientras el párroco me secaba las mejillas.

Oí el tipo de sonidos tranquilizadores que habitualmente les hacen las madres a sus bebés. Poco a poco me fui calmando, el llanto cesó y cuando él volvió a preguntarme cómo me llamaba, le contesté Antoinette, pese a lo mucho que había llegado a odiar ese nombre. Antoinette era el nombre que empleaba mi padre, el nombre que había escogido su madre y el que había utilizado la escuela al expulsarme. Toni, la persona que quería ser, había conseguido eludirme.

La siguiente pregunta fue mi edad.

—Quince —le dije y me preparé para la pregunta que sabía que vendría a continuación.

—Antoinette, ¿por qué lo hiciste?

Mis ojos descendieron hasta mis manos y vi mis muñecas vendadas. La compasión en la voz del párroco volvió a hacerme llorar, pero esta vez en silencio. Incontrolables, las lágrimas se deslizaron por mis mejillas hasta que conseguí balbucear parte de mi historia. Le dije que mi padre estaba en prisión porque me había dejado embarazada, que yo carecía de hogar y que nadie me quería. No deseaba vivir porque no tenía ningún motivo para hacerlo.

No conseguí abrir ante él cada una de mis heridas, ni explicarle en detalle todos los rechazos que había experimentado, ni cómo había acabado sintiéndome tan inservible y tan desdichada. No le hablé de la culpa que sentía por haber arruinado la vida de mi madre ni le dije que sabía que ella me culpaba de ello. No mencioné el sueño que había acariciado: que mi padre fuera descubierto y todos los adultos me rodearan con cuidados y cariño. Ni le expliqué cuántas veces había deseado que mi madre me alejase de mi padre y me llevase a un lugar seguro. La realidad que había seguido a la revelación de «nuestro secreto» había sido más de lo que yo podía soportar. No le describí el zumbido que me torturaba los oídos, ni la sensación de caer en el vacío, ni el malestar en mi estómago cada vez que debía ir a la tienda y sentía instalarse el silencio. Sabía que el murmullo de las conversaciones que había oído antes de entrar volvería a comenzar no bien me hubiera marchado.

Poco a poco había acabado viéndome a mí misma con los ojos de los demás: alguien que debía ser ignorado hasta tal extremo que las otras personas sencillamente desaparecían. Yo era un ser tan contaminado que los demás temían ser mancillados por el mero hecho de admitir mi existencia.

No sólo no poseía nada, sino que no *era* nada. E incluso así, aquí y allá seguían subsistiendo pequeños rastros de orgullo que me impedían mencionar tales sentimientos. Nunca lo había hecho. Era casi como si tuviese la esperanza de que, al no enunciarlos, esos sentimientos dejasen de existir.

Escuché la respiración de la enfermera y luego formuló la siguiente pregunta:

—¿Qué sucedió con el bebé?

Quizá se imaginaba que yo había dado a luz para luego abandonar a la criatura en algún portal. Me puso furiosa que pudiese creerme capaz de una cosa semejante.

—Me hicieron abortar —dije con valentía.

No se esperaba que una quinceañera hablase en esos términos.

—Antoinette, si te dejásemos marchar, ¿volverías a intentar matarte? —inquirió la enfermera, pero ni ella ni el religioso se molestaron en esperar mi respuesta: todos sabían que lo haría.

El párroco anotó entonces la dirección de mi último empleo y prometió pasar a recoger mis ropas, al tiempo que la enfermera me daba una bebida fría y yo volvía a dormirme, padeciendo todavía ruidos constantes en los oídos como consecuencia de los venenos que había introducido en mi cuerpo.

Cuando volví a despertar había un hombre sentado junto a mi cama.

—Antoinette, ¿quieres beber algo? —preguntó amablemente al verme entreabrir los ojos.

—Té —respondí con voz ronca.

La lengua me parecía demasiado grande para el tamaño de mi boca y me dolía la garganta. El zumbido había menguado, pero la cabeza me dolía intensamente.

—¿Puedo tomar un analgésico? —pregunté sin fuerzas.

—Debes ponerte bien tú sola, sin ayuda de ninguna sustancia —replicó. Entonces, como si decidiese que merecía una explicación mejor, prosiguió—: Nos ha llevado bastante tiempo limpiar todas las aspirinas de tu organismo.

Hizo una pausa por unos instantes antes de continuar:

—Antoinette, soy un doctor, pero un doctor de la mente, un psiquiatra. ¿Sabes qué es eso?

Asentí. No me interesaba especialmente quién fuera. Sólo deseaba beber mi té y volver a dormirme. Él, sin embargo, no había dicho aún todo lo que pretendía.

—He conseguido que te transfieran a la unidad psiquiátrica local. Allí sabrán cómo tratarte. Padeces una enfermedad que se llama depresión profunda.

Aquélla era una afirmación con la que yo estaba de acuerdo. Él me dio una palmadita en un hombro, me aseguró que pronto me sentiría mejor y se marchó. Eran palabras tranquilizadoras en las que yo no tenía la menor fe. Unos minutos después, vestida todavía con las ropas del hospital y cargando con mi maleta (que el párroco me había traído), me subieron a una ambulancia para cubrir el corto trayecto hasta la unidad psiquiátrica de Purdysburn.

Nos alejamos del enorme edificio de ladrillos rojos, que en tiempos victorianos había sido un hospicio pero ahora albergaba a los pacientes con ingresos prolongados, en dirección a una estructura de un solo piso. Se trataba de la unidad construida más recientemente y albergaba la sección psiquiátrica donde me ingresarían. Durante muchos años sería la paciente más joven de allí.

Aquella primera noche apenas si tomé conciencia de lo que había a mi alrededor. Todavía aturdida por la sobredosis, dormí hasta que me despertaron a la mañana siguiente. Descorrieron las cortinas que rodeaban mi cama y una voz amable me indicó que me levantase, me bañase y fuese a desayunar. Alcé la mirada para ver de dónde provenía esa voz y encontré a una joven enfermera con una sonrisa tan amplia y amistosa que me descubrí devolviéndole la sonrisa. De pie junto a ella había una joven alta, delgada y rubia, unos pocos años mayor que yo. La enfermera nos presentó:

–Ésta es Gus. Ella te mostrará cómo funciona todo.

Dicho esto la enfermera se marchó dejándonos a solas. Me dejé sumergir en el parloteo constante de Gus, que recibí con agrado porque me permitió refugiarme en el silencio, ya que ella sólo detenía su discurso para respirar o para emitir una risita nerviosa y aguda. Aquélla, como pronto aprendería, era la otra cara de la depresión.

Gus me mostró los lavabos, esperó a que me bañase y me vistiese, y luego me guió hasta el pequeño comedor. A medida que mi desorientación desaparecía, tomé conciencia de la distribución del lugar. Tanto la sala como el comedor estaban pintados con colores claros y había grandes ventanas que permitían que entrase la luz del sol, lo que creaba un ambiente bien ventilado y tranquilo. Todos los demás pacientes ya estaban sentados y Gus me presentó a las cerca de veinte personas que allí había. Yo conocía historias terroríficas acerca de personas que, una vez ingresadas en instituciones psiquiátricas, desaparecían dentro del sistema sin dejar rastro. Pero nunca me habían hablado de una unidad psiquiátrica, que por entonces constituía una empresa completamente nueva.

Todos parecían muy normales. Había pacientes de ambos sexos con edades que iban desde los quince hasta los cincuenta y tantos años, y como pronto me enteraría, provinentes de los más diversos orígenes. La depresión y el abuso de alcohol, las dos principales razones por las que habían sido ingresados, no respetaban ni edades ni clase social.

A lo largo de las semanas que pasé allí conocí casi todas sus historias. Estaba la esposa de un adinerado agente inmobiliario cuya confianza en sí misma se había visto minada por los engaños de su marido y que había comenzado a beber en secreto. Al igual que yo, ella había ingerido una sobredosis. A diferencia de mí, sin embargo, la suya había sido accidental. Su mente estaba atontada por la ginebra, había olvidado cuántos tranquilizantes había tomado y sin darse cuenta duplicó la dosis. También estaba allí una joven pareja que se había conocido en esa misma unidad psiquiátrica un año antes. Ambos estaban siendo tratados por abuso de alcohol cuando se conocieron, se enamoraron y se dieron el alta a sí mismos. Pero en lugar de irse de la mano a contemplar la puesta del sol, se dirigieron al pub más cercano.

Algunos pacientes estaban sentados de forma pasiva, con los cerebros indolentes a causa de los tranquilizantes, mientras los médicos esperaban a que la depresión menguara y el control pasase de las drogas a las personas. Una mujer captó especialmente mi atención. Pelirroja y provista de abundante cabellera, con la piel clara y los ojos verdes, era la más hermosa de todos los miembros del grupo y también la más reservada.

Sentí que mis ojos se desviaban hacia ella durante toda la comida. Ella, pese a todo, no buscó mi mirada, sino que siguió comiendo sin levantar la vista de su plato. Parecía completamente inconsciente tanto del ambiente que la rodeaba como de las demás personas, y su absoluta indiferencia concentró mi interés.

Al final del desayuno una enfermera se acercó a la mesa, cogió a la mujer con cuidado de un brazo y la condujo de regreso a la sala. Allí la sentaron en una silla, con las rodillas cubiertas por una manta, mientras ella miraba silenciosamente al espacio hora tras hora.

Picada por la curiosidad, le pregunté a Gus acerca de ella en la primera ocasión que se me presentó.

—Es la esposa de un médico —me respondió—. De no ser así, ya no estaría en esta sala hace mucho tiempo.

—¿Y qué es lo que le pasa? —indagué.

—No lo sé, pero algunas mujeres se deprimen mucho después de dar a luz un bebé, y ella lleva aquí más de un año. Cuando llegó todavía hablaba, pero ahora ya no pronuncia palabra.

—¿Se pondrá bien? —dije, pero en el instante en que las palabras cruzaban mis labios yo ya sabía que no sería así.

Por alguna razón el asunto me preocupó. Esa mujer, a la que no había conocido nunca antes, había suscitado mi curiosidad y mi compasión. Me era muy familiar ese espacio donde podemos sumergirnos, en el que el mundo ya no nos afecta y la realidad se desvanece, pero instintivamente sabía que su espacio era mucho más profundo de lo que había sido el mío.

—Pues bien, si no mejora, será trasladada. Eso es lo que sucede si no respondes al tratamiento —replicó Gus, quien parecía indiferente al destino de la mujer.

Como yo no quería saber dónde sería trasladada, di por concluidas mis pesquisas.

Después de desayunar la jefa de enfermeras me interrogó acerca de mi historia clínica y me pidió que no me marchara de la sala, pues el doctor quería verme para evaluar mi tratamiento y prescribirme, si era necesario, algún medicamento. Una hora después tuve el primero de numerosos encuentros con un psiquiatra. Él realizó múltiples anotaciones mientras yo hablaba pero, justo cuando empezaba a relajarme en su compañía, formuló una pregunta que hizo imposible cualquier buena comunicación futura entre nosotros.

–Antoinette, ¿alguna vez te gustaron los avances de tu padre?

Pese a que respondí terminantemente que «jamás», él insistió.

–Eres una adolescente –insinuó–, y por lo tanto también tú debías de tener ciertos deseos.

En ese preciso momento me cerré dentro de mí, dejando que su voz flotase en el aire y poniendo mi mente en blanco para que sus palabras no me hiriesen. No le hablé de la ciudad que me había vuelto una marginada, de lo inútil y despreciada que me sentía, de cómo pese a todo aún deseaba el afecto de mi madre, ni de la sensación de que mi vida carecía de la menor esperanza. Tampoco le confié que en mi interior había gritado de dolor a causa de todos los rechazos y desaires que había recibido. Ni cómo había olvidado por momentos las palabras del juez y me había visto a mí misma con los ojos de mis acusadores, formándome de mi propia persona una imagen deleznable. En lugar de eso, hallé otra máscara: no ya la de la escolar obediente y con buena conducta perteneciente a una familia feliz, sino la de un ser que desconfiaba de la autoridad y se mostraba indiferente a la ayuda.

Me hicieron pruebas para medir mi coeficiente de inteligencia y me preguntaron si escuchaba voces en mi cabeza, voces que me ordenaran hacer diversas cosas. La última pregunta fue si me parecía que la gente hablaba de mí.

–No es que me parezca –repliqué–. Sé que lo hacen.

Pero eso sólo produjo en el psiquiatra una sonrisa altanera y un revoloteo de su mano al escribir a toda prisa. Luego me enteré de que en su informe había puesto que yo era maleducada, poco cooperadora y paranoica.

Debido a mi edad decidieron no tratarme con drogas ni tampoco (lo que fue mucho más importante) con descargas eléctricas. En su lugar se prescribió una terapia psiquiátrica diaria.

Durante cada una de las sesiones de una hora, uno de los tres psiquiatras asignados a mi caso me efectuaba preguntas sobre mis sentimientos y mis ideas, que respondía con tanta brevedad como me era posible. Ahora ocultaba mi depresión tras la cortina de la indiferencia. La única pregunta a la que yo nunca respondía como ellos esperaban era: «¿Nunca disfrutaste ni un poco con los encuentros sexuales?».

No cesaban de preguntarme lo mismo. Creo que pensaban que sí había obtenido placer, y que sólo después de confesarlo podría ponerme mejor. No intentaban mostrarse desagradables conmigo, eso me resultaba evidente: tan sólo tenían ideas preconcebidas y se negaban a aceptar la verdad. ¿Acaso imaginaban realmente que encontraba placentero ser golpeada, que me derramaran whisky en la garganta y me sometieran a una tortura mental?

Cuánto tiempo llevaba deprimida era otra pregunta frecuente. Me hubiera gustado gritarles que cuánto tiempo les parecía a ellos. A los seis años, cuando mi vida había cambiado, habría sido la respuesta correcta. Pero yo sabía que no era eso lo que querían oír, de modo que les dije que unas pocas semanas. Había tomado conciencia de lo que podía sucederle a un paciente si pensaban que representaba un peligro para sí mismo o era incurable: se lo transfería a una sala aparte que permanecía cerrada con llave, perdiendo para siempre todo contacto con el mundo real.

Fuera de nuestra unidad independiente estaba el edificio de ladrillos rojos del viejo hospicio cuyas ventanas estrechas y tristes estaban protegidas por barrotes, y cuyos largos pasillos oscuros apestaban a moho y desinfectante. Alrededor de esta masa de ladrillos había edificios de una sola planta donde, dependiendo de la gravedad de su enfermedad mental, vivían pacientes de internación prolongada vestidos con uniformes del hospital. Los veíamos a menudo cuando unas enfermeras los conducían en grupo a su sesión diaria de ejercicios, arreándolos con varas.

Un hospital psiquiátrico era en aquellos días una comunidad aislada del mundo exterior, en la que se creía que se satisfacían todas las necesidades de los internos. Contaba con una tienda y un comedor que teníamos permiso de visitar. Pero cada vez que iba regresaba desanimada. Me parecía una ciudad de almas perdidas, gente a la que nadie quería y que había sido olvidada hacía mucho.

El enorme hospital estaba a cierta distancia de la avenida principal, lo que hacía parecer pequeños todos los edificios aledaños construidos en fecha más reciente en el amplio terreno. En ocasiones, cuando se abrían las puertas para liberar a un conjunto de internos con la mirada en blanco, bien fuera que iniciaran sus paseos o se dirigieran al comedor, yo espiaba el interior de sus salas. Había allí camas parecidas a catres y sillas de madera. Sentados en algunas de ellas había pacientes demasiado enfermos como para salir a los patios. Sólo se mecían hacia delante y hacia atrás en su sillas, gimiendo en voz baja.

Fue tras tener mi primera visión de cómo era la vida de aquellos pacientes (a los que se consideraba demasiado alienados como para ingresar a la unidad psiquiátrica) cuando comprendí lo afortunados que éramos de estar allí. No sólo la decoración era más nueva y moderna, sino que contábamos con televisión, sala de juegos y la cocina estaba abierta las veinticuatro horas del día, de modo que teníamos permitido prepararnos bebidas calientes cuando nos venía en gana y luego ir a beberlas en cualquiera de las cómodas sillas dispuestas en el comedor. Podíamos sentarnos y descansar la mirada a través de las ventanas sin barrotes, sumergirnos en nuestros libros o salir a caminar cuando nos placiera. Las únicas restricciones eran que debíamos caminar en grupo por cuestiones de seguridad y debíamos permanecer en nuestra unidad cuando era la hora de nuestra sesión de terapia. Teníamos prohibido abandonar el perímetro del hospital a menos que se nos concediese un permiso especial, lo que sólo sucedía si nos acompañaba alguna visita. No nos sentíamos jamás tentados a desobedecer esa regla y visitar el mundo exterior, pues no teníamos el menor deseo de dejar la seguridad y camaradería del hospital.

Las horas de visita en nuestra sección también eran momentos relajados. En tanto los visitantes se marcharan antes de que se sirviesen las últimas bebidas de la noche, no había horarios de llegada o partida. Durante las seis primeras jornadas, no dejé de esperar cada día que viniese mi madre. ¿Acaso me había olvidado la única persona que me quedaba?, no cesaba de preguntarme cada tarde cuando empezaba a resultar evidente que no vendría. Al comprender que ya se había hecho demasiado tarde para su visita, me retiraba a mi cama desde donde, con las cortinas de separación parcialmente cerradas, observaba cómo los demás pacientes conversaban con sus visitas agrupadas alrededor de sus camas. Yo adoptaba un aire de indiferencia y, para no exhibir mi malestar, sostenía el libro entre mis manos.

Cada noche veía al marido de la mujer pelirroja y a sus dos niños pequeños, uno aún en pañales. Los chicos tenían los ojos y el cabello de su madre. En cada visita el esposo la cogía de la mano y le hablaba mientras los niños se sentaban con sus libros para colorear y sus juguetes. Yo percibía tanto la desesperación como el desconcierto que sobrevolaba a los tres. Ella se sentaba inmóvil, con una sonrisa estrecha e inexpresiva en el rostro. Nunca la oí pronunciar palabra alguna. Permanecer en ese espacio donde la realidad carecía de sentido ya no era elección suya, pero empecé a darme cuenta de que yo sí tenía elección. Al observarlos sentí una pequeña chispa de optimismo encenderse dentro de mí y, aunque sabía lo fácil que podía resultar dejarla escapar, hacerla desaparecer en mi interior hasta asemejarme a la mujer de cabellos rojos, ya no tenía deseos de hacerlo.

Mi madre llegó el domingo con frutas, libros en rústica, revistas y flores. Me inundó entonces tal oleada de amor por ella que pareció incontenible. Luego me enteré de que el hospital la había telefoneado para preguntarle por qué no me había visitado. Yo era todavía menor de edad y, a mi salida de la institución, debería vivir con ella. De forma encantadora, mi madre había subrayado su preocupación y les dijo que el único motivo por el cual no había podido visitarme era que estaba trabajando. En su condición de encargada, tenía la obligación de supervisar al personal por las tardes, pero claro está que tenía planeado visitarme el domingo, su único día libre. Con apenas un salario en la familia, no podía permitirse perder horas de trabajo y no le cabía duda de que yo lo comprendería perfectamente.

La jefa de enfermeras, que intentó parecer tan comprensiva como mi madre esperaba que yo lo fuera, me contó la situación y, ciegamente leal a mi madre, la acepté sin poner trabas.

Al verla entrando en la unidad, me abalancé hacia ella y recibí a cambio un abrazo, el primero en mucho tiempo. Me dijo lo mucho que se había preocupado por mí, y que yo estaba ahora en el mejor lugar posible, dadas las circunstancias. Entonces me contó que adoraba su trabajo y añadió que había hecho planes para ambas. Yo no volvería a vivir en casa de otras familias. Me manifestó su seguridad de que el motivo de mi crisis había sido el modo en que me habían tratado en hogares extraños. Entonces dijo lo que hacía tanto tiempo que esperaba oír: cuando me sintiese mejor, me permitiría trabajar en la cafetería como camarera y vivir con ella hasta que fuese mayor. Había visto una casa, prosiguió, un sitio modesto pero bonito que sumando mi sueldo y el suyo podríamos permitirnos. Las camareras con las que trabajaba sacaban más dinero que ella como encargada, pues la cafetería atendía a empresarios siempre generosos con sus propinas, especialmente si se trataba de chicas bonitas y bien educadas como yo, añadió con una de sus cálidas y brillantes sonrisas, que yo llevaba tanto tiempo sin ver.

Aquélla era la primera vez desde que era pequeña que mi madre me hacía un cumplido y estallé de placer. Conversé con ella como llevaba años sin hacerlo y le conté sobre algunos de los otros pacientes con los que me llevaba bien. Cuando la visita llegó a su fin la saludé feliz, deseando no tener que esperar toda una semana hasta su regreso.

Las semanas de internamiento en el hospital pasaron a toda prisa, pues aunque nuestros días no estaban especialmente estructurados, siempre parecían llenos de actividad. Fue allí donde forjé una amistad que duraría muchos años. Mi amigo se llamaba Clifford, había oído hablar de mi pasado y, al contemplar mis muñecas vendadas, sabía al igual que todos los demás lo que había intentado hacer. Era una relación platónica que nos venía bien a los dos. Él tenía poco o ningún interés sexual en las mujeres y reprimía cualquier otro deseo que sintiera, lo que había motivado que su mujer lo dejase y había conducido a su subsiguiente crisis nerviosa. Me contó eso durante algunos de nuestros paseos juntos, percibiendo que yo, a diferencia de su esposa, encontraría tranquilizadora una confesión tan peculiar.

Mi depresión empezó a ceder, ayudada por la permanente compañía, la amistad de Clifford y las visitas ahora cada vez más frecuentes de mi madre. Sentí que mi vida empezaba a tomar alguna dirección: contaba con un hogar al cual ir, había un empleo esperándome y una vida por iniciar.

Tres meses después de haber sido ingresada en Purdysburn, mi madre pasó a recogerme.

CAPÍTULO 29

Al cabo de unos pocos días tuvo lugar mi entrevista con el dueño de la cafetería, un joven que, lo comprendí enseguida, se sentía afortunado por tener a mi madre como encargada. Me ofreció el empleo sin rodeos.

Me dieron mi uniforme con bata color melocotón y un delantal color crema y, para mi alivio, me resultó sencillo trabajar. Como mi madre me había adelantado, los clientes daban unas buenas propinas que me permitieron ir a la peluquería y comprarme ropas nuevas, así como aportar a casa algo de dinero. Al ver que entraba más efectivo al hogar, mi madre siguió adelante con sus planes de comprar la casita. La no muy abultada hipoteca que pesaba sobre aquélla pudo ser cubierta sin problemas gracias a mis contribuciones suplementarias.

Durante los cerca de dos años que siguieron, el nombre de mi padre no volvió a ser mencionado, así como tampoco mi crisis, y mi madre y yo volvimos a acercarnos. Había tardes en las que ambas librábamos del trabajo y, como éramos ávidas amantes del cine, a menudo íbamos juntas a ver una película y luego pasábamos varias horas debatiendo sus diversos méritos. Al no estar mi padre, ya no era necesario que escogiésemos sólo westerns y podíamos ver exactamente los filmes que nos gustaban.

En otras ocasiones iba a buscarla cuando terminaba su turno y nos dirigíamos a tomar un café a un local cercano. Allí nos sentábamos y charlábamos como lo hacen dos mujeres. Pues yo ya tenía una edad en la que me sentía parte del mundo adulto y, sin duda, me parecía estar contribuyendo económicamente a él. Me convencí a mí misma de que, ausente mi padre, mi madre había llegado por fin a disfrutar de mi compañía. Eso me hizo sentir cada vez más y más feliz a medida que pasaban las semanas. Sin la tenebrosa presencia de mi padre ni sus celos ante cualquier atención que se me prestase, podía exteriorizar todo el amor que siempre había sentido por mi madre. Como una flor que busca la luz del sol para crecer con fuerza, yo necesitaba para florecer la posibilidad de expresar amor con libertad. Ser capaz de hacerlo de tantos modos distintos me había colmado de una alegría tal que me sentía completamente satisfecha pasando con mi madre la mayor parte de mi tiempo libre.

Durante ese período sentí escasa necesidad de otra compañía. A veces me encargaba de cocinar nuestra cena diaria, ponía la mesa y sentía placer sólo de verla comer los platos que había preparado gracias al último libro de recetas que hubiese adquirido. Aunque las dos disfrutábamos leyendo y escuchando música, también pasábamos varias tardes felices mirando el televisor que acabábamos de comprar, y que para nosotras era todavía una gran novedad. Sólo había dos canales disponibles, de modo que rara vez estábamos en desacuerdo sobre cuál escoger. Nos sentábamos entonces frente al hogar encendido, ella en su sillón favorito, yo encogida en el sofá con *Judy* a mi lado. Cuando terminaba nuestro programa yo saltaba dichosa para preparar una bebida caliente que ambas tomábamos antes de ir a dormir.

Otras veces me adentraba en la pequeña tienda de antigüedades que habían abierto en Smithfield Market para regalarle algún adorno especial para la casa o alguna joya.

Las amistades que había forjado, como Clifford, aceptaban no sólo que mi madre fuese una parte importante de mi vida, sino que la incluyese en casi todas mis actividades sociales. Siempre la presentaba a mis nuevos amigos con la esperanza de que les cayese bien y no la aburriesen, pues percibía que se sentía sola e intentaba protegerla.

El único aspecto que me traía cierta desazón era ser consciente de que no siempre querría trabajar como camarera. Aspiraba a conseguir en el futuro alguna cosa mejor, no sólo para mí, sino también para mi madre. Quería que estuviese orgullosa de mí, conseguir un buen empleo, uno que me permitiese cuidarla.

Poco antes de cumplir los dieciséis años decidí hacer algo al respecto. Ya había abandonado mi ambición de ir a la universidad, pues sabía que tres años sin trabajar implicarían un esfuerzo demasiado grande para nuestra economía hogareña. Sin el tan necesario dinero que aportaba a casa, mi madre no sería capaz de cubrir la hipoteca.

Otra opción era hacer un curso de secretariado, que me aportaría un certificado de haber terminado la escuela a los dieciocho años, una edad que mis posibles empleadores encontrarían más aceptable que la edad real de catorce años que constaba hasta entonces. Ya había realizado averiguaciones sobre el precio de inscribirme en un colegio privado y calculaba que, si durante el verano conseguía algunos días libres en la cafetería para trabajar en sitios vacacionales, podría ahorrar en pocos meses el dinero necesario para estudiar allí. No se me ocurría que pudiese existir ningún inconveniente, puesto que Belfast era una ciudad universitaria y no habría problemas para que contratasen a cualquier estudiante que me cubriese durante mi ausencia, cuando me fuese a trabajar fuera. Sabía que con mis ahorros tendría suficiente para pagar dos trimestres, y que al año siguiente podría repetir el plan.

Una vez decidido lo que haría, fui a hablar con el dueño de la cafetería.

Me aseguró que no habría ningún problema y que, además, me ayudaría a lograrlo un poco antes. Tenía una prima lejana que era propietaria de una pensión (ella afirmaba grandilocuente que era un «hotel») en la isla de Man. Sin duda le sería necesario conseguir personal para la siguiente Pascua, y con su recomendación no habría dificultades para que me contratase. Me advirtió que el trabajo sería un poco más exigente que el que acostumbraba realizar en la cafetería: un establecimiento pequeño como el de su prima obligaba a las dos camareras empleadas no sólo a servir el desayuno y la cena, sino también a limpiar las habitaciones y servir el té de madrugada.

Los salarios no eran altos, pero las propinas eran generosas y conseguiría obtener más del doble de lo que lograba con él. Si todo iba bien, sin duda volvería a emplearme durante el verano.

Dos semanas más tarde, con la promesa de telefonear a menudo, cogí el ferry rumbo a la isla de Man.

El trabajo en el hotel era duro, pues sólo había dos camareras que se encargaban de hacerlo todo de la mañana a la noche. Nos levantábamos a las siete y media, preparábamos el té matinal y luego subíamos las tres plantas por las escaleras para servirlo en las habitaciones. A continuación servíamos el desayuno y se nos permitía sentarnos a tomar el nuestro sólo una vez que se había limpiado hasta el último plato. El almuerzo no estaba incluido en la tarifa semanal y dábamos por sentado que aquél sería nuestro tiempo libre. Pero la propietaria, una mujer de baja estatura y excedida de peso, con cabellos teñidos de rubio peinados rígidamente hacia atrás hasta formar una especie de casco, tenía planes muy diferentes.

Nos informó de que era preciso limpiar la plata una vez por semana. Su voz, ronca debido a los interminables cigarrillos, nos seguía con sus piernas cortas y regordetas a cada sitio al que fuéramos haciéndonos sentir sin cesar su respiración en la nuca, al parecer temerosa de que sin su supervisión robásemos objetos o dejásemos el trabajo sin hacer.

Cuando había que recibir a los huéspedes, sonreía de forma encantadora; sonrisa que era reemplazada por una mirada de impaciencia no bien los turistas desviaban los ojos a otra parte. Nunca pudimos movernos lo bastante aprisa para coger las maletas antes de que ladrase sus instrucciones de que mostráramos sus habitaciones a las familias recién llegadas.

Nos peleábamos en las escaleras con equipajes que parecían demasiado pesados para nosotras y, tan pronto como bajábamos teníamos que preparar el té.

Cuando en una ocasión tuvimos la temeridad de pedirle una pausa, la mujer nos subrayó de forma exasperante que quienes acababan de llegar al hotel tenían más necesidad de ser atendidos que nosotras de descansar. Nosotras éramos jóvenes, añadió, mientras que ella sufría del corazón. ¿Acaso no queríamos ganarnos nuestras propinas?, nos preguntó y nosotras, acobardadas, evitamos volver a mencionar la cuestión.

No tardé en comprender que sus problemas del corazón no parecían instarla a dejar de fumar ni de comer gigantescas porciones de postres. Cada vez que le escuchaba excusarse diciendo que no podía cargar ningún objeto pesado, pensaba con ironía para mis adentros: «Salvo a usted misma».

Cada nueva jornada su rostro enrojecido me provocaba un desagrado mayor y me preguntaba cómo alguien tan encantador como el dueño de la cafetería podía tener por pariente a semejante dragón.

Algunos huéspedes, en general hombres, protestaban por el hecho de que se les hiciese cargar con sus maletas a dos niñas. Pero lo único que lograban era chocar con la mirada congelada de la propietaria, quien les informaba de que nos pagaban por hacerlo. Una vez que girábamos tras subir al primer descanso de las escaleras, quedando fuera del alcance de la mirada de la mujer pero lo suficientemente cerca como para que nos oyese, los huéspedes a menudo nos daban una palmadita en el hombro indicándonos en silencio su intención de seguir cargando los bultos ellos mismos. Agradecidas, soltábamos las maletas, les mostrábamos sus habitaciones y luego íbamos a la cocina a preparar el té. Entonces volvíamos a subir, haciendo equilibrio con las bandejas, con las piernas doloridas y la voz de la dueña resonando en nuestros oídos mientras se quejaba de que no nos movíamos lo bastante rápido. Sin duda, el lema de aquel hotel era no dejar descansar a la juventud.

Cualquiera que fuese el salario que había accedido a regañadientes a pagarnos, con sus exigencias se aseguraba a conciencia de que nos pareciese poco.

Cada noche me desplomaba exhausta en la cama, preguntándome si alguna vez conocería esa vida nocturna de la que tanto había oído hablar. No pude tener ni la menor visión de aquello durante la primera temporada. Cuando el número de huéspedes decreció, dejando allí sólo a unos pocos pertinaces, la mujer nos concedió a ambas una tarde libre para ir de compras, pero creo que eso se debió sólo a que le dije que quería comprar un regalo para mi madre.

Con el té matinal servido en los dormitorios a partir de las ocho y la cena concluida a las nueve y media, no fue difícil ahorrar nuestros sueldos y propinas completos. Acabé ganando más de lo que había supuesto para mis tarifas de estudios, y consciente de lo mucho que le gustaba ahorrar dinero a la dueña del hotel, le pregunté si podía marcharme un par de días antes de lo que habíamos acordado.

Al recordar esa Pascua, sentada en la residencia para enfermos terminales, escuché en mi mente la voz de la Antoinette de diecisiete años: «Recuerda, Toni, recuerda lo que hizo tu madre. Recuerda cuál fue su elección».

Demasiado tarde, intenté alejar el recuerdo del día en que la confianza ciega en mi madre murió para siempre.

Deseosa de sorprenderla con mi regreso anticipado, no le había notificado la fecha de mi viaje. Previendo la sorpresa y el placer que sentiría por verme, y con mi maleta rebosante de obsequios que le había comprado, embarqué en el ferry a Belfast. Al llegar al muelle, demasiado impaciente como para esperar el autobús, tomé un taxi. Me imaginaba nuestro hogar, a *Judy*, a mi madre mirándome a los ojos mientras le narraba mis aventuras en la isla de Man al tiempo que compartíamos una espesa taza de chocolate caliente. Había compilado en mi mente sorprendentes anécdotas sobre los personajes insólitos que había conocido allí (incluyendo a la tirana dueña del hotel) que sin duda la harían reír. Imaginé sus ojos iluminándose a medida que desenvolvía los regalos que le había traído. Pensé especialmente en una enagua de tejido color malva y bordada con seda, con varias capas que sobresalían desde las caderas, una prenda muy común por entonces, cuando los vestidos con largas faldas estaban de moda. Al divisarla en la tienda me había parecido el objeto más hermoso jamás visto. Resistiendo el impulso de comprármela para mí misma, la había hecho envolver para mi madre. En mi interior imaginaba el placer que se dibujaría en su rostro al abrir el paquete, pues mi madre adoraba las sorpresas y los regalos, y le fascinaban las ropas bonitas.

El trayecto de veinte kilómetros desde los muelles de Belfast hasta Lisburn, donde estaba nuestra casa, me pareció eterno sentada en el asiento trasero del coche; deseaba excitada que la distancia se acortase.

Al llegar le pagué a toda prisa al conductor, recogí mis maletas y caminé los pocos pasos hasta la puerta. Puse la llave en la cerradura, abrí y entré.

–¡Ya estoy de regreso! –llamé a viva voz.

El pequeño cuerpo peludo de *Judy* vino a toda prisa a recibirme, pero no oí la voz de mi madre. Desconcertada, pues sabía que no estaba trabajando, empujé la puerta de la sala de estar hasta abrirla de par en par y me quedé petrificada ante la escena con la que me encontré.

Mi padre estaba sentado en el sillón de mi madre, con tal mirada de triunfal satisfacción en el rostro que no conseguí reaccionar, incapaz de creer lo que veían mis ojos. Mi madre estaba sentada a sus pies, con el rostro vuelto hacia él mientras miraba hacia arriba con devoción. Era una mirada que yo casi había olvidado: la mirada que en nuestra vida anterior ella a menudo le dirigía a él pero nunca a mí. En un abrir y cerrar de ojos supe que me habían derrotado. Ella lo quería a él. Mi padre era el centro de su universo y yo sólo le había proporcionado compañía ocupando su tiempo hasta que él regresase.

La repugnancia me recorrió el cuerpo, mezclada con la sensación de haber sido traicionada. Había creído en mi madre, había confiado en ella, y ahora debía hacer frente a la realidad. Mientras yacía allí en un estado casi comatoso, la voz de mi madre me hirió los oídos profiriendo palabras que quise expulsar de mi conciencia.

–Papi tiene permiso este fin de semana –me dijo–. Debe marcharse mañana. No te esperaba, de otro modo te habría avisado.

Las explicaciones escapaban entrecortadas de su boca en el tono animado de alguien que anuncia una sorpresa agradable: una sorpresa que ella hubiera querido compartir conmigo. Su fuerza de voluntad estaba ordenándome en silencio que me uniese al juego, nuestro viejo juego de la familia feliz. La sonrisa se instaló en los labios de mi madre y su tono de voz nunca vaciló, como si mi padre en realidad hubiese estado trabajando lejos de casa, y en algún sentido supongo que fue así. Como supe más tarde, eso era lo que mi madre les había contado a los vecinos. Ahora comprendía el motivo por el que le había prohibido a mi padre que le escribiese: no quería que llegaran a nuestro buzón cartas con la estampilla de la prisión. Yo había deseado que eso se debiese a que, por fin, había decidido acabar con su matrimonio. Ahora lo entendía todo: el único motivo por el que nos habíamos trasladado a Belfast en lugar de regresar a Inglaterra era que lo había estado esperando.

Quise escapar de ambos. La sala pareció encogerse con la presencia malévola de mi padre y el sonido de la voz de mi madre se convirtió para mí en un ruido. Sintiéndome incapaz de soportar su compañía ni un instante más, llevé la maleta a mi habitación. Deshice el equipaje con lentitud y saqué el paquete que contenía la enagua malva, que había elegido con tanto cariño. La escondí en mi armario, detrás del resto de las cosas, y allí permaneció intacto, pues nunca se la di a mi madre pero tampoco pude reunir el valor de aceptarla como mía.

A la mañana siguiente pude oír a mi madre tarareando las viejas melodías que alguna vez había bailado con mi padre. Tras coger la correa de *Judy*, me marché de la casa en silencio. Cuando volví, mi padre ya había regresado a la cárcel. Allí cumpliría el resto de su sentencia, con la tranquila certeza de que seguía contando con una familia y con un hogar.

Ese día marcó el inicio de otro juego que mi madre jugó para una audiencia de una sola persona: «Cuando papi vuelva a casa».

CAPÍTULO 30

Sabía que mis días en la residencia para enfermos terminales estaban contados. Mi madre permanecía ahora inválida en su silla, dependiente de que yo la alimentase. No podía tragar alimentos sólidos, sin importar cuánto los chafase yo con la cuchara. Aquéllos eran, yo lo sabía, sus últimos días, en los que no le era posible ingerir más que fluidos y éstos sólo con la ayuda de una cucharilla de té.

Permanecer largas horas en una silla, inclinada hacia delante depositando líquidos en la boca de una mujer tan enferma que su capacidad para tragar ya ha desaparecido casi por completo es una tarea terrible para la espalda. Pero yo me sometía a ella tres veces al día. El amor, como lo estaba descubriendo y como me había dicho el párroco, es un hábito difícil de abandonar. Mi mente ya se anticipaba al dolor de su partida, deseaba llorar por tantos años perdidos, retenerla en este mundo. Y, sin embargo, también quería que se marchase y cesase su sufrimiento. Ya casi había perdido la capacidad del habla. Por mucho que lo intentaba, las palabras no acudían a su boca y su rostro se retorcía en esfuerzos inútiles. Le cogí la mano con fuerza y le dije que no tenía importancia. No había entre nosotras nada que fuera necesario aclarar.

Le aseguré que la amaba y, como mi madre no podía hablar, no sentí recelo al hacerlo, pues ella ya no estaba en condiciones de pedirme perdón. La certeza de que mi madre nunca había tenido la intención de disculparse ante mí fue una idea que alejé a los confines de mi mente, y su silencio forzoso me libró de los sentimientos que conllevan las esperanzas insatisfechas.

Aquélla fue la última noche en una sala compartida. Supe que al día siguiente la trasladarían a una habitación individual. El aspecto de una persona tan deteriorada y consumida por el cáncer, pero todavía tan determinada a resistir, era incómodo para cualquiera que la viese. Sus huesos, sin la protección de la carne, quedaban marcados en la piel. Cada articulación debía ser cubierta para su protección con apósitos y escayola. Habían colocado un armazón metálico sobre sus piernas para mantener alejado el delgado algodón de la manta. Incluso el más leve roce con ese material podía rasparle la piel, provocándole heridas sangrantes.

Me estiré para aliviar mi dolor de espalda y, al hacerlo, escuché un sonido que reconocí al instante, pues ya lo había oído antes en esa residencia. El extraño estertor que precede a la muerte provenía de la cama de enfrente. Vi que mi madre me observaba con terror: ningún paciente de una residencia para enfermos terminales desea que le recuerden lo cerca que está de su propia muerte. Aunque en numerosas ocasiones todos rezan por su pronta partida, lo que desean en realidad es acabar con el dolor, no con la vida.

Di una suave palmadita a mi madre en una mano y fui en busca de la enfermera, que entró a toda prisa y cerró las cortinas, una acción que, junto con el cese del estertor, confirmó la muerte de Mary.

Mientras reiniciaba la tarea de alimentar a mi madre con la cuchara, medité sobre la corpulenta esposa del granjero. Había ocupado la cama de enfrente desde mi llegada. Era una mujer afable y, a juzgar por el amplio número de visitantes que recibía, muy querida; le encantaba la música clásica y adoraba vivir. Su rostro se iluminaba al mostrarme las fotografías de su familia y reía entre dientes cuando me contaba gratos recuerdos acerca de su marido, que llevaba muerto varios años. Me alegré por ella, pues se había marchado de forma fugaz, antes de que la necesidad de morfina gobernase sus horas de vigilia.

La paciente de la cama contigua al cuerpo de Mary, que había llegado ese mismo día, pasó a toda prisa ante nosotras en dirección al lavabo, visiblemente afectada. Pese a todo, proseguí mi rutina introduciendo la cucharilla en la boca de mi madre con un líquido que su organismo ya no deseaba recibir. La nueva paciente regresó pasando delante de nosotros sin pronunciar palabra y volvió a meterse en su cama. La oí emitir un profundo y largo suspiro, y luego sentí su silencio. En aquellos pocos segundos se había extinguido su vida y yo, presente mientras eso ocurría, ni siquiera sabía su nombre. Luego me enteré de que también se llamaba Mary.

Hice sonar el timbre para volver a llamar a la enfermera. Entró brindándome una mirada inquisitiva. Sin dejar de llevar una y otra vez mecánicamente la cucharilla a la boca de mi madre, le indiqué que se dirigiera a la cama número tres. Otra vez sentí el estertor y otra vez corrieron las cortinas. Ahora inundó la sala un silencio espectral pues, aparte de mi madre, sólo quedaba con vida una anciana. Observándola con el rabillo del ojo, comprobé que no tenía un aspecto nada feliz. Me llamó y, bajando la cucharilla, me acerqué a su lecho.

Con la voz temblorosa propia de su avanzada edad me dijo que no quería quedarse en la sala. La cogí de uno de sus flacos codos y la ayudé a salir de la cama. Con suavidad la ayudé a ponerse su camisón, rodeé su cintura con mi brazo y la acompañé a la sala de estar de los pacientes, donde encendí el televisor. Luego regresé a la sala con los dos cadáveres y una anciana a la que sólo le quedaban unas horas por vivir.

Exhausta, me mantuve a cierta distancia de mi madre y sin notarlo me descubrí apoyada sobre los pies de Mary. Fue un accidente que si ella hubiera estado viva quizá nos habría hecho reír, pero que ahora sólo me indujo a no desear repetir la experiencia. Llegaron más enfermeras, que ayudaron a mi madre a acomodarse en la cama. Mientras, abrí su armario y saqué la media botella de jerez que tenía guardada allí. Era seguro que mi madre y yo nunca volveríamos a compartir un trago antes de acostarnos. Apretándola entre mis manos, fui a la sala de estar de las visitas, donde sin molestarme en buscar una copa empiné la botella y bebí.

Encendí un pitillo y telefoneé a Inglaterra, necesitada de oír la voz de alguien que no estuviese muriéndose ni velase a alguien en agonía.

—Estamos en una fiesta —dijo mi amiga desde el mundo que yo había dejado varias semanas atrás. Un mundo que ahora me parecía muy distante—. ¿Tú qué haces?

«Estoy aquí sentada junto a dos cadáveres y a mi madre» hubiera sido la lacónica respuesta que me habría gustado brindar.

—Bebiendo un trago —repliqué en su lugar.

Y con eso terminó la conversación. Entonces volví a empinar la botella y tragué profundamente.

Al día siguiente mi madre fue trasladada y durante los dos días posteriores rara vez me separé de su lado. A la tercera noche murió. Fue temprano por la tarde y yo estaba gozando de una breve pausa en la sala de estar. El agotamiento había cerrado mis ojos y me había sumergido en un sueño ligero. En mi estado medio dormido sentí la presencia de la enfermera y, sin preguntar, supe por qué estaba allí.

—Está muriendo, Toni —anunció colocándome una mano en el hombro.

Me levanté de la silla y la seguí hasta la habitación individual donde ahora yacía mi madre.

Estaba inmóvil, respiraba superficialmente y tenía los ojos cerrados. No parpadeaba y cuando le cogí una mano noté que sus dedos, entrelazados con los míos, se habían puesto azules.

—¿Puede oírme? —pregunté.

—Creemos que el oído es el último sentido en abandonarnos —fue la respuesta—. No se preocupe, Toni, me quedaré aquí si lo prefiere.

Corrí a telefonear a mi padre. Como no lo encontré en

casa intenté en el segundo número suyo, el Club de la Legión Británica.

—Mi madre se está muriendo. Morirá esta noche —alcancé a decir y luego, pensando en lo que ella habría querido, añadí—: ¿Vendrás?

—No puedo conducir en la oscuridad, supongo que lo sabes —respondió con una voz que ya sonaba arrastrada por la bebida.

De fondo podía oír música y risas. Incrédula, miré al teléfono y repetí que ella estaba muriéndose. Dije que querría verlo a su lado, que sin duda podría coger un taxi, pues ella no pasaría de la noche.

—Bueno, ya estás tú allí, ¿no es cierto? ¿Qué más podría hacer yo? —replicó con una nota de fatalismo que no me era nueva.

Pasmada, tuve ganas de gritarle: «¡Tienes que venir, jodido cabrón egoísta, tienes que estar aquí! ¡Debes decirle adiós, dejarla morir sabiendo que la amabas, sabiendo que todo aquello por lo que ella se sacrificó valía la pena!».

Pero en lugar de eso colgué el teléfono sin pronunciar palabra y volví a la habitación.

—Papi viene hacia aquí —mentí mientras le negaba con la cabeza a la enfermera nocturna para dejar en claro la verdad, y cogí la mano de mi madre.

Con intervalos de unos pocos segundos, su respiración se detenía y cada vez me invadía esa mezcla de pesar y alivio tan habitual cuando alguien vela por un enfermo de semejante gravedad. Su respiración siguió deteniéndose por unos instantes para luego reiniciarse con una ligera bocanada mientras la acompañaba en esas últimas horas.

Recordando lo que me habían dicho sobre que el oído es el último sentido que se pierde, le hablé a mi madre de nuestros primeros años, de todo lo que se me ocurría que, de estar ella despierta, le habría provocado una sonrisa. Me resultaba imperioso que las últimas palabras que escuchase se refiriesen a tiempos felices. Quería que ésos fuesen sus recuerdos postreros, los que se llevase consigo.

Y así transcurrió aquella noche sin mi padre, el hombre a quien ella tanto había amado durante medio siglo. En su lugar, sentadas junto a su lecho, estábamos yo, la hija a la que había rechazado tantas veces, y una enfermera. No pude evitar sentir la soledad de esa partida.

Durante toda la noche maldije en silencio a mi padre. Ése era su pecado final, reflexioné, y recé para que mi madre no recobrase la conciencia y se percatase de ello. Mejor sería que muriese con su sueño intacto, pensé. El final llegó al amanecer: su respiración se transformó en un sutil estertor en su garganta, seguido de una bocanada. La respiración abandonó su cuerpo con un gemido grave y yo, sosteniendo todavía su mano, supe que todo había terminado.

Sentí que el fantasma de Antoinette se revolvía en mi interior y deseé que a partir de entonces pudiese descansar en paz.

Mis recuerdos me dejaron mientras yo, medio dormida, permitía que mi mente volviese a tomar conciencia del presente. Allí estaba aún, sentada en la silla junto a la cama de mi madre. Y tenía hambre. Casi podía percibir el acre olor a levadura que despide la masa para pizza recién horneada. Flotó ante mis ojos la imagen de una pizza con queso derretido y sabroso salchichón en rodajas, dispuesta sobre un mantel a cuadros al lado de una botella de vino tinto. Parecía tan real que era casi como una alucinación. Me dije que ya era hora de comer un saludable bocadillo de atún y, dejando a mi madre, me dirigí al comedor en busca de café.

Entonces medité objetivamente sobre mi relación con mis padres por primera vez en mucho tiempo. Me pregunté a mí misma por qué no había roto todo contacto con ellos años atrás. El interrogante era imposible de responder: quizá, como había dicho el párroco, necesitaba que existiese la ilusión de tener una familia normal. ¿Habría sido mi vida diferente, habría sido el mismo el camino escogido de haber tenido la valentía de alejarme? ¿Era el amor que sentía por mi madre un testimonio de mi fortaleza o de mi debilidad? ¿De cualquier modo me habría acechado Antoinette? Pensé en la analogía que le había proporcionado a una psiquiatra durante una de mis sesiones de terapia, cuando ella me había formulado una pregunta similar:

–Uno puede edificar una casa y hacerla hermosa. Puede hacerla ver tan maravillosa como sea posible y amueblarla con objetos estupendos. Uno puede convertirla en un símbolo de estatus y éxito como yo hice con mi piso en Londres, o también es posible construir un hogar y colmarlo de felicidad. Pero si uno no se preocupa lo suficiente en un principio por construir la casa sobre terreno sólido o de proveerla de cimientos fuertes, con los años se verán las grietas. Si no hay tormentas que amenacen a la estructura, podría durar para siempre. Pero bajo presión, y sujeta a unas malas condiciones meteorológicas, se derrumbará. Pues, al fin y al cabo, no es más que una casa mal construida. Uno puede asegurarse de que la fachada se vea bien y entonces los fallos en la construcción pasarán desapercibidos, maquillados detrás de la pintura. Se pueden comprar cortinajes caros y de buen gusto, y quizá los errores de raíz nunca sean detectados, salvo por un perito –le sonreí irónicamente a mi terapeuta–, o si la casa fuese humana, por usted.

Pensé que aquél era mi secreto, uno que yo ocultaba muy bien, pero también mi respuesta. Como adulta había vivido la vida que debía a fin de sobrevivir. Siempre había sido consciente de mis limitaciones y había intentado, aunque no siempre con éxito, mantenerme dentro de sus márgenes. Con la satisfacción de comprenderme a mí misma, me dormí.

EPÍLOGO

Durante los funerales, en las pequeñas ciudades irlandesas como Larne se siguen antiguas costumbres. Hombres vestidos con trajes oscuros, con bandas negras en los brazos y corbatas negras sobre sus camisas blancas, caminan detrás del ataúd, formando una caravana absolutamente masculina que expresa su respeto al difunto en su último viaje. Tras los hombres van los coches con el párroco y las mujeres de la familia, que sólo llegan hasta la puerta del cementerio y luego dan media vuelta, pues su misión es preparar la comida para cuando regresen los varones. Ninguna mano femenina recoge tierra del suelo para lanzarla al ataúd. Ningún ojo de mujer observa el instante en que el cuerpo desciende hasta su morada final. En lugar de eso, visitan la tumba al día siguiente, admiran las flores que ya se han dispuesto allí y pronuncian entonces su último adiós.

Protegiéndome con mi abrigo contra el hiriente viento, pues mi madre murió a finales de octubre, dejé la funeraria. Allí yacía su cuerpo durante el servicio, en un ataúd abierto, y su rostro reflejaba la paz que yo deseaba que hubiese encontrado.

Mis ojos recorrieron los rostros de la gente que había asistido a la ceremonia, amigos que se habían preocupado tanto por ella como por mí, y luego los de mi padre y sus conocidos. Me pregunté con cuáles de aquellos hombres habría estado él bebiendo la última noche de mi madre en la residencia. Ellos, que públicamente le brindaban su apoyo al afligido viudo, sabían perfectamente que había muerto sin él. Y ésos serían los hombres encargados de portar el ataúd y de seguirlo en señal de respeto.

Ignoré el coche que esperaba para llevarme al cementerio y caminé por delante de ellos hasta enfrentar a mi padre. Los últimos vestigios del fantasma de mi niñez se habían marchado con mi madre. Ya no sentía el menor rastro del terror de mi infancia cuando lo miré directamente a los ojos, sin prestarle atención a su sonrisa avergonzada. Con la mayor calma, me limité a decirle:

—Pueden caminar detrás de mí —y alcé una mano para señalar a su séquito.

Mi padre se quedó entonces inmóvil, pues como no cruzamos ni una palabra más, supo que por fin había perdido el control y que toda compasión hacia él había muerto en la residencia. En silencio ocupó su sitio junto a los portadores del féretro. Esperé a que lo alzaran, se lo pusieran al hombro e iniciaran la lenta procesión. Erguí la cabeza como lo había hecho tantas veces siendo niña, y sin mirar hacia uno ni otro lado avancé justo detrás del cuerpo de mi madre, con los hombres caminando a mis espaldas.

Fue mi mano y no la de mi padre la que esparció tierra sobre el ataúd cuando empezaron a hacerlo descender. Fui yo la única mujer junto a la tumba. Entonces le brindé a mi madre mi último adiós.

Luego, todavía sola, di media vuelta y caminé desde la sepultura hasta el coche que me esperaba.

Al día siguiente volví a Inglaterra, regresando al mundo que había dejado en suspenso, con la tranquilidad de que Antoinette, el fantasma de mi infancia, por fin descansaba en paz.

ÍNDICE

Título de la edición original: *Don't tell Mummy*
Traducción del inglés: Martín Arias,
cedida por Plataforma Editorial, S. L.
Diseño: Luz de la Mora
Fotografía de la sobrecubierta: © Raymond Forbes/Age Fotostock
Foto de solapa: © Barbara Lawes

Círculo de Lectores, S. A. (Sociedad Unipersonal)
Travessera de Gràcia, 47-49, 08021 Barcelona
www.circulo.es
\5 7 9 8 0 0 7 8 6 4

Licencia editorial para Círculo de Lectores
por cortesía de Plataforma Editorial, S. L.
Está prohibida la venta de este libro a personas que no
pertenezcan a Círculo de Lectores.

© Toni Maguire, 2006
© de la traducción: Martín Arias, 2008
© Plataforma Editorial, S. L., 2008

Este libro ha sido impreso en papel Supersnowbright
suministrado por Hellefoss AS, de Noruega

Depósito legal: B. 30074-2008
Fotocomposición: Anglofort, S. A., Barcelona
Impresión y encuadernación: Printer industria gráfica
N. II, Cuatro caminos s/n, 08620 Sant Vicenç dels Horts
Barcelona, 2008. Impreso en España
ISBN 978-84-672-3156-4
N.º 47654